Peter Schlögl, Monika Kil & Attila Pausits (Hrsg.)

Beiträge wissenschaftlicher Weiterbildung zur Hochschulentwicklung

Peter Schlögl, Monika Kil & Attila Pausits (Hrsg.)

Beiträge wissenschaftlicher Weiterbildung zur Hochschulentwicklung

Zeitschrift für Hochschulentwicklung
Jg. 19 / Nr. 2 (September 2024)

Impressum

Zeitschrift für Hochschulentwicklung

herausgegeben vom Verein Forum Neue Medien in der Lehre Austria

Jg. 19 / Nr. 2 (September 2024)
Peter Schlögl, Monika Kil & Attila Pausits (Hrsg.). Beiträge wissenschaftlicher Weiterbildung zur Hochschulentwicklung

ISBN: 978-3-7583-7252-0
DOI https://doi.org/10.21240/zfhe/19-02
ISSN 2219-6994

Verlag: BoD • Books on Demand GmbH, In de Tarpen 42, 22848 Norderstedt
Druck: Libri Plureos GmbH, Friedensallee 273, 22763 Hamburg

Vorwort

Als wissenschaftliches Publikationsorgan des Vereins Forum Neue Medien in der Lehre Austria kommt der Zeitschrift für Hochschulentwicklung besondere Bedeutung zu. Zum einen, weil sie aktuelle Themen der Hochschulentwicklung in den Bereichen Studien und Lehre aufgreift und somit als deutschsprachige, vor allem aber auch österreichische Plattform zum Austausch für Wissenschafter:innen, Praktiker:innen, Hochschulentwickler:innen und Hochschuldidaktiker:innen dient. Zum anderen, weil die ZFHE als Open-Access-Zeitschrift konzipiert und daher für alle Interessierten als elektronische Publikation frei und kostenlos verfügbar ist.

Ca. 3.000 Besucher:innen schauen sich im Monat die Inhalte der Zeitschrift an. Das zeigt die hohe Beliebtheit und Qualität der Zeitschrift sowie auch die große Reichweite im deutschsprachigen Raum. Gleichzeitig hat sich die Zeitschrift mittlerweile einen fixen Platz unter den gern gelesenen deutschsprachigen Wissenschaftspublikationen gesichert.

Dieser Erfolg ist einerseits dem international besetzten Editorial Board sowie den wechselnden Herausgeber:innen zu verdanken, die mit viel Engagement dafür sorgen, dass jährlich mindestens vier Ausgaben erscheinen. Andererseits gewährleistet das österreichische Bundesministerium für Wissenschaft, Forschung und Wirtschaft durch seine kontinuierliche Förderung das langfristige Bestehen der Zeitschrift. Im Wissen, dass es die Zeitschrift ohne diese finanzielle Unterstützung nicht gäbe, möchten wir uns dafür besonders herzlich bedanken.

Zur Ausgabe

Bisher wurde wissenschaftliche Weiterbildung nicht ausreichend systematisch als Ressource für die Hochschulentwicklung beforscht. Die neue Ausgabe der ZFHE beleuchtet deshalb, ob und wie sie zur Hochschulentwicklung beitragen kann. Im Fokus steht die Rolle der wissenschaftlichen Weiterbildung als agiles Element hochschulischer Praxis. Dabei werden ihre frühzeitige Bedarfsorientierung, die besonderen Gestaltungsfreiräume im Vergleich zu Regelstudiengängen sowie ihre ausgeprägte Service- und Leistungsorientierung untersucht. Die praxisorientierten alle mit empirischer Evidenz hinterlegten Konzepte in dieser Ausgabe bieten wertvolle Anregungen, die auch auf andere Hochschulen übertragbar sind. Diese Ausgabe lädt dazu ein, über die zukünftige Entwicklung der Hochschulbildung durch wissenschaftliche Weiterbildung nachzudenken und neue Perspektiven zu gewinnen.

Seit der Ausgabe 9/3 ist die ZFHE auch in gedruckter Form erhältlich und beispielsweise über Amazon beziehbar. Als Verein Forum Neue Medien in der Lehre Austria freuen wir uns, das Thema „Hochschulentwicklung" durch diese gelungene Ergänzung zur elektronischen Publikation noch breiter in der wissenschaftlichen Community verankern zu können.

In diesem Sinn wünsche ich Ihnen viel Freude bei der Lektüre der vorliegenden Ausgabe!

Tanja Jadin
Vizepräsidentin des Vereins Forum Neue Medien in der Lehre Austria

Inhalt

Monika Kil[1] (Universität für Weiterbildung Krems), Peter Schlögl[2] (Universität Klagenfurt) & Attila Pausits[3] (Universität für Weiterbildung Krems)

Editorial: Beiträge wissenschaftlicher Weiterbildung zur Hochschulentwicklung

Inwiefern können Beiträge zur Hochschulentwicklung durch wissenschaftliche Weiterbildung geleistet werden? In der vorliegenden Ausgabe wird die wissenschaftliche Weiterbildung als agiles Element hochschulischer Praxis in den Mittelpunkt gerückt. Ihre sonderhafte, früherkennende Bedarfsorientierung, ihre Gestaltungsfreiräume im Vergleich zu Regelstudien sowie die ausgeprägte Service- und Leistungsorientierung wird hervorgehoben. Es erschien den Herausgebenden dieser Ausgabe, dass die wissenschaftliche Weiterbildung als Ressource für die Hochschulentwicklung bislang noch nicht ausreichend systematisch benannt, erfasst und erkannt wurde. So wurde dazu eingeladen, potenzielle und nachweisliche Beiträge hochschulischer Weiterbildung zur Entwicklung des Sektors, der Organisation und Serviceangebote darzulegen, auszuloten und zu reflektieren. Im Call wurde hierzu ein breiter Horizont gezeichnet, in dem entsprechende Forschung, forschungsgeleitete Konzepte und evaluierte Impulse angefragt wurden:

---

1   Corresponding author; Universität für Weiterbildung Krems; monika.kil@donau-uni.ac.at; ORCiD 0009-0008-6735-0036
2   Universität Klagenfurt; Peter.Schloegl@aau.at; ORCiD 0000-0001-6944-8573
3   Universität für Weiterbildung Krems; attila.pausits@donau-uni.ac.at; ORCiD 0000-0003-2901-5575

https://doi.org/10.21240/zfhe/19-2/01

- systemisch z.B. durch politische Reformvorhaben und deren Umsetzungsformen

- zur regionalen Verankerung und verstärkten gesellschaftlichen Orientierung

- für die Organisations- und Qualitätsentwicklung z.B. durch die Evaluation von Bildungsinnovationen

- curriculumstrategisch und hochschuldidaktisch

- personalentwicklerisch

- für eine Weiterentwicklung der Identität als hochschulische Einrichtung

Umso mehr freuen wir uns, dass jetzt diese Ausgabe einiges davon aufzugreifen in der Lage ist. Der vorliegende Band eröffnet mit **Forschungsbeiträgen**, die sich mit den Implikationen wissenschaftlicher Weiterbildung aus systemischer Perspektive befassen: Die Psychotherapieausbildung in Österreich ist seit 1990 gesetzlich geregelt und steht aktuell in einer Phase der Neuregelung. Die ursprüngliche Unterteilung der Ausbildung in zwei Teile umfasste das psychotherapeutische Propädeutikum sowie das psychotherapeutische Fachspezifikum. Im laufenden Jahr wurde eine Novellierung des österreichischen Psychotherapiegesetzes vorgenommen, welche die Akademisierung sowie strukturelle Weiterentwicklung zum Gegenstand hat. In der Konsequenz wird die Psychotherapieausbildung ab Herbst 2026 an Universitäten und Fachhochschulen umgesetzt und dreigliedrig aufgebaut sein. Dies umfasst Bachelor- und Masterstudiengänge sowie wissenschaftliche Weiterbildung für eine methodenspezifische Fachausbildung unter Lehrsupervision und eine praktische Ausbildung. Die bestehenden Angebote an hochschulischen und bisher auch außeruniversitären Einrichtungen durchlaufen folglich einen Transformationsprozess, der eine Anpassung der Studienarchitekturen, der Studienprogramme sowie der aktuell und künftig auch in der Gestalt von wissenschaftlicher Weiterbildung organisierten Qualifizierungsprozesse erforderlich macht. Der erste Beitrag widmet sich dieser Thematik. *Henriette Löffler-Stastka,* selbst aus der wissenschaftlichen Weiterbildung kommend, stellt als Eröffnungsbeitrag die *„Kompetenzentwicklung und Ausbildung für eine integrierte Versorgung"* in einen umfassenden wissenschaftsgesättigten internationalen Rahmen, dessen Ursprung in der wissenschaftlichen Weiterbildung verortet ist und jetzt dem systemischen Umbruch Fundiertes zur Verfügung stellen kann.

Der zweite systemische Beitrag verlässt die fachliche, fachsystematische und interdisziplinäre systemische Ebene hochschulischer Curriculumsentwicklung, um den Fokus auf die Lernenden in der wissenschaftlichen Weiterbildung zu richten. Eine seltene empirische Untersuchung nimmt ausschließlich die „neue" – durch die Covid-Pandemie vermehrt – digital gestützte bis digital ersetzte personale Lehr-Lerninteraktion aus der Perspektive der spezifischen wissenschaftlichen Weiterbildungsklientel in den Blick. Im Rahmen der vorliegenden Untersuchung werden zunächst fundierte Forschungsdesiderate aufgeworfen. Gleichzeitig lassen sich jedoch bereits erste signifikante Hinweise ableiten, die darauf hindeuten, dass die Lebens- und Lernwelten in der wissenschaftlichen Weiterbildung nicht ohne Weiteres über einen gemeinsamen Nenner von Studierenden generalisiert und übertragen werden können. *Corinna Geppert, Franziska Lessky* und *Filiz Keser Aschenberger* geben mit *„Drawing on Student Voices to Enhance (Online) Teaching in Academic Continuing Education"* einen bisher einzigartigen Einblick in die Rezeption und mögliche Modifikation des Online-Teachings in der wissenschaftlichen Weiterbildung.

Im Folgenden werden drei **forschungsgeleitete Entwicklungsbeiträge** zum Thema wissenschaftliche Weiterbildung und Hochschulentwicklung präsentiert. Alle drei Beiträge entstammen der Personalentwicklung und Third Mission ihrer jeweiligen Hochschulen. Sie sind jedoch so ausgearbeitet, dass sie von anderen Hochschulen ähnlich repliziert und adaptiert werden könnten. *Jan Smetana, Michaela Zupanic* und *Jan Ehlers* von der Universität Witten/Herdecke haben mit ihrem *„Aufbau eines hochschuldidaktischen Weiterbildungsprogrammes mit Bordmitteln"* eine nachhaltige Veränderung der Habilitationsordnung der Humanmedizin bewirkt, sodass diese nun eine erhöhte Stundenzahl umfasst. Diese evaluierte hochschuldidaktische Weiterbildung richtet sich jetzt an interessierte Lehrende aller Fakultäten, Habilitierende und zum anderen an Interessierte am Qualifizierungsprogramm „Professionelle

Lehrkompetenz für Hochschulen" des Hochschuldidaktischen Netzwerks Nordrhein-Westfalen/NRW. Das Programm erreicht bereits etwa 350 Teilnahmen. Die empirische Basis liefert übertragbare Erkenntnisse und kann als Blaupause für eigene hochschulspezifische Evaluationsbedarfe unserer Leser:innen dienen.

Die These, dass eine Promotion nicht nur zu einer akademischen Karriere beiträgt, sondern auch zu einer Employability außerhalb des hochschulischen Kontexts, ist zwar bekannt, doch ist neu, dass sich Hochschulen im Sinne einer „Third Mission" empirisch, nachforschend und systematisch für ihren Verbleib interessieren. Die Autor:innen erarbeiten so Rückwirkungen auf Kooperationen, Förderbeziehungen und die Rekrutierung und das lebenslange Lernen insgesamt. Dies erscheint innovativ und personalentwicklerisch für alle Hochschulen von Interesse zu sein. *Jasmin Overberg, Valerie Hug* und *Heinke Röbken* analysieren in ihrer Studie *„,Angekommen und glücklich' – außerakademische Employability von Promovierten und universitärer Support"*; dazu hinterlegen sie problemzentrierte Interviews mit Promovierten ihrer Universität.

Annelies Kreis, Piroska Zsindely, Liana Pirovino, Jeannette Wick, Astrid Braun, Nina Lutz und *Jessica Pehlke-Milde* von der Pädagogischen Hochschule Winterthur, der Hochschule Luzern – Wirtschaft und der Zürcher Hochschule für Angewandte Wissenschaften geben Transparenz in die Planungshorizonte und erste hochschulübergreifende Durchführung mit Praxisausbildner:innen von professionsorientierten Studiengängen im Bereich Gesundheit. Der forschungsgeleitete Entwicklungsbeitrag *„Transdisziplinäre Entwicklung einer Fortbildung für Praxisausbildner:innen im EdgeLab"* präsentiert nicht nur optimistische transdisziplinäre Befunde, sondern zeigt auch die potenziellen Herausforderungen und Widerstände auf, die bei der Umsetzung dieser didaktischen Ansätze in der wissenschaftlichen Weiterbildung auftreten können. Der Beitrag belegt dies u.a. durch die erfassten und visualisierten „Storylines" aus einem Workshop, der das Erleben transdisziplinärer Kooperation mit all seinen Hochs und Tiefs veranschaulicht. Duale Studienangebote sowie die im Rahmen der Reform der Weiterbildung im österreichischen Universitätsgesetz neu konzipierten Bachelor-Professional-Studiengänge können auf Basis der empirischen Ergebnisse fundierte Schlüsse für ihre transdisziplinär kooperativ orientierte Lehre ziehen.

Entwicklungsbeiträge wissenschaftlicher Weiterbildung zur Hochschulentwicklung stammen aus den Universitäten Siegen und Dresden. Die Autor:innen *Antje Zoller, Manuel Froitzheim* und *Oliver Hahm* sind in den Zentralen Einrichtungen des Vizerektorats für Lehre der Universität Siegen zugeordnet und präsentieren im Rahmen eines hoch kompetitiven drittmittelfinanzierten Projekts (Stiftung Innovation in der Hochschullehre) das Konzept *„Fokus digitale Lehre: Ein multiperspektivisches Qualifizierungskonzept"*. Die systematisierte Vielfalt von Formaten und thematischen Schwerpunkten im Bereich Onboarding, Workshops und Fortbildungen für den Bereich digitaler Lehre wird transparent dargestellt, sodass Vergleiche mit den eigenen Angeboten und Konzepten angestellt werden können. Als Abschluss zum Thema wenden sich die Autorinnen *Anne Jantos, Lydia Kilz* und *Maike Krohn* mit ihrem Beitrag aus dem Zentrum für interdisziplinäres Lehren und Lernen (ZILL) der TU Dresden von den Lehrenden hin zu den Studierenden. So wird das Konzept *„Führerschein für Digitalkompetenzen"* vorgestellt und einer Evaluation unterzogen. Hierbei handelt es sich um interdisziplinäres Virtual Collaborative Learning. Gemäß des EU-Referenzrahmens für digitale Kompetenzen werden von den Studierenden praxisnahe, unstrukturierte Aufgaben bearbeitet. Die Studierenden sollen dadurch in die Lage versetzt werden, digitale Formate der Hochschule besser zu nutzen sowie in der künftigen Arbeitswelt die Möglichkeit haben, sich selbstständig digitale Strukturen zu gestalten und komplexe Probleme zu lösen. Eine kleine Stichprobe ermöglicht erste deskriptive Befunde zu studentischen Selbsteinschätzungen nach Kompetenzbereichen. Die Ergebnisse der Online-Befragung lassen sich in einem Kategoriensystem zusammenfassen, das als Grundlage für weitere Untersuchungen dienen kann. Insbesondere können Impulse für die Evaluationsforschung zu hochschulischen Querschnittsangeboten wie der digitalen Kompetenzentwicklung von Studierenden gewonnen werden.

Themenübergreifende Beiträge

Die Zeit drängt, denn die Generative Künstliche Intelligenz (GKI) stellt das herkömmliche Prüfen an Hochschulen zunehmend infrage. Der themenübergreifende **Forschungsbeitrag** von *Douglas MacKevett, Patricia Feubli* und *Vinzenz Rast* von der Hochschule Luzern präsentiert didaktische Antworten in Form einer forschungsbasierten hochschulischen Didaktik mit dem Titel *„Digitale Leistungsnachweise im Zeitalter von generativer künstlicher Intelligenz"*. Der Beitrag übersetzt die Überprüfung von Kompetenzen in zeitgemäße, GKI-gestützte Prüfungsformate und bietet damit eine wertvolle Ressource für diejenigen, die an ihren Hochschulen gezielt Prüfungen *mit* GKI umgestalten möchten. Drei reale Beispiele und drei didaktische Anregungen unterstützen dabei. Zuvor wird mit den Taxonomiestufen nach Bloom überprüft, ob das Prüfen durch gute Prompts tatsächlich verbessert werden kann.

Der themenübergreifende, **forschungsgeleitete Entwicklungsbeitrag** von *Nora Merz, Oliver Rack* und *Monika Schlatter* von der Fachhochschule Nordwestschweiz entstammt einer ersten Evaluation im grundständigen Bachelorstudiengang „Data Science". Der Fokus liegt auf der Analyse von Daten, der Entwicklung von Künstliche-Intelligenz-Applikationen sowie der Aufdeckung von Zusammenhängen in Gesellschaft, Wirtschaft und Umwelt mithilfe von Machine Learning. Zudem werden zukünftige Entwicklungen vorhergesagt. In diesem Kontext wird die Frage erörtert, inwiefern die Einführung einer digitalen Lernplattform eine Erhöhung der sozialen Eingebundenheit in digitalen Lernsettings bewirkt. Als Handlungsempfehlung kann die Bereitstellung einer Co-Working-Räumlichkeit für die Studierenden genannt werden. Der vorliegende Beitrag verbindet entsprechende Gelegenheiten, sich vor Ort im informellen Austausch sozial eingebunden zu fühlen, mit den Wünschen und Bedürfnissen der Studierenden aus der wissenschaftlichen Weiterbildung (Geppert in diesem Band).

Insgesamt blicken wir in dieser Ausgabe auf Beiträge aus Deutschland, der Schweiz und Österreich und freuen uns, nach einem anfänglich bangen Blick auf die Einreichungen, doch konzise forschungsbasierte Beiträge zu unserer Themenstellung vorlegen zu können. Der Blick in die Zukunft zeigt, dass die Herausforderungen nicht weniger werden. Die zunehmende Digitalisierung, der gesellschaftliche Wandel und die Globalisierung erfordern flexible und zukunftsorientierte Lösungen in der Hochschulforschung und -entwicklung. Es wird entscheidend sein, dass die Hochschulen ihre Rolle als gesellschaftliche Akteure weiter innovativ ausbauen und gleichzeitig ihre Bildungsangebote forschungsgeleitet an die sich verändernden Bedürfnisse anpassen. Die vorgestellten Beiträge liefern wertvolle Ansätze und Modelle, die als Grundlage für zukünftige Adaptionen und Innovationen dienen können. Wir hoffen, dass die Leser:innen durch diese Ausgabe inspiriert werden, in Kooperation und Kombination mit wissenschaftlicher Weiterbildung weiterhin aktiv an der Gestaltung und Weiterentwicklung der Hochschullandschaft mitzuwirken. Wir bedanken uns bei allen Autor:innen für ihre Beiträge und freuen uns auf den weiteren Diskurs in diesem dynamischen und bedeutenden Forschungsfeld der wissenschaftlichen Weiterbildung und wünschen eine gewinnbringende Lektüre.

Henriette Löffler-Stastka[1] (Wien)

Kompetenzentwicklung und Ausbildung für eine integrierte Versorgung

Zusammenfassung

Die integrierte Versorgung stellt immer den/die Patient:in ins Zentrum und benötigt psychosoziale interprofessionelle Kompetenz. Anhand des Beispiels der Psychotherapie, die als klinische, biopsychosoziale Arbeit interdisziplinär versorgungsrelevant konzipiert ist, wird gezeigt, wodurch es für dieses Tätigkeitsfeld umfassende und differenzierte Kompetenzen braucht. Qualifikationsprofil, Lernzieldefinitionen sowie deren effektive Umsetzung und didaktische Vermittlungsmöglichkeit sind empirisch überprüft und werden überblicksartig und beispielhaft vorgestellt. Die Ausbildung ist praxisrelevant, patient:innen-zentriert mit ausreichender persönlicher Reflexionskompetenz, die durch Unterricht in der kontinuierlichen Kleingruppe vermittelt wird, gestaltet. Auswahlverfahren, Praktikumsplätze berücksichtigen die Erfordernisse der psychosozialen Versorgung und den akademischen Anspruch. Arbeitsplatzbasierte Prüfungen und fallorientiertes Feedback entwickeln die Auszubildenden zu professionellen Arbeitskräften. A priori nötige Grundkompetenzen werden vorgestellt und diskutiert, um weitere empirische Forschungsarbeiten und curriculare Strategien weiter auszuarbeiten.

---

[1] Medizinische Universität Wien; henriette.loeffler-stastka@meduniwien.ac.at; https://www.meduniwien.ac.at/web/forschung/researcher-profiles/researcher-profiles/index.php?id=688&res=henriette_loeffler-stastka; ORCiD 0000-0001-8785-0435

https://doi.org/10.21240/zfhe/19-2/02

Schlüsselwörter

Aufnahmeverfahren, Praktika, Didaktik und Lernziele, Qualifikationsprofil, Metakompetenzen

Competence development and training for integrated care

Abstract

Integrated care always places the patient at the centre and requires psychosocial interprofessional competence. Using the example of psychotherapy, which is conceived as clinical, biopsychosocial work conducted in an interdisciplinary, care-relevant manner, this paper shows why comprehensive, differentiated competencies are required for this field. This paper empirically reviews and presents (including an overview and examples) the qualification profile and learning objective definitions, as well as possibilities for effective implementation and didactic mediation. The training is designed to be practice-relevant and patient-centred, with adequate personal reflection skills, which are trained through teaching in small cohorts. The selection procedures and internships take into account the requirements of psychosocial care and academic standards; workplace-based examinations and case-oriented feedback develop the trainees into professional workers; and essential theoretical basic competencies are presented and discussed in order to further expand upon empirical research and curricular strategies.

Keywords

admission procedure, internships, didactics and learning objectives, qualification profile, metacompetencies

1 Erfordernisse für eine interdisziplinäre versorgungsrelevante Arbeit

National betrachtet, leiden 23,8% der österreichischen Bevölkerung unter psychischen Erkrankungen, wobei lediglich 14% im aktuellen Versorgungssystem erfasst werden. Nur 3,8% der österreichischen Bevölkerung erhalten derzeit psychotherapeutische Behandlung. Der volkswirtschaftliche Schaden aus psychischen Erkrankungen beträgt jährlich € 13,9 Milliarden, entsprechend 4,3% des Bruttoinlandsproduktes (vgl. Wancata, 2017; Löffler-Stastka & Hochgerner, 2021). Betrachtet man die Prävalenz, leiden nach aktuellen Studien (OECD, 2020; Rieß & Löffler-Stastka, 2022) 40% der Bevölkerung mindestens einmal im Leben an einer psychischen Erkrankung. Zu nennen sind hier insbesondere Angst-, Depressions-, Suchterkrankungen und somatische Belastungsstörungen. Ebendiese psychischen Störungen haben die somatischen Erkrankungen im Ranking der häufigsten Erkrankungen und klinischen Beschwerden in Österreich überholt (Statistik Austria, 2020).

Auf europäischer Ebene betrachtet, lag die Ein-Jahres-Prävalenz der depressiven Symptomatik 2019 in der Europäischen Union bei 6,6% und einer Prävalenzrate in Österreich mit 4,3% (Hapke et al., 2019). Angeführt wird der EU-Vergleich von Luxemburg mit 10,0%, gefolgt von Deutschland mit 9,2%, wo sich besonders bei jüngeren Patient:innen eine überproportional hohe Rate von 11,5% zum EU-Schnitt von 5,2% zeigt (Hapke et al., 2019). Den Depressionen fällt in der global berechneten Gesundheitslast eine führende Rolle zu, wobei sich 2010 die Major Depressive Disorder für 8,2% der weltweit mit Behinderung gelebten Jahre verantwortlich zeigte, direkt hinter den führenden chronischen Rückenschmerzen (Ferrari et al., 2013). Die Erkrankungen aus dem Schizophrenen Formenkreis fallen durch ihre häufigen psychischen Komorbiditäten wie Depression, Persönlichkeitsstörungen, Belastungsstörungen, Angststörungen und Schlafstörungen auf (Lieb et al., 2019), jedoch machen die Suchterkrankungen mit 50–80% die höchsten Komorbiditätsraten aus (Gaebel et al., 2019), womit sie genauso hoch sind wie die somatischen Grunderkrankungen bei stationären Schizophrenie-Patient:innen (Lieb et al., 2019). Die Mortalitätsrate ist 2,6-fach höher im Vergleich zu gesunden Kollektiven (McGrath et al., 2008). Diese ist auf Unfälle, Suizide, Suchterkrankungen oder die häufig schlecht eingestellten somatischen Grunderkrankungen zurückzuführen (Lieb et al., 2019). Selbst unter optimaler therapeutischer Einstellung gelten 10% der Erkrankten als dauerhaft behindert, über 80% der Erkrankten sind entweder in keiner Beschäftigung oder keiner vollständigen Beschäftigung, womit ein sehr großer Bedarf der öffentlichen Unterstützung für dieses Patientenkollektiv gegeben ist (Lieb et al., 2019). Eine groß angelegte Analyse epidemiologischer Studien in der EU (1990–2010) zu einem breiten Spektrum psychischer und neurologischer Störungen mit „Best Estimates" für die Ein-Jahres-Prävalenz ergab, dass mindestens 164,8 Millionen der insgesamt 510 Millionen EU-Bürger:innen an einer oder mehreren Erkrankungen des Gehirns (psychische und neurologische Störungen) im vergangenen Jahr litten (GBD, 2022).

Weltweit betrachtet, ist die Belastung durch Behinderungen aufgrund psychischer und neurologischer Erkrankungen in der EU größer als in anderen Regionen der Welt: In Bezug auf die „Disability-adjusted life years (DALY)" wurde geschätzt, dass sie 26,6% der gesamten DALY-Belastung (alle Ursachen) ausmachen (30,1% bei Frauen, 23,4% bei Männern) und 42% aller Krankheiten in Bezug auf die Anzahl der mit Behinderung gelebten Jahre (Years lived with disease/disability, YLD). Der größte Anteil (60–70%) der DALY-Belastung durch „Erkrankungen des Gehirns" wurde in dieser Studie psychischen Störungen zugeschrieben. Die Studie fand keine Hinweise auf steigende oder sinkende Raten psychischer Störungen insgesamt, wenn die gleichen Diagnosen mit einer Gesamtprävalenz von 27,4% im Jahr 2005 im Vergleich zu 27,1% im Jahr 2011 betrachtet werden. Im Querschnitt haben viele Fälle mit einer psychischen Störung mehr als eine Störung – die Komorbiditätsraten steigen mit dem Alter. Nur 14–36% (je nach Land) aller Patient:innen mit psychischen Störungen sind in Kontakt mit professionellen Gesundheitsdiensten. Nur die Hälfte von ihnen erhält eine halbwegs angemessene Behandlung (am höchsten sind die Behandlungsraten für psychotische und Essstörungen; 72%, 61%). Im Gegensatz zu den hohen direkten Behandlungskosten für verschiedene neurologischen Störungen verursachen psychische Störungen hohe indirekte Kosten (z. B. Arbeitsausfall), die direkt mit unzureichenden Behandlungsangeboten in Verbindung gebracht werden können. Eine neuere Analyse der DALY-Belastung basiert ausschließlich auf Daten der Global Burden of Disease-Studie zur globalen Krankheitslast (GBD, 2022) und deutet auf einen wesentlich höheren Anteil für die Belastung hin, da zusätzlich zu den Auswirkungen psychischer Störungen in den letzten Jahren der enge Zusammenhang zwischen somatischer (z.B. COVID-19) und psychischer Gesundheit weiter erforscht ist, wodurch mit einem wachsenden Bedarf an psychischer Gesundheitsversorgung gerechnet werden kann.

2   Arbeit im psychosozialen Feld

Die Psychiatrie, Psychotherapie, psychotherapeutische Medizin und die psychiatrische-psychotherapeutische Versorgung im weiteren Sinne sind ein schnell wachsendes Berufsfeld. Psychiatrische Behandlungen erweisen sich als genauso wirksam wie jene für andere medizinische Erkrankungen. Behandlungsstrategien und Pflegekonzepte wurden vollständig revolutioniert, der Schwerpunkt liegt nun auf der ambulanten Versorgung in der Gemeinde, von der Früherkennung bis zur Rehabilitation, und es ist klar, dass viele Strategien zur Vorbeugung psychiatrischer Erkrankungen greifbar sind. Die psychiatrische Forschung hat einen beispiellosen Boom aufgrund von Fortschritten in den Neurowissenschaften erlebt, und die Fortschritte im Verständnis der Mechanismen und Ursachen vervielfachen und beschleunigen sich dank der Neurobildgebung und der Genomik. Die technologischen Fortschritte gehen Hand in Hand mit dem immer stärker werdenden Bemühen um eine menschlichere Medizin, wo die Psychiatrie und Psychotherapie wesentliche Beiträge zur psychischen Gesundheit leisten können. Die obigen Ausführungen machen deutlich, dass es auch verstärkter Maßnahmen zur Verbesserung der psychosozialen Versorgung und Prävention bedarf.

Das diesem Arbeitsfeld zugrundeliegende Wissen wird traditionsgemäß kompartmentalisiert, den verschiedenen Disziplinen entsprechend erarbeitet, erforscht, die Anforderungen und nötigen Kompetenzen für die Arbeit im psychosozialen Feld in jeder Disziplin für sich betrachtet. In der Versorgung von Menschen mit psychischen

Erkrankungen sind die multi-professionelle Versorgung und die interdisziplinäre Zusammenarbeit jedoch essenziell (vgl. Kiesewetter et al., 2016).

3 Konzepte für die Behandlung

Für eine integrierte Versorgung sind die Harmonisierung der psychiatrischen und psychotherapeutischen Versorgung und der Standards für die psychische Gesundheitsversorgung in Österreich sowie die Einhaltung der europäischen Ausbildungsstandards für das medizinische Fachgebiet der Psychiatrie und Psychotherapie wesentlich. Die Verbesserung der Ausbildung von Fachkräften der psychiatrischen Versorgung und nicht-psychiatrischer Fachkräfte, die Förderung des Austausches bewährter Behandlungsverfahren zwischen den Ländern sind ebenso essenziell wie die Verbesserung der Arbeitsbedingungen für das psychiatrisch-psychotherapeutische Gesundheitspersonal und die Erforschung neuer Arbeitsmodelle, einschließlich veränderter Rollen und Multidisziplinarität (vgl. Abb.1).

Über eine Förderung des Austausches/der Zusammenarbeit zwischen Fachkräften im Gesundheitswesen, der ethischen und menschenrechtlichen Standards (vgl. Entstigmatisierungskampagnen) können auch die psychische Gesundheitsfürsorge und Prävention sowie der Zugang zur psychiatrischen und psychotherapeutischen Versorgung unterstützt werden.

Neue Antworten auf eine sich entwickelnde Welt müssen über die Erforschung der Herausforderungen und Chancen der Digitalisierung, KI, im Zusammenhang mit Klimawandel, Urbanisierung und Migration, vor allem hinsichtlich der Auswirkung auf die psychische Gesundheit, insbesondere bei jungen Menschen, gefunden werden. Die Verbesserung der Krisen-Reaktionsfähigkeit, der Umsetzung öffentlicher Maßnahmen zur psychischen Gesundheit und Präventionsmaßnahmen, die Bereitstellung angemessener Mittel für die Forschung in den Bereichen Psychiatrie und Psychotherapie, öffentliche psychische Gesundheit und Präventionsstrategien müssen genauso wie Strategien für Gesundheit in allen Politikbereichen thematisiert werden.

Obwohl bereits bekannt ist, dass interdisziplinäre Zusammenarbeit die Patient:innenbetreuung verbessert (Kiesewetter et al., 2016), sind Beschreibungen der nötigen Kompetenzen und Studien zur Effektivität von interdisziplinärer Zusammenarbeit rar (vgl. Kung et al., 2023). Deshalb hat die Medizinische Universität Wien in ihrem „White Paper Lehre" (2018) der interprofessionellen Aus- und Weiterbildung einen hohen Stellenwert beigemessen. So weisen die Medizin und das Fachgebiet der Psychotherapie einen konkreten Kompetenzlevelkatalog auf (vgl. Frank et al., 2015; EAP, 2013), der ein Qualifikationsprofil für die interdisziplinäre Zusammenarbeit im psychosozialen Feld beinhaltet. Daraus sind die Ableitung von Lernzielen für die klinische Arbeit (CanMeds Kompetenzen: Frank et al., 2015), ein entsprechendes didaktisches Konzept entlang der Bloom'schen Taxonomie und die Anforderungen an curriculumstrategische, hochschuldidaktische oder personalentwicklerische Effekte für eine interdisziplinäre Lehre und Berufssozialisation geprägt von Respekt, Vertrauen und Empathie deutlich ableitbar (vgl. Löffler-Stastka et al., 2024).

Entwicklung, Ergebnisse und Trends der Psychotherapieforschung legen nahe, deutliche Konsequenzen für die Konzeption von psychotherapeutischer Ausbildung zu ziehen. Gerade in Anbindung an die Universitäten, die zu forschungsgeleiteter Lehre verpflichtet sind, ist ein Metadiskurs eingeführt, der beide Bereiche – Ausbildungs- und Psychotherapieforschung – bereichert und ein enormes Entwicklungspotenzial darstellt, um Forschungslücken zu füllen. Auf curriculumstrategischer Ebene wurde an der Medizinischen Universität Wien bereits seit 2013 ein Psychotherapieportfolio bestehend aus mehreren Lehrgängen etabliert, einige in Kooperation mit anderen Bildungseinrichtungen. Seitens der Medizindidaktik haben etliche Mitarbeiter:innen eine Master of Medical Education (MME)-Ausbildung zum Thema der interprofessionellen Lehre belegt. Auch die Personalentwicklung hat die interprofessionelle Zusammenarbeit aufgegriffen und bietet gemeinsam mit der Weiterbildung Kurse zu psychosozialen Kompetenzen an, sodass langsam auch Lehrstühle zu Forschungsgebieten der medizinnahen Gesundheitsberufe eingerichtet werden.

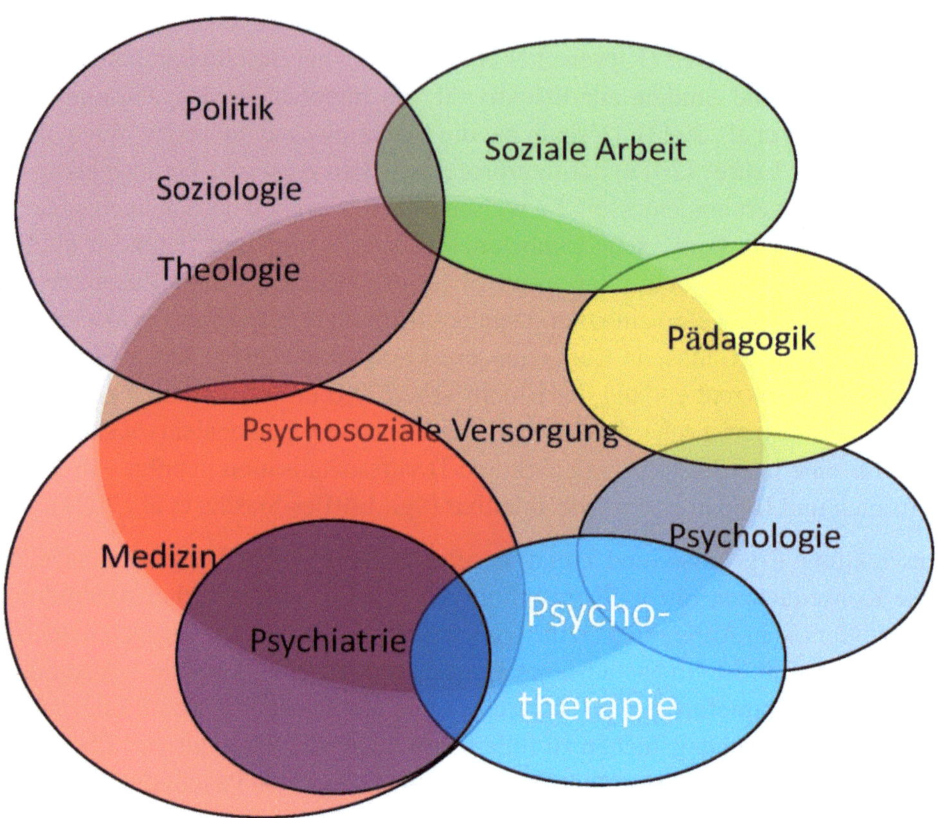

Abb. 1: Psychosoziale Versorgung und ihre beteiligten Disziplinen

4 Spezifische Qualifikationen

Um trotz intensiver regionaler Verankerung eine verstärkte gesellschaftliche Orientierung und eine Einschätzung des Qualifikationsprofils hinsichtlich seiner Behandlungseffizienz zu generieren, sind die inhaltliche Auseinandersetzung und empirische Forschungsarbeiten in Richtung einer institutionellen Forschung nötig. Da bei einer integrierten Versorgung stets der/die Patient:in im Zentrum steht, ist die psychosoziale interprofessionelle Kompetenz sowie deren Vermittlung immer an einen Versorgungsplan gebunden, rechtlich gedeckt und mit den jeweiligen Trägern abgestimmt. Aus dieser strikt einzuhaltenden Strategie ergibt sich unweigerlich eine gesellschaftlich relevante Agenda. Versorgungsforschung sowie Ausbildungsforschung zu didaktischen Fragestellungen sind nötig:

Untersucht man psychisch Erkrankte, beispielsweise Patient:innen mit der Diagnose Schizophrenie und verwandten psychotischen Störungen hinsichtlich ihrer pathogenetischen Befunde (vgl. Abbildung 2), wird das Zusammenspiel von Bindung, Kindheitstrauma, Posttraumatischer Belastungsstörung, psychotischer Symptomatik und reduzierter Mentalisierungsfähigkeit deutlich.

Die potenziell vermittelnde Rolle der Mentalisierungsfähigkeit zwischen Traumatisierung, erinnerten Erziehungsstilen und therapeutischer Arbeitsallianz wurde in einer Studie mittels Strukturgleichungsmodellierung untersucht (vgl. Abb. 2, Löffler-Stastka et al., 2024). Die Mentalisierungskompetenz des/der Behandler:in, positive und negative Gegenübertragung sind mit der Arbeitsallianz verbunden. Die Ergebnisse zeigen, dass traumatische Erinnerungen aus der Vergangenheit die therapeutische Beziehung in der Gegenwart beeinflussen. In diesem Zusammenhang wird die klinische Bedeutung von Kompetenzen wie Reverie, affektivem Holding, Mentalisierungsfähigkeit und Containment wesentlich.

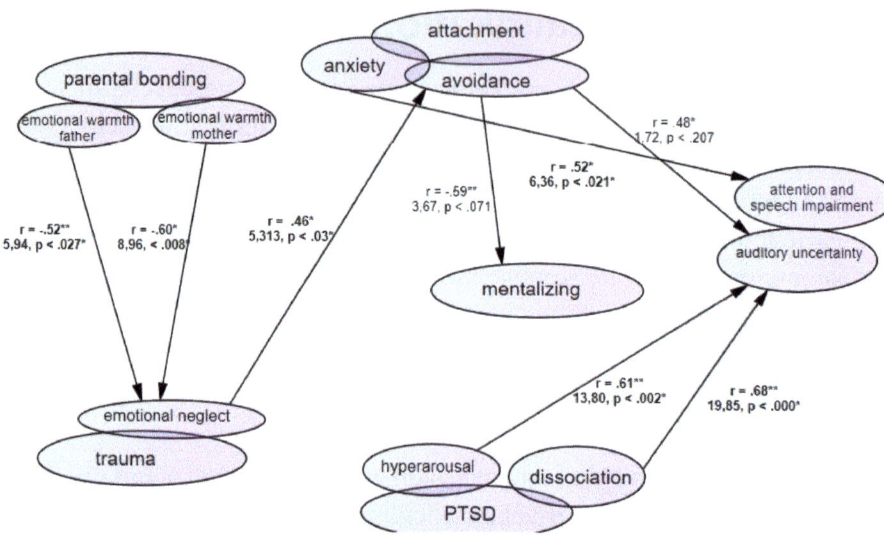

Abb. 2: Rolle der Mentalisierungsfähigkeit – Ergebnisse aus einer Patient:innen-stichprobe schwer Erkrankten (DSM5-Diagnose: 295.90 Schizophrenie)

5 Kompetenzprofil

Die Kernkompetenz für die Behandlung psychisch Kranker (Richter et al., 2020) ist die Mentalisierungskompetenz (Fonagy & Target, 1997). Zusätzlich zählen zu den allgemeinen psychotherapeutischen Wirkfaktoren neben der therapeutischen Beziehung, die wiederum durch die Bindungsfähigkeit beeinflusst ist, die Empathie. Letztere ist eng mit Faktoren verknüpft, die für den psychotherapeutischen Beruf als essenziell gelten: Offenheit und Neugier, Mitmenschlichkeit und Achtsamkeit, Integrität und soziale wie multikulturelle Sensibilität, Geduld und Toleranz u. Ä. (Heatherington et al., 2023).

Die Kernkompetenz der Mentalisierungsfähigkeit ist mit der Empathiefähigkeit und der interprofessionellen Kompetenz in engem Zusammenhang und wurde bereits hinsichtlich deren Trainierbarkeit bei verschiedenen Berufsgruppen im Versorgungskontext untersucht (Steinmair et al., 2021; Finger-Ossinger & Löffler-Stastka, 2018). Um aus regionalen Forschungsarbeiten eine institutionelle Forschungsagenda zu entwickeln, ist die internationale Vernetzung unabdingbar:

Die Erfahrungen und hier vorgestellten Ansätze sind in Zusammenhang mit einem seit 2011 laufenden Projekt zu sehen, das durch die Society of Psychotherapy Research Interest Section on Therapist Training and Development (SPRISTAD) weltweit durchgeführt wird (Orlinsky et al., 2023; Löffler-Stastka et al., 2018; 2019). Bei den global doch unterschiedlichen Ausbildungsprogrammen zeigten sich die Qualifikationsprofile (Reflexionsfähigkeit, Interdisziplinarität etc.) ähnlich und auch die Kriteriendefinition für die Auswahl der Bewerber:innen als das länderübergreifend einheitlichstes Ergebnis: Die Aufnahmekriterien konzentrierten sich hauptsächlich auf persönliche Qualitäten (Empathie, Selbstwahrnehmung und gute psychische Gesundheit), ergänzt durch die Bewertung von relevanten intellektuellen Qualitäten (psychologisches Denken, theoretisches Interesse und Intelligenz) sowie das Engagement für beziehungsorientiertes erfahrungsbasiertes Lernen. Aufgrund dieses forschungsbasierten Ansatzes ist ein Potenzial für die Entwicklung und Implementierung an mehreren Hochschulen gegeben.

6 Zulassung

Aus Vorarbeiten zur Beurteilung der Mentalisierungsfähigkeit von Therapeut:innen (Steinmair et al., 2021) können für das Lernzielniveau des Masterlevels folgende Aufnahmeszenarien, die verschiedene Beobachtungs- und Beurteilungsmethoden sowie eine Feedbackmöglichkeit an die Studierenden inkludieren, gestaltet werden:

1. In <u>Strukturierten Interviews</u> (OSCE) werden in 7 Stationen die 3 allgemeinen Wirkfaktoren – (1) Empathie, (2) Mentalisierungsfähigkeit, (3) Therapeutische Beziehung – sowie 4 clusterspezifische Kompetenzen – (1) Psychoanalytische Kernkompetenz – PCC (Parth et al., 2019) und die Psychodynamische Interventionen Liste – PIL (Gumz et al., 2014), (2) Systemkompetenz (Tretter & Löffler-Stastka, 2021), (3) Humanistische Haltung und (4) Verhaltenstherapeutische Kompetenzen, die auch üblicherweise für das Progress Monitoring für den Studienerfolg und Kompetenzerwerb im Verlauf (Orlinsky et al., 2023) eingesetzt werden – fokussiert.

2. Während und nach der beobachteten Interviewführung wird ein <u>Assessment</u> von 2 unabhängigen Beurteiler:innen durchgeführt: fokussiert werden die ethische und therapeutische Haltung (ThAT: Sandell et al., 2007), die Selbstwahrnehmung und Selbstreflexion, Fertigkeit, ein Arbeitsbündnis zu etablieren (Facilitative Interpersonal Skills: Anderson et al., 2020) und die emotionale Belastbarkeit (AREQ-K: Löffler-Stastka & Stigler, 2011)

Alle Instrumente sind international gut validiert und gebräuchlich, beispielhaft seien hier einige Skalen und Testinstrumentarien beschrieben:

Zur Erfassung der <u>Empathie</u> der Studierenden wird die deutsche Übersetzung des „Jefferson Scale of Physician Empathy (Studierenden-Version)" (Original: Hojat et al., 2002) verwendet. Dieser besteht aus 20 Items, welche anhand einer 7-stufigen Likert-Skala zwischen 1 (starke Ablehnung) und 7 (starke Zustimmung) bewertet werden. So können minimal 20 und maximal 140 Punkte erreicht werden. Als Faktoren der Empathie werden die 3 Komponenten „Perspektivenübernahme", „mitfühlende Fürsorge" und „Hineinversetzen in den/die Patient:in" herangezogen. Diese zeigen folgende internen Konsistenzen (k = Anzahl der Items) mit 0.74 für „Perspektivenübernahme" (k=10), 0.62 für „mitfühlende Fürsorge" (k=8) und 0.64 für „Hineinversetzen in den Patienten/die Patientin" (k=2).

Die <u>Mentalisierungsfähigkeit</u> wurde als „Reflective Functioning" (RF) operationalisiert (Fonagy et al., 1997; 1998; Katznelson, 2014) und wird mit der Refective Functioning Scale (RFS), einer empirisch fundierten, interviewbasierten Methode, gemessen. Die RF wird aus den Transkripten des Interviews mit Erwachsenen bezüglich deren Bindungspersonen auf einer 11-Punkte-Skala bewertet (-1 bis 3 = negativ bis wenig, 4 = regelmäßig und 5 bis 9 = mäßig bis stark mentalisierend) (vgl. auch Bouchard et al., 2008). Die RFS weist eine ausgezeichnete Interrater-Reliabilität und gute Stabilität über die Zeit auf (Fonagy et al., 1997; 1998; Taubner et al., 2013). RF muss von einem geschulten und zuverlässigen Codierer für die RFS analysiert werden.

Der Mentalization Scale (MentS) wird zur Triangulierung verwendet (vgl. Richter et al., 2021): Der MentS ist ein Selbstbericht-Fragebogen zur Mentalisierung, der von Dimitrijević et al. (2018) entwickelt wurde. Er enthält 28 Items, die die Fähigkeit zur Mentalisierung auf einer Gesamtskala sowie auf drei untergeordneten Dimensionen, d.h. selbstbezogene Mentalisierung (MentS-S), fremdbezogene Mentalisierung (MentS-O) und Motivation zur Mentalisierung (MentS-M), erfassen. Die psychometrischen Eigenschaften wurden in klinischen und nicht-klinischen Stichproben getestet. Die interne Konsistenz war in der nicht-klinischen Stichprobe gut (α = 0,84) und in der klinischen Stichprobe akzeptabel (α = 0,75). Die Subskalen zeigten eine akzeptable Zuverlässigkeit für die nicht-klinische Stichprobe (α = 0,74–0,79), aber eine geringere Zuverlässigkeit für die klinische Stichprobe (α = 0,60). Die Validität wurde durch Korrelationen mit verwandten Konstrukten wie Bindung (r = -0,22–0,52), emotionale Intelligenz (r = 0,22–0,67) und Empathie (r = 0,35–0,51) geprüft. Auch andere Selbstberichtskalen (Fonagy et al., 2016) können zur Bewertung der

Mentalisierungsfähigkeit eingesetzt werden, sollten aber mit Fremdbeurteilungsmessungen (MASC: Dziobek et al., 2006) kombiniert werden

Für die Bewertung der <u>sozialen Kognition</u> wird MASC (Movie for the Assessment of Social Cognition) gewählt (Dziobek et al., 2006). Es handelt sich um einen 46 Items umfassenden (verbalen und nonverbalen) Test zum „Mind-reading", der auf fiktiver Prosa basiert und eine ausgezeichnete Sensitivität für subtile Defizite aufweist. In seiner Validierungsstudie zeigte er eine gute Konvergenz mit anderen Tests zum „Mind-reading", hohe Interrater-Reliabilität und gute interne Konsistenz (Cronbachs Alpha = 0,84). Seine ausgezeichnete Test-Retest-Reliabilität macht ihn zu einem Instrument für die Evaluierung von Trainings- oder Behandlungseffekten. MASC simuliert ein realitätsnahes Szenario (Dinnerszene, Themen: Romantik & Freundschaft). Die Durchführungszeit des Kurzfragebogens beträgt etwa 30 Minuten und die Antworten werden in einem Multiple-Choice-Format gegeben (das Video macht insgesamt 45 Pausen bei 46 Fragen, die bezugnehmend auf die mentalen Zustände der vier Figuren [Schauspieler] gestellt werden). Richtige Antworten werden mit einem Punkt bewertet, falsche Antworten werden mit einer von drei Arten: „ToM übersteigend", „ToM weniger" und „ToM nein" bewertet. MASC wurde so konzipiert, dass es Bewertungen unabhängig vom Bildungshintergrund ermöglicht. Alle Teilnehmer:innen werden von zwei unabhängigen Ratern bewertet, die ein Rater-Training absolviert haben. Alle Interviews werden aufgezeichnet und in deutscher Sprache durchgeführt. Alternativen zum MASC sind der „Geneva Emotion Recognition Test – GERT" (Schlegel et al., 2014), ein leistungsbasierter Test zur Messung individueller Unterschiede in einem zentralen Bestandteil der emotionalen und sozialen Kompetenz, der Fähigkeit von Menschen, die Emotionen anderer in Gesicht, Stimme und Körper zu erkennen, oder ähnliche Instrumentarien (ERT: Cambridge Cognition, 2023; RMET: Baron-Cohen et al., 2001; CATS: Froming et al., 2006). Die Einschätzung der sozialen Kognition der Kandidat:innen ist in Kombination mit dem Selbstmitgefühl (Heatherington et al., 2023) als stabilisierender Faktor wichtig, da Umgebungsbedingungen Strategien zum Schutz der psychischen

Gesundheit gefährden oder unterstützen können (Steinmair et al., 2020) und die therapeutische Haltung sowie therapeutische Beziehung beeinflussen (Steinmair et al., 2021).

Die therapeutische Haltung wird anhand des Fragebogens „Psychotherapeutische Haltung (ThAt) – Ein Fragebogen zu Ausbildung, Stil und Werten", einer für Studierende adaptierten, deutschsprachigen Fassung des ThID (Original: Sandell et al., 2006; 2007), erhoben. Die insgesamt 80 Items der TASC-2 Scale werden mittels einer 5-stufigen Likert-Skala bzw. einer visuellen Analogskala bewertet. Für die ThAT-Faktoren sind folgende internen Konsistenzen bekannt: Freundlichkeit (k = 3) 0.27; Einsicht (k = 10) 0.79; Anpassung (k = 12) 0.79; Unterstützung (k = 10) 0.64; Neutralität (k = 7) 0.57; Selbstzweifel (k = 8) 0.77; Pessimismus (k = 4) 0.36; Irrationalität (k = 3) 0.42; Kunstfertigkeit (k = 4) 0.48.

Die therapeutische Beziehung und Gestaltung des Arbeitsbündnisses sind über das Working Alliance Inventar (vgl. Datz et al., 2019) kombiniert mit dem Inventar zur Erfassung Interpersoneller Probleme (Horowitz et al., 2000), ebenso über Bindungsnarrative (Bouchard et al., 2008) einschätzbar, die anhand von Szenarien mit Schauspielpatient:innen (siehe 7 Stationen des OSCE und MASC) und den Transkripten zu dem beobachteten Verhalten generiert werden. Die affektive Kompetenz und emotionale Belastbarkeit (AREQ-K) ist beispielsweise während des ethischen Dilemmaszenarios besonders gut einschätzbar und kann zur dikriminativen Entscheidung gut dienlich sein (Datz et al., 2019). Alle Entscheidungen werden über Checklisten und Globalskalenbeurteilungen während der OSCEs getroffen.

1. Die Fähigkeit zur Selbstreflexion wird zusätzlich über vor und während des Bewerbungsprozesses festgehaltene Tagebuchnotizen evaluiert, um Rumination, Sorgen, Selbstwirksamkeit und Selbstmitgefühl einzuschätzen (Finger-Ossinger & Löffler-Stastka, 2018).

2. Motivationsschreiben, Dienstzeugnisse, Arbeitsbestätigungen etc. ergänzen die Zulassung.

7 Didaktik

Da der Schwerpunkt der Ausbildung im Bereich der klinischen Praxis liegt, ist die Theorievermittlung jeweils an konkretes Fallmaterial geknüpft. Die fortlaufende Gruppenarbeit ermöglicht ein detailliertes Studium von Fällen (problemorientiert, patient:innenzentriert) mit Aufarbeitung der relevanten Literatur (Turk et al., 2019; Orlinsky et al., 2023). Die Kleingruppe arbeitet verpflichtend am Beginn und Ende eines Moduls/Themenblocks, bei längerdauernden Themenblöcken 14-tägig über 3 oder mehrere Jahre. Im Rahmen des bedside teachings werden im fortgeschrittenen Kurs wöchentlich eigene Fälle (Ertl et al., 2021) unter Supervision ausgearbeitet und diskutiert, sodass die Theorie im täglichen Arbeitsalltag gelernt und gefestigt werden kann (Löffler-Stastka et al., 2011).

Seitens der didaktischen Überlegungen kommen dem Konzept des „flipped classrooms", der Theorievermittlung über weite Teile im Selbststudium, weiters der Fall-orientierten Lehre (Ertl et al., 2021), der Vermittlung des Anwendungswissens über Schauspielpatient:innen (Himmelbauer et al., 2018) und dem Lernen anhand von Szenarios, Integrierten Thematischen Instruktionen (Turk et al., 2019) sowie der Förderung von polythematischem Vernetzungsdenken durch routinemäßige Teambesprechungen Bedeutung zu. Die Reflexionskompetenz wird durch ein „Lerntagebuch" im „Empathy Lab" (Finger-Ossinger & Löffler-Stastka, 2018) und in der Diskussion im Plenum durch Benennung der Herausforderungen und Möglichkeiten der interprofessionellen Zusammenarbeit (ähnlich einer SWOT-Analyse) gefordert und gefördert (vgl. Steinmair et al., 2021; Altmann et al., 2024). Interaktive Fragen im e-CBBL-Unterricht (Turk et al., 2019; Ertl et al., 2021), die eigene Falldarstellung und Haltungs- bzw. Einstellungsreflexion haben sich bisher als die für den Lernfortschritt im interdisziplinären Arbeiten förderlichste Maßnahme erwiesen (Ertl et al., 2024). Die Evaluierung (Fallkontrollstudie) über einen Fragebogen zur interprofessionellen Sozialisation ist laufend.

Didaktische Konzeptionen und Überlegungen zur Zulassung sind mit der Zielplanung der zu erreichenden Metakompetenzen: Resilienz, Selbstorganisation,

Selbstreflexion, digitale Grundkompetenz, Kommunikations- und Lernkompetenz entwickelt.

8 Praktika

Die Dauer der Praktika in stationären und ambulanten Einrichtungen entspricht internationalen Richtlinien (vgl. Orlinsky et al., 2023; Löffler-Stastka et al., 2024) und ist hinsichtlich der Ausbildungshoheit an die regelmäßige Überprüfung der behandelten Fallzahlen je Einrichtung gebunden. Die praktische Tätigkeit umfasst Fallarbeit, Fallberichte, Fallstudien, Fallserien und im Weiteren auch die Erarbeitung eines konkreten Forschungsdesigns im Berufsfeld. Die akademische Auseinandersetzung (z.B. auch in Form einer Masterarbeit) beinhaltet somit Daten aus dem eigenen Berufsfeld/der eigenen Organisation, sofern empirisch naturwissenschaftliche Forschungsdesigns gewählt werden. Falls Feldforschungsmethoden, Interviewmethoden, die Methodik der grounded theory gewählt werden, beinhaltet die Masterarbeit Narrative oder Einzelfallbeschreibungen, die im Sinne der „Good Scientific Practice" anonymisiert bearbeitet werden. In allen Fällen sind die Richtlinien der Forschungsethik zu berücksichtigen. Auch hier ist auf Praxisebene und ebenso auf Forschungsebene die Interdisziplinarität im Fokus, die in Behandlungspläne (inklusive Diagnostik, Indikationsstellung) integriert wird (vgl. Löffler-Stastka et al., 2011).

9 Assessment

Entsprechend den Grund-, Spezialisierungs- und Metakompetenzen wird am Ende ein österreichweit abgestimmtes Examen direkt an dem/r Patient:in durchgeführt. Die im Progressmonitoring durchgeführten Zwischenevaluierungen („empathy lab", Reflexionstagebuch, Fallsupervision, interdisziplinäre Fallkonferenz etc.) werden wie die Masterarbeit oder im Rahmen der Ausbildung entstandene Publikationen in die Beurteilung miteinbezogen.

10 Resume

Interdisziplinäre Arbeit ist für die Hochschulentwicklung, Curriculumgestaltung, Forschungsstrategie und Personalentwicklung angesichts der zunehmenden Spezifizierung, Individualisierung und angesichts des enormen Wissenszuwaches essenziell. Gerade in der Arbeit mit und in der Behandlung von psychisch Erkrankten ist eine bio-psycho-soziale Herangehensweise im Sinne einer integrierten Versorgung unabdingbar. Da die Hochschulentwicklung immer ein forschungsgeleiteter Prozess ist, kann ein evidenzbasiertes Management von den Erfahrungen der Psychotherapie, der interdisziplinären Arbeit in einer integrierten Versorgung und deren didaktischen Konzepten und Mixed-methods-Forschungsperspektiven profitieren, die multi- und interdisziplinäre Erkenntnisse aus Biomedizin, Psychologie, Statistik, Sozial- und Verhaltenswissenschaften, Pädagogik, Sozialer Arbeit, Soziologie, Politik sowie die Perspektiven und Erfahrungen nicht-wissenschaftlicher Akteure integriert. Eine „integrierte Interdisziplinarität", die den typischen additiven Charakter der derzeitigen interdisziplinären Arbeit überwindet und die inhärente Komplexität der öffentlichen Gesundheit besser erfassen kann, kann wie hier gezeigt für mehrere Hochschulen Impulse setzen. Systemwissenschaftliche Denkansätze als nützliche metatheoretische, selbstreflexive Ansätze für eine integrierte Kompetenzentwicklung wurden hier vorgeschlagen. Entwicklung, Ergebnisse und Trends der Psychotherapieforschung legen nahe, deutliche Konsequenzen für die Konzeption von psychotherapeutischer Ausbildung zu ziehen. Die hier vorgestellten didaktischen Modelle reichen weit in mehrere Disziplinen und Hochschulen, die die Behandlung des Menschen zum Fokus haben, und setzen sich in ihrem Engagement für beziehungsorientiertes erfahrungsbasiertes Lernen ein. Da bei einer integrierten Versorgung immer der/die Patient:in im Zentrum steht, ist die psychosoziale interprofessionelle Kompetenz sowie deren Vermittlung immer an einen Versorgungsplan gebunden, rechtlich gedeckt und mit den jeweiligen Trägern abgestimmt. Aus dieser strikt einzuhaltenden Strategie ergibt sich unweigerlich eine gesellschaftlich relevante Agenda.

Die Praxis der „integrierten Interdisziplinarität", die durch das Systemdenken ermöglicht wird, erlaubt ein Verständnis der Behandlung psychisch Erkrankter im Bereich der öffentlichen Gesundheit. Als Beispiel wurde das Ausbildungsfeld der Psychotherapie gewählt, da diese Disziplin forschungsgeleitete, langjährige Tradition in der interdisziplinären Zusammenarbeit hat. Dies bildet die Grundlage für ganzheitlichere hochschulstrategische Antworten, die auch die Gesellschaft insgesamt in einen kritischen Dialog einbeziehen, um gemeinsam Maßnahmen zu entwickeln und zu gestalten.

11 Literaturverzeichnis

Anderson, T., Finkelstein, J.D., & Horvath, S.A. (2020). The facilitative interpersonal skills method: Difficult psychotherapy moments and appropriate therapist responsiveness. *Counselling & Psychotherapy Research, 20*(3), 463–469. https://doi.org/10.1002/capr.12302

Altmann, P., Pezawas, L., Kasprian, G., & Löffler-Stastka, H. (2024). Digitalisierung in der Lehre der Neurologie und Psychiatrie. [Digitalization in the Teaching of Neurology and Psychiatry] *psychopraxis.neuropraxis, 27*, 140–144. https://doi.org/10.1007/s00739-024-00999-0

Baron-Cohen, S., Wheelwright, S., Hill, J., Raste, Y., & Plumb, I. (2001). The Reading the Mind in the Eyes Test revised version: A Study with Normal Adults, and Adults with Asperger Syndrome or High-functioning Autism. *Journal of Child Psychiatry and Psychiatry*, 42.

Bouchard, M.A., Target, M., Lecours, S., Fonagy, P., Tremblay, L.M., Schachter, A., et al. (2008). Mentalization in adult attachment narratives: reflective functioning, mental states, and affect elaboration compared. *Psychoanalytic Psychology, 25*, 47. https://doi.org/10.1037/0736-9735.25.1.47

Cambridge Cognition. (2023). *Emotion Recognition Task*. https://cambridgecognition.com/emotion-recognition-task-ert/ Stand vom 3. Jänner 2024.

Datz, F., Wong, G., & Löffler-Stastka, H. (2019). Interpretation and Working through Contemptuous Facial Micro-Expressions Benefits the Patient-Therapist Relationship. *Int J Environ Res Public Health,16*(24), 4901. https://doi.org/10.3390/ijerph16244901

Dimitrijević, A., Hanak, N., Altaras Dimitrijević, A., & Jolić Marjanović, Z. (2018). The Mentalization Scale (MentS): a self-report measure for the assessment of mentalizing capacity. *J. Personal. Assess.,100*, 268–280. https://doi.org/10.1080/00223891.2017.1310730

Dziobek, I., Fleck, S., Kalbe, E., Rogers, K., Hassenstab, J., Brand, M., Kessler, J., Woike, J.K., Wolf, O.T., & Convit, A. (2006). Introducing MASC: A movie for the assessment of social cognition. *Journal of Autism and Developmental Disorders, 36*(5), 623–636. https://doi.org/10.1007/s10803-006-0107-0

EAP – European Association for Psychotherapy. (2013). *The Professional Competencies of A European Psychotherapist.* Vienna: EAP. https://www.europsyche.org/quality-standards/eap-standards/professional-competencies-of-a-european-psychotherapist/

Ertl, S., Steinmair, D., & Löffler-Stastka, H. (2021). Encouraging communication and cooperation in e-learning: solving and creating new interdisciplinary case histories. *GMS J Med Educ, e38*(3), Doc62. https://doi.org/10.3205/zma001458

Ertl, S., Wadowski, P.P., & Löffler-Stastka, H. (2024). Improving Students' Performance via Case-Based e-Learning. (under review).

Ferrari, A.J., Charlson, F.J., Norman, R.E., Patten, S.B., Freedman, G., Murray, C.J.L., ... & Whiteford, H.A. (2013). Burden of depressive disorders by country, sex, age, and year: Findings from the global burden of disease study 2010. *PLoS Medicine, 10*(11), e1001547. https://doi.org/10.1371/journal.pmed.1001547

Finger-Ossinger, M., & Löffler-Stastka, H. (2018). Self-reflectivity: a moment of professionalization in psychotherapy training. *Research in Psychotherapy, 21*(3), 316. https://doi.org/10.4081/ripppo.2018.316

Fonagy, P., & Target, M. (1997). Attachment and reflective function: Their role in self-organization. *Development and Psychopathology, 9*(4), 679–700. https://doi.org/10.1017/s0954579497001399

Fonagy, P., Luyten, P., Moulton-Perkins, A., Lee, Y.-W., Warren, F., Howard, S., Ghinai, R., Fearon, P., & Lowyck, B. (2016). Development and validation of a self-report measure of mentalizing: The reflective functioning questionnaire. *PLoS One, 11*(7), e0158678. https://doi.org/10.1371/journal.pone.0158678

Fonagy, P., Target, M., Steele, H., & Steele, M. (1998). *Reflective functioning manual for application to Adult Attachment Interviews (Version 5).*

Frank, J.R., Snell, L., & Sherbino, J. (Hrsg.) (2015). *CanMEDS 2015 Physician Competency Framework*. Royal College of Physicians and Surgeons of Canada.

Froming, K.B., Gregory, A., Levy, C.M., & Ekman, P. (2006). *The Comprehensive Affective Testing System. User's Manual*. Psychology Software Tools, Inc.

Gaebel, W., Hasan, A., Falkai, P., & Deutsche Gesellschaft für Psychiatrie und Psychotherapie, Psychosomatik und Nervenheilkunde (Hrsg.) (2019). *S3-Leitlinie Schizophrenie*. Springer.

GBD 2019 Mental Disorders Collaborators (2022). Global, regional and national burden of 12 mental disorders in 204 countries and territories, 1990–2019: a systematic analysis for the Global Burden of Disease Study 2019. *Lancet Psychiatry*, *2022*(9), 137–150.

Gumz, A., Horstkotte, J.K., & Kästner, D. (2014). Das Werkzeug des psychodynamischen Psychotherapeuten – verbale Interventionstypen aus theoretischer und aus der Praxis abgeleiteter Perspektive [The techniques of the psychodynamic therapist: verbal interventions from a theoretical and practice-oriented perspective]. *Z Psychosom Med Psychother. 60*(3), 219–237. German. https://doi.org/10.13109/zptm.2014.60.3.219

Hapke, U., Cohrdes, C., & Nübel, J. (2019). *Depressive Symptomatik im europäischen Vergleich – Ergebnisse des European Health Interview Survey (EHIS) 2*. https://doi.org/10.25646/6221, Stand vom 30. November 2023.

Heatherington, L., Barber, J.P., Kilcullen, J.R., Castonguay, L.G., Davis, K.A., Barry, P., & Kivlighan, D.M., Jr. (2023). Selecting future psychotherapists for training: A nationwide study of ideal characteristics and current practices. In L.G. Castonguay & C.E. Hill (Hrsg.), *Becoming Better Psychotherapists: Advancing Training and Supervision, 1,* 311–331. American Psychological Association. https://doi.org/10.1037/0000364-015

Himmelbauer, M., Seitz, T., Seidman, C., & Löffler-Stastka, H. (2018). Standardized Patients in Psychiatry – the best way to learn clinical skills? *BMC Medical Education 18*, 72. https://doi.org/10.1186/s12909-018-1184-4

Hojat, M., Gonnella, J.S., Mangione, S., Nasca, T.J., Veloski, J.J., Erdmann, J.B., Callahan, C.A., & Magee, M. (2002). EBSCOhost: Empathy in medical students as related to academic performance, clinical competence and gender. *Medical Education, 36*(6), 522–527.

Horowitz, M., Strauß, B., & Kordy, H. (2000). *Inventar zur Erfassung Interpersoneller Probleme – Deutsche Version (IIP-D)* (2. Auflage). Beltz-Test.

Katznelson, H. (2014). Refective functioning: A review. *Clinical Psychology Review, 34*(2), 107–117. https://doi.org/10.1016/j.cpr.2013.12.003

Kiesewetter, J., Kollar, I., Fernandez, N., Lubarsky, S., Kiessling, C., Fischer, M.R., & Charlin, B. (2016). Crossing boundaries in interprofessional education: A call for instructional integration of two script concepts. *Journal of interprofessional care, 30*(5), 689–692. https://doi.org/10.1080/13561820.2016.1184238

Kung, D., Brewer, W., Oyelami, V., Hessel, S., Bramlett, L., & Gill, A. (2023). Interprofessional Education on the Neurology Clerkship for Physical Therapy and Medical Students. *MedEdPORTAL : the journal of teaching and learning resources, 19*, 11316. https://doi.org/10.15766/mep_2374-8265.11316

Lieb, K., Frauenknecht, S., Brückner, A., Brunnhuber, S., Förstner, U., Huss, M., … Voderholzer, U. (Hrsg.) (2019). *Intensivkurs Psychiatrie und Psychotherapie* (9. Auflage). Elsevier.

Löffler-Stastka, H., Fink, B., Franz, J., Lenz, G., Matuszak-Luss, K., Sachs, G., Tölk, A., Wagner, E., Aigner, M., & die Arbeitsgruppe Psychotherapeutische Ausbildung in der Psychiatrie der Sektion Psychotherapie der ÖGPP. (2011). „Basiscurriculum in psychotherapeutischer Medizin": Psychotherapeutische Ausbildung in der Psychiatrie – ein Beginn. *Psychiatrie & Psychotherapie, 7,* 20–26. https://doi.org/10.1007/s11326-011-0147-8

Löffler-Stastka, H., & Stigler, K. (2011). Der Affektwahrnehmung und Affektregulation Q-Sort-Test (AREQ): Validierung und Kurzform. *PPmP – Psychotherapie Psychosomatik Medizinische Psychologie, 61*(05), 225–232. https://doi.org/10.1055/s-0030-1263146

Löffler-Stastka, H., Gelo, O., Pleschberger, I., Schröder, T., Orlinsky, D.E., Rønnestad, M.H., & Willutzki, U. (2018). Psychotherapieausbildung in Österreich: Basisdaten und soziodemographische Hintergrunddaten aus der SPRISTAD-Studie. *psychopraxis.neuropraxis, 21*(5), 227–231. https://doi.org/10.1007/s00739-018-0508-9

Löffler-Stastka, H., Gelo, O., Pleschberger, I., Hartmann, A., Orlinsky, D.E., Rønnestad, M.H., & Willutzki, U. (2019). Psychotherapie-Berufsausbildung in Österreich: Basis- und soziodemografische Hintergrunddaten aus einer SPRISTAD-Pilotstudie [Psychotherapy training in Austria. Baseline and socio-demographic background data from a SPRISTAD (Society of Psychotherapy Research Interest Section on Therapist Training and Development) – Pilotstudy]. *Zeitschrift für Psychosomatische Medizin und Psychotherapie, 65,* 341–352. https://doi.org/10.13109/zptm.2019.65.4.341

Löffler-Stastka, H., & Hochgerner, M. (2021). Versorgungswirksamkeit von Psychotherapie in Österreich. *psychopraxis.neuropraxis, 24*, 57–61. https://doi.org/10.1007/s00739-020-00686-w

Löffler-Stastka, H., Finger-Ossinger, M., & Meischl, T. (2024). Kompetenzen in Psychotherapeutischer Medizin und Psychotherapie erwerben. *psychopraxis.neuropraxis, 27*, 26–20. https://doi.org/10.1007/s00739-023-00971-4

Löffler-Stastka, H., Schwigon, D., Masic, N., Stastka, K., Richter, F., & Fuchshuber, J. (2024). Therapeutic Alliance, Attachment and Childhood Trauma in Psychoses: A path analytic approach. *Psychiatria Danubina* (in press).

Medizinische Universität Wien (2018). *White Paper Lehre.* Wien. https://www.meduni-wien.ac.at/web/studium-weiterbildung/die-lehre-an-der-meduni-wien/?L=3

McGrath, J., Saha, S., Chant, D., & Welham, J. (2008). Schizophrenia: A Concise Overview of Incidence, Prevalence, and Mortality. *Epidemiologic Reviews, 30*(1), 67–76. https://doi.org/10.1093/epirev/mxn001

OECD (2020). *Mental Health and Work: Austria.* OECD.

Orlinsky, D.E., Messina, I., Hartmann, A., Willutzki, U., Heinonen, E., Rønnestad, M.H., Löffler-Stastka, H., & Schröder, T. (2023). Ninety psychotherapy training programmes across the globe: Variations and commonalities in an international context. *Counselling & Psychotherapy Research.* Advance online publication. https://doi.org/10.1002/capr.12690

Parth, K., Wolf, I., & Löffler-Stastka, H. (2019). Capturing the Unconscious – The "Psychoanalytic Core Competency Q-Sort". An Innovative Tool Investigating Psychodynamic Therapeutic Skills. *International Journal of Environmental Research and Public Health, 16*, 4700. https://doi.org/10.3390/ijerph16234700

Richter, F., Steinmair, D., & Löffler-Stastka, H. (2020). Mentalisierung bei Störungen aus dem schizophrenen Formenkreis. *psychopraxis.neuropraxis, 23*, 175–179. https://doi.org/10.1007/s00739-020-00654-4

Richter, F., Steinmair, D., & Löffler-Stastka H. (2021). Construct Validity of the Mentalization Scale (MentS) Within a Mixed Psychiatric Sample. *Frontiers in Psychology, 12*, 608214. https://doi.org/10.3389/fpsyg.2021.608214

Rieß, G., & Löffler-Stastka, H. (2022). VersorgungsNOT – Psychotherapie als zentrale, aber marginalisierte Versorgungsleistung im Gesundheitssystem. Der Preis der Ignoranz –

was kostet es uns als Gesellschaft? *Psychotherapie Forum, 26*, 136–143. https://doi.org/10.1007/s00729-022-00210-y

Sandell, R., Lazar, A., Grant, J., Carlsson, J., Schubert, J., & Broberg, J. (2006). Therapist attitudes and patient outcomes. III. A latent class analysis of therapists. *Psychology and Psychotherapy, 79*(4), 629–647.

Sandell, R., Lazar, A., Grant, J., Carlsson, J., Schubert, J., & Broberg, J. (2007). Therapist attitudes and patient outcomes: II. Therapist attitudes influence change during treatment. *Psychotherapy Research, 17*(2), 196–204.

Schlegel, K., Grandjean, D., & Scherer, K.R. (2014). Introducing the Geneva emotion recognition Test: an example of Rasch-based test development. *Psychol Assess, 26*(2), 666–72. https://doi.org10.1037/a0035246

Statistik Austria. (2020). *Krankenstandsfälle seit 1990 nach Diagnose.* https://www.statistik.at/, Stand vom 30. November 2023.

Steinmair, D., Richter, F., & Löffer-Stastka, H. (2020). Relationship between mentalizing and working conditions in health care. *International Journal of Environmental Research and Public Health, 17*(7), 2420. https://doi.org/10.3390/ijerph17072420

Steinmair, D., Horn, R., Richter, F., Wong, G., & Löffler-Stastka, H. (2021). Mind reading improvements in mentalization-based therapy training. *Bulletin of the Menninger Clinic, 85*(1), 59–82. https://doi.org/10.1521/bumc.2021.85.1.59

Taubner, S., Hörz, S., Fischer-Kern, M., Doering, S., Buchheim, A., & Zimmermann, J. (2013). Internal structure of the reflective functioning scale. *Psychological Assessment, 25,*127–135. https://doi.org/10.1037/a0029138

Tretter, F., & Loeffler-Stastka, H. (2021). How does the ‚environment' come to the person? The ‚ecology of the person' and addiction. *World J Psychiatry, 11*(11), 915–936. https://doi.org/10.5498/wjp.v11.i11.915

Turk, B., Ertl, S., Wong, G., Wadowski, P.P., & Löffler-Stastka, H. (2019). Does case-based blended-learning expedite the transfer of declarative knowledge to procedural knowledge in practice?. *BMC Medical Education, 19*, 447. https://doi.org/10.1186/s12909-019-1884-4

Wancata, J. (2017). *Prävalenz und Versorgung psychischer Krankheiten in Österreich.* Medizinische Universität Wien: Abteilung für Sozialpsychiatrie.

Corinna Geppert[1] (Krems), Franziska Lessky[2] (Innsbruck) & Filiz Keser Aschenberger[3] (Krems)

Drawing on Student Voices to Enhance (Online) Teaching in Academic Continuing Education

Abstract

This study explores how students in academic continuing education (ACE) experienced online teaching during the COVID-19 pandemic. While there has been extensive research on how the pandemic affected teaching and learning of 'traditional students', the perspective of this particular student group has been neglected so far. Results, which are based on a mixed-methods design, including a survey (N=184) and four focus-group discussions (N=15) at one university in Austria, revealed a great variety of experiences and preferences towards (online) teaching in line with the heterogeneity of this student cohort. However, findings also reveal that characteristics, such as gender, caring responsibilities, and field of study are closely linked to the barriers and difficulties perceived while studying during the pandemic. Results emphasize the important role of educators in shaping online learning experiences and highlight the need of professionalization to meet the needs of ACE students and to enhance (online) teaching in ACE in a post-COVID-19 era.

---

[1]   University for Continuing Education Krems; corinna.geppert@donau-uni.ac.at; ORCiD 0000-0002-0823-5766

[2]   University of Innsbruck; franziska.lessky@uibk.ac.at; ORCiD 0000-0003-4075-5080

[3]   University for Continuing Education Krems; filiz.keser-aschenberger@donau-uni.ac.at; 0000-0002-4661-3238

https://doi.org/10.21240/zfhe/19-2/03

Corinna Geppert, Franziska Lessky & Filiz Keser Aschenberger

Keywords

educational innovations, academic continuing education (ACE) students, mixed-methods study, professionalization, online teaching

Die Meinung der Studierenden zur Verbesserung der (Online-) Lehre in der akademischen Weiterbildung nutzen

Zusammenfassung

Diese Studie geht der Frage nach, wie Studierende in der wissenschaftlichen Weiterbildung die Online-Lehre während der COVID-19-Pandemie erlebt haben. Derzeit liegen zwar bereits umfangreiche Forschungsergebnisse darüber vor, wie die Pandemie das Lehren und Lernen an Universitäten beeinflusst hat, die Perspektive dieser Studierendengruppe wurde jedoch bisher vernachlässigt. Die vorliegende Studie basiert auf einem Mixed-Methods-Design, welches eine Umfrage (N=184) sowie vier Fokusgruppendiskussionen (N=15) an einer österreichischen Universität umfasst. Die Ergebnisse zeigen eine Vielfalt an Erfahrungen und Präferenzen hinsichtlich der (Online-)Lehre auf, welche in Verbindung mit der Heterogenität dieser Studierendengruppe gesehen werden kann. Sie verdeutlichen zudem, dass Merkmale wie Geschlecht, Betreuungspflichten und Studienfächer mit den wahrgenommenen Barrieren und Schwierigkeiten während des Studium im Zusammenhang stehen. Insgesamt zeigt sich die hohe Bedeutung der Rolle der Lehrenden in Bezug auf die Online-Lernerfahrungen der Studierenden in der wissenschaftlichen Weiterbildung. Die Studie verdeutlicht, dass eine Notwendigkeit einer fortlaufenden Professionalisierung des Lehrpersonals besteht, um den Bedürfnissen dieser Studierendengruppe gerecht zu werden und die (Online-)Lehre in der wissenschaftlichen Weiterbildung in Zukunft zu verbessern.

Schlüsselwörter

Bildungsinnovation, Akademische Weiterbildung, Mixed-Methods-Studie, Professionalisierung, E-Learning

1 Introduction

In addition to the profound and worrying changes that the COVID-19 pandemic has brought to the higher education sector and the lives of its students (e.g. increasing mental health problems, growing financial concerns, increasing social isolation), it has also accelerated educational innovation. This has partly led to new forms of teaching and learning, with new methods and tools being developed and implemented (e.g. asynchronous and synchronous teaching, new forms of online communication and group work). Online teaching has introduced a new culture of learning and teaching, with an emphasis on flexibility, technology integration and student-centered approaches. Adapting to this evolving culture is crucial for educators and learners as it shapes the future of education and the development of innovative teaching methods.

Since the start of the pandemic in 2020, extensive research has focused on how university students coped with the sudden shift to online teaching, which can be shown through meta-narrative and literature reviews, which mainly focus on the situation of 'traditional' students (e.g. Bozkurt et al., 2022; Pokhrel & Chhetri, 2021; Pausits et al., 2021; Sum & Oancea, 2022; Tang, 2023).

However, the perspective of students in academic continuing education (ACE) has been neglected so far. The main objective of this study is to shed light on this group of students and their experiences during online teaching by using empirical data to discuss how we can better meet the needs of ACE students in higher education and enhance their educational learning experiences in a post-COVID-19 era.

Illuminating the perspectives of ACE students is crucial since this student population highly differs from 'traditional' university students. ACE students can be defined as 'non-traditional learners' with a variety of educational and professional backgrounds, since they are often "students who are 25 years or older, attend part-time, are financially independent, have other major responsibilities and roles that compete with their studies (e.g. parenting, caregiving, employment and community involvement) and/or lack the standard admission requirements of a program" (Panacci,

2015, p. 2). Based on UK participation reports, St. Clair (2008) concludes that people who have worked for quite some time in an occupation prior attending higher education and have a higher socioeconomic status, are more likely to participate in "programs offered by institutions of higher education that do not serve conventional full-time undergraduate or graduate student groups" (p. 15). This may also be one of the reasons why ACE students' readiness to effectively participate in ACE offers is strongest when programs are aligned with their goals and needs (Hooß, 2014; Leow et al., 2022).

However, the complexity of these students' lives and the heterogeneity within this student population needs to be considered when aiming to enhance the online learning experiences of diverse learners in academic continuing education, especially because they have to be particularly careful with their time resources (Kahl, 2020).

2 State of Research

The COVID-19 pandemic has profoundly changed the educational landscape, with a significant shift towards online teaching and learning, forcing educational institutions to adapt quickly to new circumstances and rely on technology to ensure continuity in the delivery of education (Gouëdard et al., 2020). During this period, there have been changes in online education with implications for educators and students. One is the acceleration of digital transformation, which means that the adoption of digital tools and technologies in education has had to happen in a short period of time. Institutions around the world quickly adopted learning management systems (LMS), video conferencing platforms and collaboration tools to facilitate online teaching. This was critical to maintaining educational continuity (García-Morales et al., 2021; Nurhas et al., 2022).

There was also an increase in the use of synchronous (real-time interaction) and asynchronous (self-paced) learning methods, which affected students' experience of their learning environment. While synchronous sessions allowed for live interaction and engagement, asynchronous approaches provided flexibility for students. Nevertheless, higher education lecturers, students and administrators faced a number of challenges during the pandemic. For example, Korkmaz and Toraman (2020) identified a lack of lecturer-student interaction, a lack of knowledge about how to assess students in online settings, and difficulties in providing feedback to students and addressing their individual needs as challenges for lecturers.

Based on a systematic review Pausits et al. (2021) stated that the pandemic has underscored the importance of institutional peer learning, the expertise of professional networks, the contributions of service facilities, and the role of collegial collaboration in institutions. Ruptures have caused decreases in the social and academic integration of students and in possibilities to network (Hamilton & Gross, 2021). Resch et al. (2022) found that the level of perceived support during home learning was positively associated with the levels of social and academic integration, which was also highlighted in the systematic review by Cramarenco et al. (2023). Academic and social integration were also significantly associated with student satisfaction (e.g. Boyd et al., 2022; Haverila et al., 2020; Nikou & Maslov, 2023; Xu & Xue, 2023).

The pandemic accelerated existing challenges and inequalities in online learning, such as the digital divide, access to technology and different levels of digital literacy (Coleman, 2021), which are linked to socioeconomic factors. Recent research has shown that the impact of the pandemic on students has varied between different groups of students, for example, showing that those living in rural areas have benefited from online teaching, while others have seen their position deteriorate further (Ebner et al., 2020; Guppy et al., 2022; Hamilton & Gross, 2021; Huber, 2021; Pokhrel & Chhetri, 2021). Scholars emphasize that inequalities in digital access include differences in the ownership and accessibility of different technological devices and the internet. Inequalities extend to differences in skills and comfort levels in using technological tools and different online resources for learning (Coleman, 2021; Lai & Widmar, 2021; Litchfield, Shukla & Greenfield, 2021; Milana et al., 2021). Ulzheimer and colleagues (2021) concluded that barriers to digital teaching and learning also arise for people who are familiar with the higher education environment, for example due to inadequate technical equipment or a lack of digital skills. Schmölz et al. (2020) also mention inequalities in the results of using digital media and in the support of using digital media, which created problems among students.

Based on a systematic review of the literature, Sum and Oancea (2022) concluded that numerous factors interact to shape the use of technology by academics in emergency remote teaching in higher education contexts, such as unreliable internet connection, lack of equipment and facilities, inadequate infrastructure or financial conditions, affordability, responsibilities and home environment. Pham et al. (2021) found that students' online learning outcomes are influenced by learner characteristics such as the ability to adapt to change and the perceived usefulness of an online environment to save time and money, appropriate course content, appropriate course design, ease of use of software, and instructor capacity in terms of professional competence to deal with online teaching.

To summarize, the presented literature focuses mainly on the impact of COVID-19 on the experiences of either traditional university students, part-time adult undergraduates (e.g. Fiorini et al., 2022) or on students in adult education outside of university (e.g. James & Thériault, 2020; Stanistreet et al., 2020; Waller et al., 2020). Such research was predominantly conducted during the COVID-19 pandemic and showed quite consistent results at least for traditional learners.

However, research on students in ACE is still scarce. We found only a few studies that explicitly addressed the situation of ACE students during and shortly after the pandemic, such as the study by Luo (2022). The author highlighted that ACE lecturers struggled with the adaptation of teaching, as not all content was suitable for online teaching (medical laboratories, hands-on learning, etc.), and with the control of teaching in online settings. In addition, Keser Aschenberger et al. (2023) addressed the home learning environment in their study on ACE students, which found that students in ACE were well equipped; the majority of the students in their study reported that "their requirements regarding a comfortable, quiet and distraction-free learning environment were met" (p. 121). Nevertheless, gender differences occurred when it came to the use of learning environments with men being more likely to learn in a dedicated space, while women used spaces that also served other purposes such as the kitchen (Keser Aschenberger et al., 2023).

We aim to address this gap by focusing on the time after the pandemic and by asking the following research questions: (1) How did students in ACE experience online teaching during the COVID-19 pandemic?; (2) How is their perception related to sociodemographic characteristics?; (3) What are possible ways to improve teaching and learning in a post-COVID-19 environment?

3 Methods and sample

We investigate our research questions by applying an explanatory mixed-methods research design combining a quantitative online survey that was distributed among students at the University for Continuing Education Krems (Austria) in June 2022 (N=184), and five qualitative focus-group discussions with 15 participants between September 2022 and January 2023.

The quantitative online survey covered topics such as the reasons for studying in ACE (in general and during the COVID-19 pandemic), students' perceptions of online teaching and their wellbeing in the year prior to the survey. Of the 184 students, the majority of our participants were women (60.8%). About half of the participants had no caring responsibilities towards children or relatives (65.5%). 78.1% were born in Austria and 90.2% were studying in a Master's program at the time of data collection (1.8% PhD students, 3.7% academic experts, 4.3% CP Certified Program). 61.8% were employed full-time, 21.8% were employed part-time, 11.5% were self-employed and 1.2% were looking for a job.

In the five qualitative focus-group discussions a total of 15 students were interviewed. Seven participants identified as women and eight as men. Four students had not yet earned a higher education degree, seven were first-generation students, four were self-employed and seven had caring responsibilities. The discussions lasted between 45 and 90 minutes. Participants were asked about their perception on the changes associated with the COVID-19 pandemic and how the university, study program heads and the lecturers dealt with this situation from the perspective of the students. The discussions were recorded and transcribed verbatim following Lueger's transcription guidelines (2010, p. 259) using partly the automatic transcription feature in MS Word.

We analyzed the quantitative data by applying descriptive statistics and regression analysis using the statistical software SPSS. The qualitative data was interpreted both within interpretation sessions of the researcher's group and by the researchers separately. The data material was pre-coded using the computer program MAXQDA, referring to coding procedures known as 'Initial Coding' (Saldaña, 2013) and 'Open Coding' (Charmaz, 2006). Subsequently, specific passages were selected for in-depth interpretation. Memos were created both during the coding process and after each interpretation session, serving as a basis for writing up the results.

4 Results

4.1 Students' experiences of online teaching during the COVID-19 pandemic

To answer the first research question "How did students in ACE experience online teaching during the COVID-19 pandemic?", we applied descriptive statistics to explore perceived changes and preferences towards online teaching. Furthermore, we present findings from the focus groups highlighting positive experiences as well as perceived challenges with online teaching during the pandemic.

We asked students about the changes they had experienced in their study programme as a result of the COVID-19 pandemic. 93.3% responded that planned face-to-face courses were held as online courses, 40.2% agreed that planned face-to-face meetings were held using a video conferencing tool or by telephone and a third (34.1%) said that planned face-to-face exams were held as online exams. Course dates or exams were postponed (31.1% of respondents agreed) and planned face-to-face courses were replaced by guided self-study (e.g. by providing digital learning resources such as scripts, learning videos, etc.) (15.9% of respondents agreed).

In addition to these changes, we were interested in preferences for teaching methods. We asked students to rate their preferences from very low to very high.

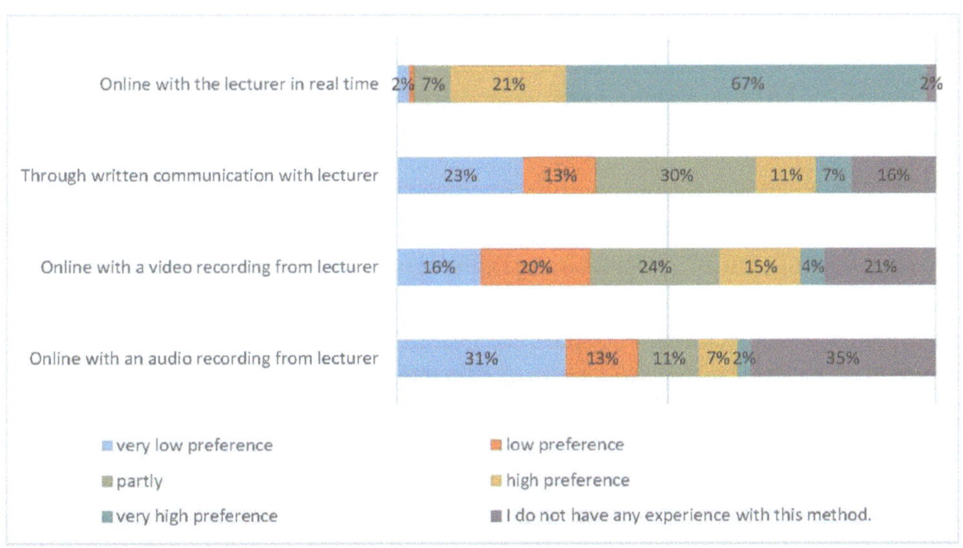

Fig. 1:   Preferred online teaching method (N=184)

The highest preference for online teaching was to be online with the teacher in real time. 67% said they had a very high preference for this method. Written communication with the lecturer was less preferred. Only 6.7% indicated a very high preference, while 23.5% indicated a very low preference for this method. A fifth of students (19.6%) showed a (very) high preference for online teaching with video recordings of the lecturer. The least preferred method of online teaching was the option of online audio recordings of lecturers, which was also the least common option, with 34.6% stating that they had no experience with this method.

From the focus groups we found that professional (previous) experience with digital tools supported more positive experiences with online teaching: "In my job we have already worked a lot with Zoom, we did everything digitally" (focus group 1, person 3). Another factor associated with positive experiences with online teaching was the increased flexibility and variety of participation. This refers to time, space, tools and channels of online teaching. Students had the opportunity to participate and engage in online teaching without having to commute to the university, which is particularly important for ACE students as most students do not live close to campus.

Digital relationships with peers were associated by the interviewees with positive experiences: "We created a WhatsApp group and used it to work together, for example to prepare for exams" (Focus Group 1, Person 4). This shows that available social media tools can enhance students' experience, especially in online learning settings; self-organization and mutual support are possible. Digital networking was also facilitated through platforms such as LinkedIn, which helped students to connect. In addition to networking, digital spaces were also used to organize study groups, as the quote above illustrates. Overall, the majority of students interviewed successfully used digital spaces to build community, support each other and learn together, as most of them were already familiar with digital tools (Zoom, WhatsApp and LinkedIn).

The role of lecturers was more ambiguous. Some interviewees perceived lecturers as supportive, which had positive effects on networking and establishing a sense of belonging. Others expressed that lecturers had no interest in getting to know them and had not supported them in establishing a relationship with peers in an online learning setting: "Some instructors did not want the camera on. They did not want us to show our faces. In a communication program, being told not to show ourselves is questionable" (focus group 1, person 3).

Some students were surprised that despite the option of meeting in person again, some events remained online. In one case, this led to an exclusion from joint activities, since some students met informally in person due to being employed at the same institution: "My colleagues are all employed by the university. I am the only one employed by a company outside of university that only occasionally uses the university's lab. It was difficult to join the group, but I was lucky to know one person from the study before. That is how I got in" (focus group 1, person 6).

In addition, students found it challenging to balance homeschooling and childcare along with their studies, since kindergartens and schools were closed most of the time: "I didn't have that much freedom for education during the pandemic, because I had two children in two different types of school and had to get it right once, with partly analogue lessons and it was actually chaotic" (focus group 5, person 3). Interestingly, ACE students expressed to prefer a clear separation of different life spheres and perceive their studies as a break from family and employment. They viewed the blending of boundaries between these spheres due to online teaching, homeschooling, and remote working as a disadvantage.

4.2 Students' perceptions of online teaching in relation to demographic characteristics

To answer the second research question "How is their perception related to socio-demographic characteristics?", we used the quantitative data and applied a linear regression model with the dependent variable "perceived barriers in online teaching," a mean score that consists of 12 items measured on a Likert scale from 1=low barrier to 5=high barrier (Rel.=.923).

	Beta	Sig.
Term		
Summer Semester 2020	0.00	.953
Winter Semester 2020/2021	0.02	.837

Summer Semester 2021	0.11	.213
Winter Semester 2021/2022	0.20	.037
Country (ref: Austria)		
Germany	-0.01	.893
other European country	0.23	.011
Asia	0.02	.806
Gender		
Women	-0.25	.006
Caring responsibility (ref: no care responsibility)		
Caring responsibilities towards minors	0.18	.043
Caring responsibilities towards relatives	0.20	.014
Caring responsibilities towards minors and relatives	0.02	.816
Highest education degree (ref: postgraduate study)		
Apprenticeship or equivalent qualification	0.26	.020
Technical school without leaving examination/Matura/Abitur or equivalent qualification	0.23	.045
Master exam	0.10	.330
College or academy or equivalent degree	0.12	.182
School leaving examination/Matura/Abitur (general secondary school)	0.25	.039
School leaving examination/Matura/Abitur (vocational school)	0.36	.008
Other university entrance qualifications	-0.05	.641
Bachelor or equivalent degree	0.37	.045

Masters or equivalent degree	0.24	.173
PhD, Dr. or equivalent degree	0.11	.376
Study field (ref: Economics & Business)		
Building & Environment	-0.08	.408
Education	0.06	.533
Digitalisation & Sensors	0.08	.294
Health & Medicine	0.35	.003
Arts & Culture	-0.06	.498
Media & Communication	0.13	.152
Migration & International Affairs	-0.07	.400
Psychotherapy & Social Services	0.15	.211
Law & Administration	0.10	.345

Tab 1: Regression Analysis (N=184) (Intercept 1.225; SD-Error 0.522; R-Square = .386)

Results reveal that women, students with caring responsibilities towards minors and/or (elderly) relatives and students who started their studies in WS 2021/22 had a higher probability to perceive barriers in online teaching. Students coming from another European country than Germany, perceived more barriers than students from Austria. Students who have earned a school leaving examination, but have not yet experienced studying at university, perceived more barriers than students who have already finished a postgraduate study. Students in Health and Medicine experienced more barriers than students in Economics and Business, which can be partially explained by the imperative significance of hands-on experiences, particularly field studies, within the realm of Health and Medicine.

4.3 Students' voices on how to improve (online-)teaching and learning

To explore the third research question "What are possible ways to improve teaching and learning in a post-Covid-19 environment?", we draw on findings from the qualitative focus groups. The majority of interviewees advocated for a hybrid approach that combines online lectures with in-person interactive seminars, however, it was important to also acknowledge potential challenges that can arise in hybrid settings: "If I may say something briefly again, clearly a new way of teaching. New media, new possibilities. That was the interesting thing and we are positive about that. But also having difficulties in mastering them" (focus group 3, person 5).

Many of them preferred being guided in an in-person setting from time to time opposed to solely being taught online: "I think there is a point where it [online setting] is difficult. I believe that if you carefully consider the online stakes, i.e., where it makes sense, or offer them in addition, it can be a significant gain. But you always have to keep a little connection to the participants" (focus group 4, person 2).

Students also stated that clear communication regarding the online and in-person components is key for preparation and engagement since they have busy schedules outside of university. Instructors can support students by establishing clear boundaries, such as refraining from weekend assignments and declaring non-response to emails during weekends. Fostering meaningful interactions in both online and in-person settings were expressed as crucial by the interviewed ACE students. Incorporating discussion forums, group projects, and virtual events cultivates a sense of community and promotes collaborative learning.

5   Discussion

This study explored ACE students' experiences of online teaching in the midst of the COVID-19 pandemic. It also systematically analysed the interplay between their perceptions and socio-demographic characteristics, with the aim of exploring ways to improve teaching and learning in a post-COVID-19 environment from the students' perspective.

The results revealed enabling and inhibiting factors for students to perceive their learning experiences in online teaching environments as positive during the pandemic. Communication and interaction with peers and lecturers, whether formal or informal, was found to be crucial for a positive online teaching experience. Students created spaces on social media platforms to connect with each other and on campus (such as study groups) to get to know each other. Self-organisation among students can be empowering, providing a sense of community and agency. However, care must be taken to ensure that purely online events do not inadvertently exclude students who are not part of existing networks.

In addition, the findings suggest that lecturers play a critical role in creating a positive learning environment. Teaching methods, competencies and experience with online teaching techniques influence how students perceive and engage with course material. However, the findings show that lecturers can also act as barriers to the educational process, depending on their approach and adaptability to the online environment. Students felt that some lecturers lacked the skills to teach in an online environment and showed no interest in facilitating online discussions, which is in line with Martin's (2020) findings. Another barrier mentioned was the organisation of the courses. Due to the multiple commitments and roles of ACE students outside of university (e.g. employment, caring responsibilities), a clear timetable as well as flexibility is important to them.

ACE students' perceptions of barriers varied according to their individual characteristics. Women, students with caring responsibilities and international students from non-German-speaking countries were more likely to perceive barriers to online learning. Gender differences contradict studies by Almomani et al. (2021) and Lobos et al. (2022), who report that 'traditional' female students show higher levels of optimism, satisfaction and engagement with online learning experiences. However, studies of non-traditional students corroborate our findings, particularly in relation to work-life balance and childcare (Singh et al., 2021), as also found by Keser Aschenberger et al. (2023), with men being more likely to study in a dedicated space, while women used spaces that also served other purposes, such as the kitchen.

In addition to student agency in creating digital and remote spaces, a nurturing environment created by the university that encourages dialogue, collaboration and social engagement is a critical factor in successful online learning experiences (Raaper et al. 2022). Teaching methods, lecturers' skills in facilitating online learning, and experience of online teaching methods and assessment are key to shaping the experiences and perceptions of ACE students. Lecturers can therefore act as both facilitators and barriers to positive perceptions of online teaching. The blended learning approach, which combines online and face-to-face learning, can provide opportunities for networking (Crew & Märtins, 2023; Imran et al., 2023; Megahed & Hassan, 2022; Thornton et al., 2023).

5.1 Conclusion

As higher education institutions adapt to a post-pandemic reality, the transformation of teaching methodologies takes centre stage. Online teaching has emerged as a powerful tool for extending educational opportunities to diverse student populations. For example, it can break down geographical or financial barriers.

However, while online teaching can be used to widen participation and foster inclusivity, there is a pressing need to carefully refine and enhance the overall experience of students and pay attention to unintended negative effects on student equity (e.g., decreasing social and academic integration). One important aspect is to tailor online learning to students' needs and background. Research shows that recognizing and accommodating the varied needs and backgrounds of students is important to provide meaningful online learning experiences, education of high quality, and reduce attrition (Stone, 2022; Maloney et al., 2023). For example, flexibility in instructional design, resources, and accessibility ensures that online education can become an inclusive platform.

An important aspect for the development of higher education institutions that can be drawn from this study is to increase knowledge about their ACE student population and their different needs. For example, our findings show that most ACE students envisage more blended/hybrid teaching after the pandemic, with opportunities to meet and network. Such empirical evidence can be used to inform curriculum and course design to improve the (digital) learning experiences of ACE students. Another aspect is to evaluate 'what works' by regularly involving ACE students in discussions, decision-making processes and research to assess whether their needs are being met. This is particularly important in the context of ACE as the student population has very specific needs due to their work experience, time constraints and responsibilities outside of the university context (Hooß, 2014; Leow et al., 2022). In addition, the professionalization of online teaching is important, as lecturers did not have the necessary training in the distance learning environment (Guppy et al., 2022), which was also evident in our study.

This encompasses factors, such as training for lecturers, program management, coordination efforts, and quality assurance measures. Establishing clear guidelines and standards is also crucial to creating a standardized and effective online teaching environment. Furthermore, continuously investigating factors influencing students' (online) learning experiences is important to not only enhance ACE students' education but also to be able to adequately address new forms of inequalities that may arise based on learning equipment, experience and space.

6   References

Almomani, E. Y., Qablan, A. M., Atrooz, F. Y., Almomany, A. M., Hajjo, R. M., & Almomani, H. Y. (2021). The influence of coronavirus diseases 2019 (COVID-19) pandemic and the quarantine practices on university students' beliefs about the online learning experience in Jordan. *Frontiers in Public Health, 8*, 595874.

Boyd, N.M., Liu, X., & Horissian, K. (2022). Impact of community experiences on student retention perceptions and satisfaction in higher education. *Journal of College Student Retention: Research, Theory & Practice, 24*(2), 337–365.

Bozkurt, A., Karakaya, K., Turk, M., Karakaya, Ö., & Castellanos-Reyes, D. (2022). The impact of COVID-19 on education: a meta-narrative review. *TechTrends, 66*(5), 883–896.

Charmaz, K. (2006). *Constructing Grounded Theory: A Practical Guide through Qualitative Analysis*. Thousand Oaks: SAGE Publications.

Coleman, V. (2021). Digital Divide in UK Education during COVID-19 Pandemic: Literature Review. Research Report. Cambridge Assessment. https://files.eric.ed.gov/fulltext/ED616296.pdf

Cramarenco, R.E., Burcă-Voicu, M.I., & Dabija, D.C. (2023). Student perceptions of online education and digital technologies during the COVID-19 pandemic: A systematic review. *Electronics, 12*(2), 319. https://doi.org/10.3390/electronics12020319

Crew, T., & Märtins, O. (2023). Students' views and experiences of blended learning and employability in a post-pandemic context. *Social Sciences & Humanities Open, 8*(1), 100583.

Ebner, M., Schön, S., Braun, C., Ebner, M., Grigoriadis, Y., Haas, M., Leitner, P., & Taraghi, B. (2020). COVID-19 epidemic as E-learning boost? Chronological development and effects at an Austrian university against the background of the concept of "E-Learning Readiness". *Future Internet, 12*(6), 94.

Fiorini, L.A., Borg, A., & Debono, M. (2022). Part-time adult students' satisfaction with online learning during the COVID-19 pandemic. *Journal of Adult and Continuing Education, 28*(2), 354–377. https://doi.org/10.1177/14779714221082697

García-Morales, V.J., Garrido-Moreno, A., & Martín-Rojas, R. (2021). The transformation of higher education after the COVID disruption: Emerging challenges in an online learning scenario. *Frontiers in psychology, 12*, 616059.

Gouëdard, P., Pont, B., & Viennet, R. (2020). *Education responses to COVID-19: Implementing a way forward* (OECD Education Working Papers No. 224; OECD Education Working Papers, Vol. 224).

Guppy, N., Verpoorten, D., Boud, D., Lin, L., Tai, J., & Bartolic, S. (2022). The post-COVID-19 future of digital learning in higher education: Views from educators, students, and other professionals in six countries. *British Journal of Educational Technology, 53*(6), 1750–1765. https://doi.org/10.1111/bjet.13212

Hamilton, L., & Gross, B. (2021). How Has the Pandemic Affected Students' Social-Emotional Well-Being? A Review of the Evidence to Date. Center on Reinventing Public Education. https://www.crpe.org/publications/how-has-pandemic-affected-students-social-emotional-well-being-review-evidence-date

Haverila, M.J., Haverila, K., & McLaughlin, C. (2020). Variables affecting the retention intentions of students in higher education institutions: A comparison between international and domestic students. *Journal of International Students, 10*(2), 358–382.

Huber, S.G. (2021). Schooling and Education in Times of the COVID-19 Pandemic: Food for Thought and Reflection Derived from Results of the School Barometer in Germany, Austria and Switzerland. *International Studies in Educational Administration (Commonwealth Council for Educational Administration & Management (CCEAM)), 49*(1).

Hooß, K. (2014). *Wissenschaftliche Weiterbildung für IT-Wissensarbeiter: Bedingungen und Motive der Teilnahme und Nichtteilnahme.* Springer-Verlag.

Imran, R., Fatima, A., Salem, I.E., & Allil, K. (2023). Teaching and learning delivery modes in higher education: Looking back to move forward post-COVID-19 era. *The International Journal of Management Education, 21*(2), 100805.

James, N., & Thériault, V. (2020). Adult education in times of the COVID-19 pandemic: Inequalities, changes, and resilience. *Studies in the Education of Adults, 52*(2), 129–133.

Kahl, R. (2020). Zwischen Zeitknappheit und Profilierungserwartungen. Wissenschaftliche Weiterbildung an Hochschulen. *Magazin erwachsenenbildung.at, 41.* https://doi.org/10.25656/01:21326

Keser Aschenberger, F., Radinger, G., Brachtl, S., Ipser, C., & Oppl, S. (2023). Physical home learning environments for digitally-supported learning in academic continuing education during COVID-19 pandemic. *Learning Environments Research, 26*(1), 97–128. https://doi.org/10.1007/s10984-022-09406-0

Korkmaz, G., & Toraman, Ç. (2020). Are we ready for the post-COVID-19 educational practice? An investigation into what educators think as to online learning. *International Journal of Technology in Education and Science*, *4*(4), 293–309.

Lai, J., & Widmar, N.O. (2021). Revisiting the digital divide in the COVID-19 era. *Applied economic perspectives and policy*, *43*(1), 458–464.

Leow, A., Billett, S., Le, A.H., & Chua, S. (2022). Graduates' perspectives on effective continuing education and training: Participation, access and engagement. *International Journal of Lifelong Education*, *41*(2), 212–228. https://doi.org/10.1080/02601370.2022.2044398

Litchfield, I., Shukla, D., & Greenfield, S. (2021). Impact of COVID-19 on the digital divide: a rapid review. *BMJ open*, *11*(10), e053440.

Lobos K., Cobo, Rendón R., Mella-Norambuena, J., Maldonado-Trapp, A., Fernández Branada, C., & Bruna Jofré, C. (2022). Expectations and Experiences with Online Education During the COVID-19 Pandemic in University Students. *Front. Psychol. 12*,815564.

Lueger, M. (2010). *Interpretative Sozialforschung: Die Methoden*. Wien: Facultas.

Luo, Y. (2022). Study on the Transformation of Chinese Higher Academic Continuing Education in the Context of the Epidemic. In *Proceedings of the 2022 6th International Seminar on Education, Management and Social Sciences* (ISEMSS 2022) (pp. 2035–2042). Atlantis Press.

Maloney, S., Axelsen, M., Stone, C., Galligan, L., Redmond, P., Brown, A., Turner, J., & Lawrence, J. (2023). Defining and exploring online engagement fatigue in a university context. *Computers and Education Open*, *4*, 100139.

Martin, L. (2020). Foundations for good practice: The student experience of online learning in Australian higher education during the COVID-19 pandemic. *Report published by Australian Tertiary Education Quality and Standards Agency* (TEQSA). https://files.eric.ed.gov/fulltext/ED610395.pdf

Megahed, N., & Hassan, A. (2022). A blended learning strategy: reimagining the post-Covid-19 architectural education. *Archnet-IJAR: International Journal of Architectural Research*, *16*(1), 184–202.

Milana, M., Hodge, S., Holford, J., Waller, R., & Webb, S. (2021). A year of COVID-19 pandemic: Exposing the fragility of education and digital in/equalities. *International Journal of Lifelong Education*, *40*(2), 111–114.

Nikou, S., & Maslov, I. (2023). Finnish university students' satisfaction with e-learning outcomes during the COVID-19 pandemic. *International Journal of Educational Management, 37*(1), 1–21. https://doi.org/10.1108/IJEM-04-2022-0166

Nurhas, I., Aditya, B.R., Jacob, D.W., & Pawlowski, J.M. (2022). Understanding the challenges of rapid digital transformation: the case of COVID-19 pandemic in higher education. *Behaviour & Information Technology, 41*(13), 2924–2940.

Panacci, A. G. (2015). Adult students in higher education: Classroom experiences and needs. *College Quarterly, 18*(3), 3.

Pausits, A., Oppl, S., Schön, S., Fellner, M., Campbell, D.F. J. & Dobiasch, M. (2021). Distance Learning an österreichischen Universitäten und Hochschulen im Sommersemester 2020 und Wintersemester 2020/21. Wien: Bundesministerium für Bildung, Wissenschaft und Forschung. https://www.bmbwf.gv.at/dam/jcr:3db6ff5e-68f7-43d0-a31f-0e667d258d69/210701_WF048_21%20-Distance%20Learning%20an%20Unis%20und%20HS%20im%20SS20%20und%20WS20_21_bf_FINALE_VERSION.pdf

Pham, T.T.T., Le, H.A., & Do, D.T. (2021). The factors affecting students' online learning outcomes during the COVID-19 pandemic: a Bayesian exploratory factor analysis. *Education Research International*, 1–13.

Pokhrel, S., & Chhetri, R. (2021). A literature review on impact of COVID-19 pandemic on teaching and learning. *Higher education for the future, 8*(1), 133–141.

Resch, K., Alnahdi, G., & Schwab, S. (2022). Exploring the effects of the COVID-19 emergency remote education on students' social and academic integration in higher education in Austria. *Higher Education Research & Development*, 1–15.

Raaper, R., Brown, C., & Llewellyn, A. (2022). Student support as social network: exploring non-traditional student experiences of academic and wellbeing support during the Covid-19 pandemic. *Educational Review, 74*(3), 402–421.

Saldaña J. (2013). *The Coding Manual for Qualitative Researchers*. Los Angeles: SAGE.

Schmölz, A., Geppert, C., & Barberi, A. (2020). Digitale Kluft: Teilhabebarrieren für Studierende durch universitäres home learning?. *Medienimpulse, 58*(02), 1–31. https://doi.org/10.21243/mi-02-20-31

Singh, Ji., Matthees, B., & Odetunde, A. (2021). Leaning online education during COVID-19 pandemic – attitudes and perceptions of non-traditional adult learners. *Quality Assurance in Education. ahead-of-print*. https://doi.org/10.1108/QAE-12-2020-0147

St. Clair, R. (2008). Beyond the barriers: Understanding decisions to participate in continuing higher education among under-represented groups. *The Journal of Continuing Higher Education, 56*(1), 15–26. https://doi.org/10.1080/07377366.2008.10400138

Stanistreet, P., Elfert, M., & Atchoarena, D. (2020). Education in the age of COVID-19: Understanding the consequences. *International Review of Education, 66*, 627–633.

Stone, C. (2022). From the margins to the mainstream: The online learning rethink and its implications for enhancing student equity. *Australasian Journal of Educational Technology, 38*(6), 139–149.

Sum, M., & Oancea, A. (2022). The use of technology in higher education teaching by academics during the COVID-19 emergency remote teaching period: a systematic review. *International Journal of Educational Technology in Higher Education, 19*(1), 59. https://doi.org/10.1186/s41239-022-00364-4

Tang, K.H.D. (2023). Impacts of COVID-19 on primary, secondary and tertiary education: a comprehensive review and recommendations for educational practices. *Educational Research for Policy and Practice, 22*(1), 23–61.

Thornton, C., Peart, D., Hicks, K., McCullogh, N., & Allen, G. (2023). 'If lecturers are at home, they can't tell their kids to shut up': university student engagement with blended learning during Covid-19: a mixed methods study. *Journal of Further and Higher Education, 47*(4), 540–550.

Ulzheimer, L., Kanzinger, A., Ziegler, A., Martin, B., Zender, J., Römhild, A., & Leyhe, C. (2021). Barriers in Times of Digital Teaching and Learning – A German Case Study: Challenges and Recommendations for Action. *Journal of Interactive Media in Education, 2021*(1), 1–14. https://doi. org/10.5334/jime.638

Waller, R., Hodge, S., Holford, J., Milana, M., & Webb, S. (2020). Lifelong education, social inequality and the COVID-19 health pandemic. *International journal of lifelong education, 39*(3), 243–246.

Xu, T., & Xue, L. (2023). Satisfaction with online education among students, faculty, and parents before and after the COVID-19 outbreak: Evidence from a meta-analysis. *Frontiers in psychology, 14*, 1128034.

Jan Smetana[1], Michaela Zupanic[2] & Jan Ehlers[3] (Witten)

Aufbau eines hochschuldidaktischen Weiterbildungsprogrammes mit Bordmitteln

Zusammenfassung

Durch den Qualitätspakt Lehre wurde die Verbesserung der Betreuung von Studierenden und der Lehrqualität an staatlichen Hochschulen gefördert. Gerade viele kleine Hochschulen haben jedoch bislang keine eigenen hochschuldidaktischen Weiterbildungen aufbauen können. Dieser Beitrag beschreibt, wie der Aufbau eines zertifizierten hochschuldidaktischen Weiterbildungsprogramms an einer kleinen Universität mit jährlich 63 Workshopangeboten und rund 500 Teilnahmen ohne finanzielle Fördermittel gelang. Eine Evaluation über die Jahre 2016 bis 2020 zeigt zudem hohe Zufriedenheit der Teilnehmenden und einen hohen subjektiven Lern- und Umsetzungserfolg.

Schlüsselwörter

Qualitätspakt Lehre, Hochschuldidaktische Weiterbildung, Programmentwicklung, Fakultätsentwicklung, Evaluation

---

1 Universität Witten/Herdecke; jan.smetana@uni-wh.de; ORCiD 0009-0008-3418-350X
2 Universität Witten/Herdecke; michaela.zupanic@uni-wh.de; ORCiD 0000-0002-7166-5160
3 Universität Witten/Herdecke; jan.ehlers@uni-wh.de; ORCiD 0000-0001-6306-4173

https://doi.org/10.21240/zfhe/19-2/04

Jan Smetana, Michaela Zupanic & Jan Ehlers

Development of a university teacher-training programme with on-board resources

Abstract

The "Qualitätspakt Lehre" (education quality pact) has fostered the improvement of student support and the quality of teaching at state universities in Germany. However, many small higher education institutions, in particular, have not yet been able to set up their own faculty development courses in university didactics. This article describes how a certified teacher-training programme was set up with 63 workshops and around 500 participants per year using no additional funding. An evaluation conducted from 2016 to 2020 also showed a high level of satisfaction among the participants and a high degree of subjective learning and implementation success.

Keywords

further education, teacher training, programme development, small university, faculty development, evaluation, university didactics

1   Einleitung

Die ersten didaktischen Weiterbildungsangebote für Hochschullehrende kommen in Deutschland ab Mitte der 1970er-Jahre auf (Wildt, 2013). Seit ca. 2000 wird vermehrt in die Institutionalisierung von Forschung und Weiterbildung in der Hochschuldidaktik (HD) investiert (Battaglia, 2004). Aktuell liegt eine gute Dekade vielfältiger Förderung, insbesondere durch den Qualitätspakt Lehre (QPL) von Bund und Ländern (BMBF, 2022), hinter uns. Damit konnten HD-Zentren und Weiterbildungsangebote bundesweit ausgebaut werden.

Dennoch, die aufgewendete Fördersumme von zwei Mrd. Euro kam weitestgehend den großen staatlichen Hochschulen zugute. Private (Fach-)Hochschulen und Universitäten wie die Universität Witten/Herdecke waren laut Stifterverband von dieser und den meisten anderen Fördermöglichkeiten ausgeschlossen (Frank et al., 2020). Gleichsam sind aufgrund limitierter Ressourcen an kleinen Hochschulen allgemein kaum Einrichtungen von didaktischen Weiterbildungsprogrammen realisierbar. Kleine Hochschulen sind somit beim Thema didaktische Weiterbildung, insbesondere beim Aufbau eigener Programme und Angebote, meist auf Haushaltsmittel oder, sofern vorhanden, auf externe Netzwerkangebote beschränkt.

Die vorliegende Herausforderung besteht darin, dass kleine Hochschulen innovative Wege finden müssen, um mit begrenzten finanziellen Mitteln eigene hochwertige HD-Programme zu entwickeln und zu etablieren. Dies ist insbesondere relevant im Kontext der fortschreitenden Autonomie (Fumasoli et al., 2020) und der anhaltenden Veränderungen im Hochschulsektor (Pinheiro et al., 2015). Der vorliegende Entwicklungsbeitrag beschreibt anhand des Aufbaus und der Evaluation eines mit bereits vorhandenen Ressourcen an der Universität Witten/Herdecke eingeführten HD-Programmes einen solchen beispielhaften Lösungsansatz. Es wird dargelegt, wie mit bereits vorhandenen Ressourcen ein effektives Weiterbildungsprogramm implementiert werden konnte und welche Implikationen dies für die Hochschulentwicklung hat.

2 Methode

Dieser Entwicklungsbeitrag beschreibt den Aufbau und die Evaluation des mit dem Sommersemester 2015 gestarteten hochschuldidaktischen Weiterbildungsangebots an der Universität Witten/Herdecke. Das Angebot richtet sich an interessierte Lehrende aller Fakultäten, Habilitierende und jüngst auch Interessierte am Qualifizierungsprogramm „Professionelle Lehrkompetenz für Hochschulen" vom Hochschuldidaktischen Netzwerk NRW. Zu Beginn umfasste das Programm Angebote zur Lehrveranstaltungsplanung und zu Prüfungen. Heute werden ca. 38 Veranstaltungen pro Semester zu verschiedenen Themen durchgeführt. Das Programm verzeichnet pro Semester etwa 350 Teilnahmen.

2.1 Aufbau und Organisation des Programmes

2.1.1 Motivation

Das Tätigkeitsfeld der Hochschullehrenden verlangt traditionell nach keiner didaktischen Qualifizierung. Entsprechend sind die meisten Lehrenden an Hochschulen didaktisch nicht oder nur wenig auf ihre Rolle als Lehrende vorbereitet. Hinzu kommt, dass die klassische Vortragsrolle in der Hochschullehre nicht mehr zeitgemäß ist (Barr & Tagg, 1995; Behrend, 2000; Behrend et al., 2013; Hattie, 2011; Ulrich, 2020). Eine gezielte hochschuldidaktische Weiterbildung von Lehrenden kann helfen, eine nachhaltige Verbesserung der Lehre zu fördern (Dalgaard, 1982; Gibbs & Coffey, 2004; Ho et al., 2001; Jörissen, 2020; Trigwell et al., 2012; Wibbecke, 2015). Mit der Motivation der Verbesserung der Lehre und der Förderung des Austauschs unter den Lehrenden wurde das hier vorgestellte HD-Weiterbildungsprogramm eingeführt.

2.1.2 Budget und Expertise

Im Fall ressourcentechnisch limitierter Hochschulen müssen Expertise und Management für den Aufbau eines HD-Programmes innerhalb der bestehenden budgetären Grenzen identifiziert werden.

Im Beispiel der Universität Witten/Herdecke ging die Initiative, ein HD-Programm zu starten, von der Professor:innenschaft aus. Ein Lehrstuhl mit fachlichem Bezug zu didaktischen Fragen hat 2015 damit begonnen, außerplanmäßig einzelne HD-Workshops anzubieten. Diese Initiative hat andere Expert:innen an der Hochschule motiviert, ihrerseits Workshops zum Programm beizusteuern. Durch Weiterbildung von Lehrenden an HD-Zentren anderer Universitäten konnte ein eigener Pool an qualifizierten Trainer:innen aufgebaut werden, die heute gemeinsam Angebote zu den Themenfeldern Lehren & Lernen, Prüfen & Bewerten, Feedback & Evaluation und Studierende beraten anbieten.

Bis heute verfügt das Programm über keine finanziellen Mittel für externe Trainer:innen, sondern greift auf die am Lehrstuhl und an anderen Stellen der Universität vorhandenen Expert:innen zurück.

2.1.3 Management

Die Verwaltung eines HD-Programms umfasst grob folgende Bereiche:

- Programmkonzeption und -koordination,

- Werbung und Kommunikation,

- Raum- und Teilnehmendenmanagement und

- ggf. Netzwerkarbeit.

Die Programmkonzeption sowie die Trainer:innenakquise und -koordination sind ein kontinuierlicher, kollaborativer Prozess zwischen dem Lehrstuhl und den Lehrenden sowie den mitwirkenden Trainer:innen. In Hinblick auf die Programmbewerbung wurde und wird ebenso der enge Austausch mit der Zielgruppe des Programms gesucht. Hinsichtlich des Managements wurde der Lehrstuhl 2021 um ein Teilzeitsekretariat verstärkt. Insgesamt bewältigen so zwei Personen die Bewerbung des Programms, die Webseitenpflege, die Raumplanung, das Teilnehmendenmanagement, die Urkundenausstellung und seit dem Beitritt zum Hochschuldidaktischen

Netzwerk NRW (HD NRW) die Netzwerkarbeit sowie die Verwaltung des Zertifikatprogramms. Durch den Einsatz moderner Campusmanagement-Tools und KI-Applikationen bieten sich vielfältige Potenziale, den Verwaltungsaufwand effizienter zu gestalten.

2.2 Evaluation

Ziel des Aufbaus eines hochschuldidaktischen Weiterbildungsprogramms war es, sowohl die Qualität der Lehre aktiv weiterzuentwickeln und somit didaktischer Beliebigkeit vorzubeugen, als auch den inner- und überfakultären Austausch der Lehrenden zu fördern und eine gemeinsame Lehr-/Lernkultur zu etablieren. Um diese Zielsetzung, die grundsätzliche Zufriedenheit und die Effekte des Weiterbildungsangebots, zu ermitteln, wurde eine Evaluation über die Jahre 2016–2020 durchgeführt.

2.2.1 Gegenstand

Im Rahmen der Untersuchung wurden die Teilnehmenden aller Weiterbildungsveranstaltungen aus den insgesamt sieben Semestern (N=217) gebeten, einen anonymen Online-Fragebogen auszufüllen. Der Fragebogen orientiert sich an den vierstufigen Messebenen nach Kirkpatrick (Kirkpatrick, 1979), wobei die vierte Stufe in einer weiteren Studie untersucht werden soll (siehe Abbildung 1).

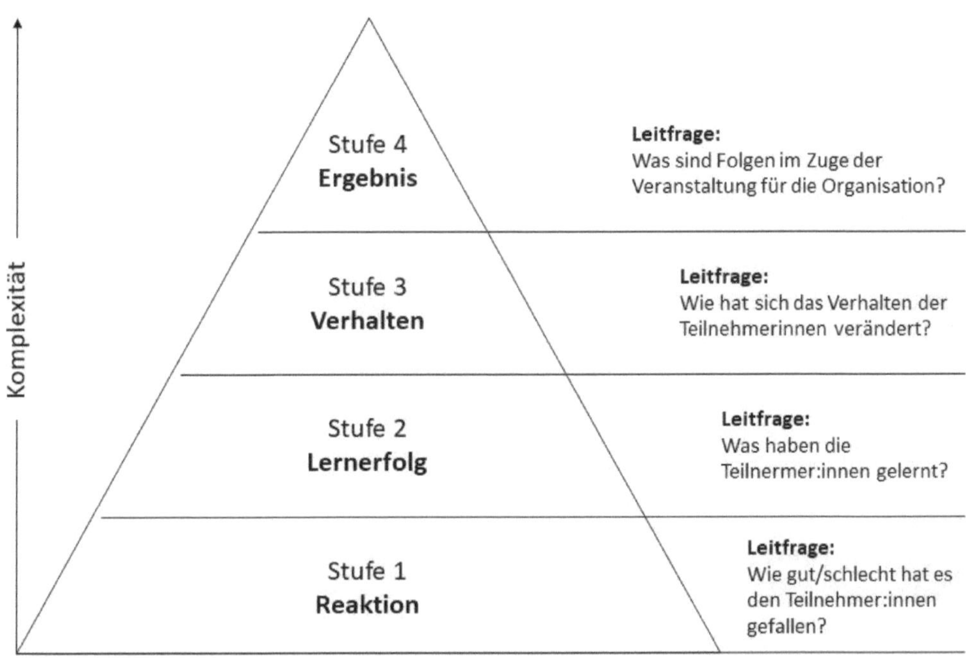

Abb. 1: Messebenen nach Kirkpatrick (1979) – eigene Darstellung

2.2.2 Fragebogendesign

Die Entwicklung des Fragebogens (s. https://doi.org/10.5281/zenodo.13293175) orientierte sich an folgendem Erkenntnisinteresse:

- Aus welchen Gründen und mit welcher Motivation haben die Teilnehmenden die Weiterbildungsangebote wahrgenommen?

- Welche Erwartungen hatten sie an die Teilnahme geknüpft?

- Wie zufrieden waren sie mit den Angeboten?

- Was haben sie in den Maßnahmen gelernt und was konnten sie gegebenenfalls davon in ihre Lehrpraxis implementieren?

- Hat die Teilnahme ihnen etwas über die anderen Departments oder Fakultäten vermitteln können?

- Wünschen sich die Teilnehmenden bestimmte weiterführende Weiterbildungsangebote?

Um die Wahrscheinlichkeit der Teilnahme trotz des differenzierten Erkenntnisinteresses zu erhöhen, wurde der Bogen mit neun Fragen und einer Mehrzahl an halboffenen Fragen konstruiert (Porst, 2014).

2.2.3 Auswertungsmethodik

2.2.3.1 Quantitative Auswertung

Die Ergebnisse werden zunächst mit deskriptiver Statistik beschrieben (Anzahl, Mittelwert, Standardabweichung). Mögliche Unterschiede zwischen den Geschlechtern in den Variablen der Kategorien soziodemografisch, subjektiver Lernerfolg und Akzeptanzanalyse werden mit Chi-Quadrat-Tests auf ihre statistische Signifikanz geprüft (Irrtumswahrscheinlichkeit 5%). Die Testgröße Chi-Quadrat wird in Effektstärke (Cohens d) umgewandelt und ausgewiesen (Lenhard & Lenhard, 2017). Die Datenverarbeitung erfolgt mit SPSS in der Version 28.

2.2.3.2 Qualitative Auswertung

Um die Freitextantworten auszuwerten, wurde auf die qualitative Inhaltsanalyse nach Mayring zurückgegriffen (Mayring & Fenzl, 2019). Das Kategoriensystem wurde induktiv am Material entwickelt. Dafür wurde in einem insgesamt vierstufigen Prozess das Material von zwei Autor:innen (JS, MZ) zunächst aufgeteilt, kategorisiert und entsprechend codiert (I). Anschließend wurden die Abschnitte getauscht und mit dem Kategoriensystem des/der anderen Autor:in erneut codiert (II).

Daraufhin wurden die beiden Codierungen miteinander verglichen und die Kategoriensysteme zu einem System konsolidiert (III).[4] Nach der Überarbeitung des Kategoriensystems folgte schließlich ein letzter Materialdurchgang (IV).[5]

3 Ergebnisse

3.1 Heutiges Programm

Das Angebot wird sehr gut angenommen. Nachdem das HD-Programm 2015 mit zwei Kursen begonnen hatte, umfasste es 2020 zum Ende der Evaluation 30 Angebote. Im Zuge der Corona-Pandemie und dem damit einhergegangenen wachsenden Interesse an E-Learning-Weiterbildungen und damit auch der HD allgemein wuchs das Programm bis Wintersemester 2023 auf 63 Weiterbildungsveranstaltungen pro Jahr an. Der Aufwuchs kam durch eine stärkere Differenzierung in den oben genannten Themenbereichen und der Entwicklung von neuen Angeboten aus den Bereichen Bildung für nachhaltige Entwicklung (BNE), Gamification, Rassismus, Diversität und Portfoliomanagement zustande. Heute ist das Programm in die vier, das Zertifikatsprogramm konstituierenden Themenfelder *Lehren & Lernen, Prüfen & Bewerten, Studierende beraten* und *Feedback & Evaluation* unterteilt. Überdies umfasst das Programm dezidierte Hospitations-, Reflexions- und Praxismodule.

---

4   Vgl. https://doi.org/10.5281/zenodo.13293175

5   Die Intercoder-Reliabilitätsprüfung ergab eine zufriedenstellende Übereinstimmung von 72%.

3.2 Evaluation

3.2.1 Soziodemografische Variablen

Über den Zeitraum von einem Semester (WS 2019/20) haben 110 Teilnehmende den Fragebogen ausgefüllt (Rücklaufquote von 50%). Nach Ausschluss von neun unvollständig bearbeiteten Fragebögen resultiert die Stichprobe in insgesamt 101 Teilnehmenden, davon 35 weiblich, 64 männlich und 2 Missings[6]. Es gab keine Angaben für diverse Gender. Bei *Motivation* zur Teilnahme wurden insgesamt 200 Nennungen (Frauen: #75, Männer: #123, Missing: #2) abgegeben, im Durchschnitt 1,98 pro Teilnehmer:in. Am häufigsten wurden das Interesse am Thema (#53) sowie der Wunsch nach neuen didaktischen Methoden (#51) angegeben (s. Abbildung 2). Männer (#37) nannten als Motivation häufiger ein Habilitationsvorhaben als Frauen (#13). Dieser Unterschied ist knapp signifikant (Chi-Quadrat=3,87, df=1, p=,049) und von kleiner Effektstärke (d=0,403). Etwa gleich häufig wurden der Wunsch nach Weiterbildung (#17) und Neugierde (#15) angegeben. Die verbleibenden Kategorien zur Motivation wurden zu unter 10% angekreuzt. Unter Sonstiges wurden z.B. eigene Projekte angegeben.

---

6   Auf prozentuale Angaben wird verzichtet, da sie bei der gegebenen Stichprobe mit 101 Teilnehmenden in etwa der Häufigkeit entsprechen.

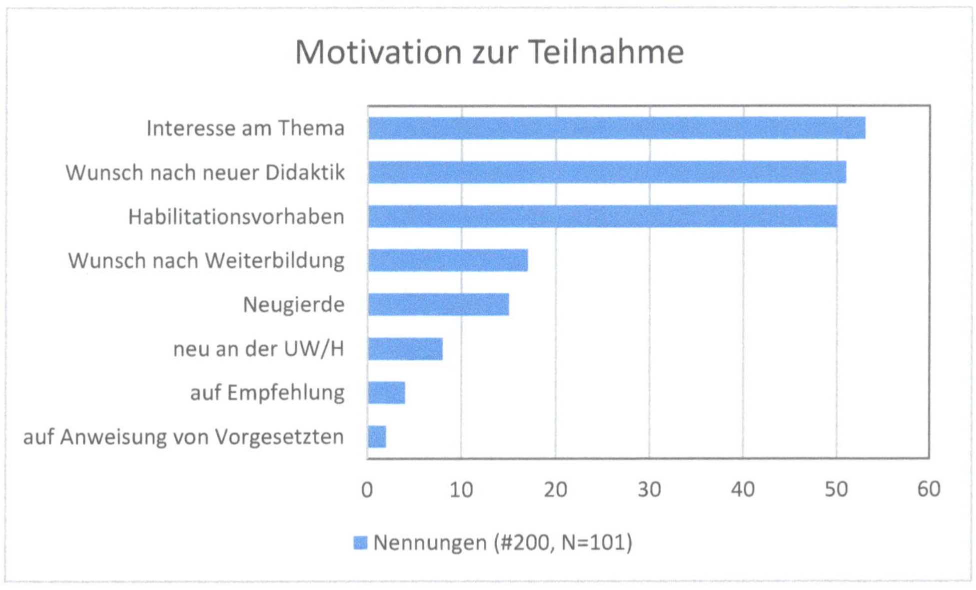

Abb. 2: Motivation zur Teilnahme am hochschuldidaktischen Angebot (200 Nennungen, N=101)

Zu den *Erwartungen* wurden insgesamt 339 Nennungen (Frauen #112, Männer #221, Missing #6) abgegeben, im Durchschnitt 3,36 pro Teilnehmer:in. Am häufigsten wurde der Wunsch nach Verbesserung der eigenen Lehre (#73) angegeben, gefolgt vom Lernen neuer Techniken und Methoden (#68) (s. Abbildung 3). Im vergleichbaren Ausmaß waren die Erwartungen zum Austausch mit Kolleg:innen (#40), der Vernetzung innerhalb der Fakultät (#37) sowie der Auffrischung des eigenen Wissensstandes, z.B. im Bereich der Digitalisierung (#36). Die verbleibenden Kategorien wurden zu unter 10% angekreuzt. Unter Sonstiges wurde z.B. allgemein der Wunsch nach Weiterbildung angegeben.

Abb. 3: Erwartungen der Teilnehmenden an die Inhalte des Workshops (339 Nennungen, N=101)

Bei dem *Themenwunsch* wurden insgesamt 320 Nennungen (Frauen #117, Männer #196, Missing #7) abgegeben, im Durchschnitt 3,17 pro Teilnehmer:in. Am häufigsten wurde der Wunsch nach Hochschuldidaktik allgemein (#44) sowie Evaluation, Feedback und Mentoring (#43) angegeben (s. Abbildung 4). In etwa gleichem Ausmaß waren die Nennungen im Bereich digitaler (#38) und aktivierender Methoden (#37) sowie der Kommunikation (#37). Frauen (#17) wünschen überproportional häufiger einen hochschuldidaktischen Workshop zur Online-Moderation als Männer (#15). Dieser Unterschied ist signifikant (Chi-Quadrat=6,53, df=1, p=,011) und von mittlerer Effektstärke (d=0,532). Die verbleibenden Kategorien zu den Themenwünschen wurden zu unter 10% angekreuzt. Unter Sonstiges wurden z.B. Technik-Skills genannt.

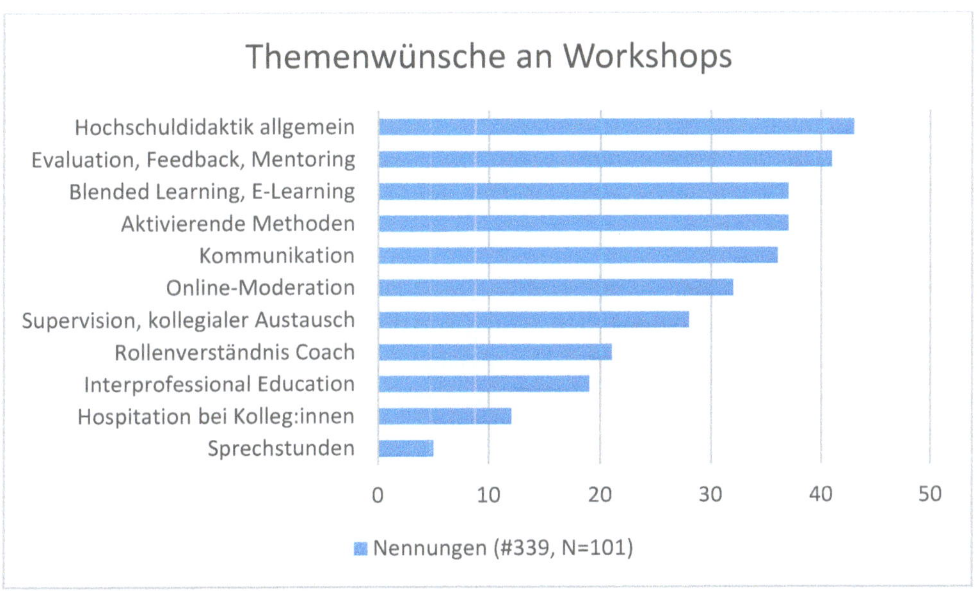

Abb. 4: Themenwünsche der Teilnehmenden an die Inhalte der Workshops (320 Nennungen, N=101)

3.2.2 Subjektiver Lernerfolg

Die Frage, ob sie etwas aus dem Workshop *mitnehmen* konnten, wurde von 91 Teilnehmenden bejaht, von denen 84 im Durchschnitt 1,65 und insgesamt 140 Nennungen abgaben, die in neun Kategorien (K1–K9) kodiert wurden.[7] Die meisten Teilnehmenden nannten einen Zuwachs in ihrer Methodenkompetenz (K2: #46), gefolgt von der Beurteilung des Workshops als neu und anregend (K4: #24), dem Wissenszuwachs im Bereich E-Learning (K3: #16) und der Technikkompetenz (K1: #12) (s.

---

7   Vgl. Anlage 2, https://doi.org/10.5281/zenodo.13293175

Abbildung 5). Diese eher methodische Betrachtung wurde von einigen Teilnehmenden auch gepaart mit einer sozialen (K5: #10), interaktiv kommunikativen (K7: #7) und/oder reflexiven (K6: #11) Aussage, wie im folgenden Beispiel verdeutlicht:

„Lernen geht nur mit persönlicher Beteiligung – das Thema, die Frage, muss die Studierenden und mich etwas angehen. Das geht kaum über Vorträge und Präsentationen." [Code 113]

Die *Umsetzung* der im Workshop vermittelten Inhalte in den eigenen Lehrveranstaltungen wurde von 45 Teilnehmenden bejaht, von denen 41 im Durchschnitt 1,63 und insgesamt 67 Nennungen abgaben.[8] Die meisten Teilnehmenden erprobten den Zuwachs in ihrer Methodenkompetenz (K2: #23), gefolgt von dem Wissenszuwachs im Bereich E-Learning (K3: #18) und Technikkompetenz (K1: #13). Mit Ausnahme der kommunikativen Kompetenz (K7: #7) lagen alle weiteren Kategorien unterhalb von 5% (s. Abbildung 5). Das folgende Beispiel verdeutlicht die Integration des Erlernten in das eigene Lehrkonzept:

„Stärker die eigenen Fragen der Studierenden zur Grundlage nehmen, es deren Seminar sein lassen." [Code 107]

Etwa ein Fünftel der Teilnehmenden (N=24) verneinte die Frage zur *Umsetzung* der Lehrinhalte aus den hochschuldidaktischen Workshops und gaben als Begründung meist mangelnde Zeit (#15), mangelnde Passung zu den eigenen Lehrveranstaltungen (#6) oder mangelnden Bedarf (#3) an, wie in dem Beispiel ersichtlich:

„Derzeit noch nicht, aber es bleibt im Hinterkopf und ich werde es ggf. für die Planung der Lehre in neuen Studiengängen nutzen." [Code 53]

---

8   Vgl. Anlage 2, https://doi.org/10.5281/zenodo.13293175

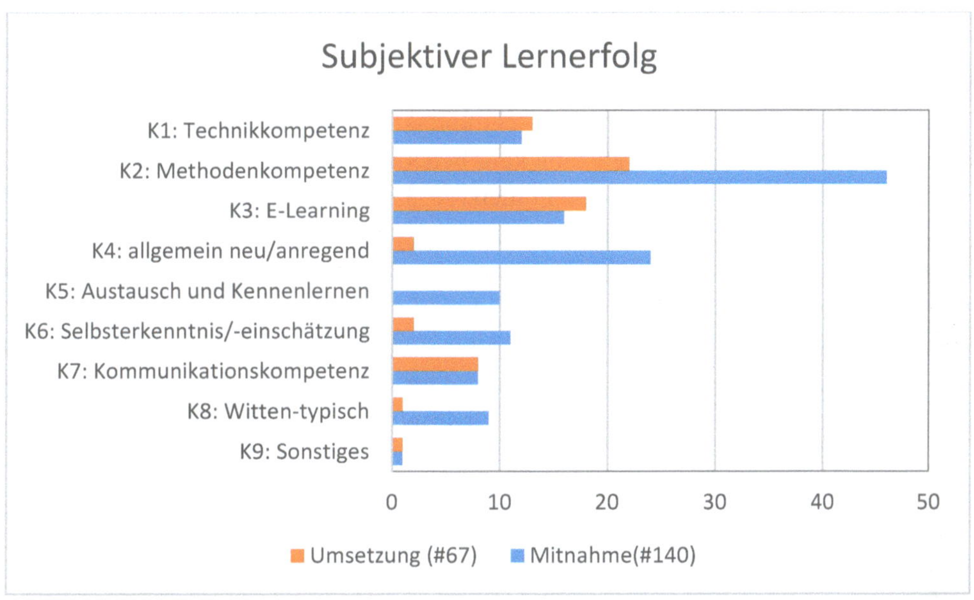

Abb. 5: Subjektiver Lernerfolg der Teilnehmenden i. S. der Mitnahme (140 Nennungen) und Umsetzung (67 Nennungen) der Inhalte in eigenen Lehrveranstaltungen (N=101)

Nur 19 Teilnehmende der HD-Weiterbildungsangebote bejahten die Frage, ob sie *Informationen* über andere Departments/Fakultäten gewonnen haben. Insgesamt wurden 43 Nennungen abgegeben, im Durchschnitt 1,16 pro Teilnehmer:in. Das folgende Beispiel wurde als unerwartete Information bezeichnet:

„Erkenntnisse darüber, wie viel Wert auf die Medizinische Ausbildung an der Universität Witten/Herdecke *gelegt wird. Insbesondere im Umgang miteinander. [Code 35]*

3.2.3 Akzeptanzanalyse

Die Teilnehmenden gaben auf einer Skala von 1–10 eine hohe durchschnittliche Zufriedenheit von 7,89±1,68 mit den hochschuldidaktischen Angeboten der Universität Witten/Herdecke an. Dabei zeigte sich kein bedeutsamer Unterschied zwischen den Geschlechtern mit 8,11±1,43 bei den Frauen (N=35) und 7,75±1,80 bei den Männern (N=64). Insgesamt 62 Teilnehmende haben den jeweiligen Workshop weiterempfohlen. Bei dem in den Veranstaltungen grundsätzlich eingeholten mündlichen Feedback wurde von Teilnehmenden berichtet, dass die HD-Workshops besser zu einem Verständnis der spezifischen Didaktik Kultur der Institution beitragen würden als die oftmals verwendeten abstrakteren Leitbilder. Außerdem trage das Programm durch das Engagement von Lehrenden der Institution zur verbesserten Identitätsbildung (Corporate Identity) bei.

4 Diskussion

HD-Weiterbildungsprogramme sind an kleinen Hochschulen selten. Ein Grund dafür könnte in einer unzureichenden Mittelausstattung für die Akquise von Trainer:innen und dem Vorhalten administrativen Personals liegen. In dem vorliegenden Entwicklungsbeitrag wurden der Aufbau und die Evaluation des HD-Programms der Universität Witten/Herdecke vorgestellt. Ziel des Aufbaus war es, sowohl die Qualität der Lehre aktiv weiterzuentwickeln, als auch den inner- und überfakultären Austausch der Lehrenden zu fördern und eine gemeinsame Lehr-/Lernkultur zu etablieren. Es stellen sich die Fragen, ob diese Ziele erreicht wurden, was aus dem Projekt gelernt wurde und ob diese Erfahrungen für andere Hochschulen von Interesse sein können.

Unsere Evaluation suggeriert, dass die oben genannten Ziele des Aufbaus eines HD-Weiterbildungsprogramms erreicht werden können (siehe auch Dalgaard, 1982; Gibbs & Coffey, 2004; Ho et al., 2001; Jörissen, 2020; Ödalen et al., 2019; Postareff et al., 2007; Trigwell et al., 2012; Wibbecke, 2015). Für den Erfolg kommt es jedoch nicht nur auf reine Wissensvermittlung an, sondern auch darauf, die Inhalte kompetenzorientiert zu üben und die Settings aus verschiedenen Rollenperspektiven zu reflektieren (Griewatz et al., 2017). Zu betonen ist, dass schon das Angebot eines kleinen Programms einen relevanten Beitrag zur didaktischen Weiterbildung Lehrender leisten kann, da meist nur wenige Lehrende überhaupt HD-Weiterbildung erhalten (Ernst et al., 2022).

Offensichtlich für die konkrete Umsetzung ist, dass der Aufbau eines Weiterbildungsprogramms nicht gänzlich ohne Mittel und persönliches Engagement durchführbar ist. Es sollte angestrebt werden, in Anlehnung an den Train-the-Trainer-Gedanken (Sonntag et al., 2020), sukzessive eigene Lehrende dazu zu qualifizieren, ihrerseits andere Lehrende didaktisch weiterbilden zu können. Dafür gilt zunächst zu eruieren, an welcher Stelle der Organisation bereits Kompetenzen vorhanden sind und wo mit einem minimalen Aufwand das Auflegen eines Programms möglich sein kann. Sofern keine dezidierte Professur oder kein Lehrstuhl vorhanden ist, könnte in nächster Instanz das Studiendekanat oder der/die Studiendekan:in als Initiator:in infrage kommen. Wie Gritzmann et al. (2013) betonen, spielt die Hochschulleitung eine wichtige Rolle in der Beeinflussung konstruktiver Rahmenbedingungen. Entsprechend kann das Engagement von Personen in leitenden Ämtern wie Lehrstuhlinhaber:innen, Dekan:innen oder Vizepräsident:innen maßgeblich zum Erfolg des Projekts beitragen.

Beim Start des Programms könnten Lehrende, die bekannt für den Einsatz von didaktischen Methoden sind, weitere Angebote beisteuern. In den ersten Workshops sollten im Sinne eines Schneeballverfahrens (Schnell et al., 2023) weitere qualifizierte Lehrende ermutigt werden, ihre Expertise beizusteuern. Dabei ist es meist unerheblich, aus welcher Fachrichtung die potenziellen Trainer:innen kommen, da viele Lehrkompetenzen fächerübergreifend Relevanz haben (Wildt, 2011). Sind die ersten Workshops organisiert, gilt es Teilnehmende zu akquirieren. Einige Lehrende werden aus intrinsischer Motivation an dem Programm teilnehmen wollen, aber es sind die eigentlich Uninteressierten, die es zu erreichen gilt, wenn ein signifikanter Effekt erzielt werden will. So zeigt Pöllinger (2014) die positiven Effekte einer verpflichtenden Teilnahme an HD Weiterbildungen auf die Verbreitung und Akzeptanz von HD. Weiter kann durch die in der Pandemie an den meisten Hochschulen ausgebauten digitalen Infrastrukturen die Teilhabemöglichkeit an Workshops erhöht werden.

Die Erfahrungen des hier vorgestellten Programms zeigen jedoch auch Limitationen für die unmittelbare Übertragbarkeit an anderen Hochschulen auf. Gänzlich ohne finanziellen und persönlichen Mehraufwand wäre der Aufbau nicht zu bewerkstelligen gewesen. Entsprechend hoch muss die Motivation der Vorgesetzten sein, dieses Projekt wissenschaftlichen, lehrbezogenen und administrativen Arbeiten gleichzustellen und entsprechend die zur Verfügung stehenden Ressourcen aufzuteilen. Der organische Modus führt dazu, dass mit einem nur langsamen Wachstum des Programms zu rechnen ist. Langfristig sollte über Mittel zur Beauftragung externer Trainer:innen oder mindestens die Weiterbildung von eigenen Lehrenden nachgedacht werden, um fortgeschrittene Themen besser anbieten zu können und die Gefahr einer „Didaktik Bubble" zu verringern. Schließlich ist zu erwähnen, dass der Aufbau eines eigenen Didaktik-Programms nicht ohne die Zustimmung des Rektorats realisierbar ist und an der Universität Witten/Herdecke die Personalunion von initiierendem Lehrstuhlinhaber und Vizepräsident einen Vorteil für die Umsetzung des Projekts bedeutet hat.

Perspektivisch ist zu wünschen, dass noch mehr kleine Hochschulen eigene oder in Kooperation organisierte didaktische Weiterbildungsprogramme aufbauen. Die Effekte derartiger In-house-Angebote in Hinblick auf Lern- und Umsetzungserfolg sowie auf die Zufriedenheit der Teilnehmenden hin zu untersuchen und Angeboten mit externen Trainer:innen gegenüberzustellen, könnte aufgrund des unterschiedlichen Ressourcenaufwands ein interessantes Forschungsfeld sein.

5 Resumé

5.1 Potenziale für die Hochschulentwicklung

Die Einsichten dieses Entwicklungsbeitrags zeigen, dass auch ohne längerfristige externe Förderung Hochschulen in der Lage sein können, erfolgreich hochwertige HD-Weiterbildungsprogramme zu entwickeln und zu implementieren. Wie dies angestellt werden kann, stellt eine wertvolle Erkenntnis für andere kleinere Hochschulen dar, aber auch für größere Institutionen, die nach Ablauf der Förderung durch den QPL vor der Herausforderung stehen, ihre bestehenden Programme zu verstetigen, aber auch auszubauen. Unsere Erfahrungen legen nahe, dass interne Initiativen und die Mobilisierung vorhandener Expertise innerhalb der Hochschule effektive Wege darstellen, um die Qualität der Lehre nachhaltig zu verbessern.

5.2 Personalentwicklerische Effekte

Ein wegweisender Effekt unserer hochschuldidaktischen Bemühungen ist die Anpassung der Habilitationsordnung der Humanmedizin, die nun 48 Stunden verpflichtende hochschuldidaktische Weiterbildung umfasst. Diese Maßnahme trägt nicht nur zur Steigerung der Lehrqualität bei, sondern fördert auch die kontinuierliche didaktische Qualifizierung des wissenschaftlichen Nachwuchses. Zusätzlich wird derzeit diskutiert, HD-Weiterbildung verpflichtend für Lehrende mit schlechteren Evaluationsergebnissen einzuführen und diese Verpflichtung auch in neue Arbeitsverträge zu integrieren. Diese Ansätze verdeutlichen, wie die Einführung und Etablierung von HD-Programmen tiefgreifende strukturelle und curriculare Veränderungen anstoßen kann, die langfristig zur Verbesserung der gesamten Lehrkultur beitragen.

5.3 Regionale Verankerung

Ein weiterer wichtiger Aspekt unserer hochschuldidaktischen Entwicklung ist die Mitgliedschaft im Hochschuldidaktischen Netzwerk NRW (HD NRW). Durch diesen Schritt haben wir nicht nur unsere regionale Verankerung intensiviert, sondern stehen auch im kontinuierlichen Austausch mit anderen Universitäten in Nordrhein-Westfalen. Dies ermöglicht einen wertvollen Wissens- und Erfahrungstransfer, der zur kontinuierlichen Verbesserung unserer eigenen Programme beiträgt und gleichzeitig Impulse für die Weiterentwicklung hochschuldidaktischer Ansätze auf Landesebene setzt.

5.4 Gesellschaftliche Wirkung und strukturelle Entwicklungen

Unsere HD-Programme tragen dazu bei, die gesellschaftliche Rolle der Hochschule zu stärken, indem sie die Qualität der Lehre und damit die Ausbildung der Studierenden verbessern. Die kontinuierliche Weiterbildung der Lehrenden unterstützt die Hochschulen dabei, den vielfältigen gesellschaftlichen Erwartungen gerecht zu werden und sich als lernende Institutionen zu profilieren. Dies ist insbesondere in Zeiten dynamischer sozialer, ökonomischer und ökologischer Transformationen von großer Bedeutung, da Hochschulen nicht nur auf Veränderungen reagieren, sondern diese aktiv mitgestalten sollten. Unsere Erfahrungen zeigen, dass innovative und nachhaltig entwickelte HD-Programme wesentliche Bausteine für eine zukunftsfähige Hochschulentwicklung sind.

Zusammenfassend lässt sich feststellen, dass unsere hochschuldidaktischen Weiterbildungsprogramme nicht nur zur Verbesserung der Lehrqualität und zur Personalentwicklung beitragen, sondern auch tiefgreifende strukturelle Veränderungen anstoßen und die gesellschaftliche Wirkung der Hochschulen stärken können. Diese Erkenntnisse und Ansätze bieten wertvolle Impulse für andere Hochschulen, die vor ähnlichen Herausforderungen stehen und ihre hochschuldidaktischen Bemühungen mit begrenzten Mitteln intensivieren möchten.

6 Literaturverzeichnis

Barr, R.B., & Tagg, J. (1995). From Teaching to Learning – A New Paradigm for Undergraduate Education. *Change: The Magazine of Higher Learning, 27*(6), 12–26. https://doi.org/10.1080/00091383.1995.10544672

Battaglia, S. (2004). *Hochschuldidaktische Weiterbildungs- und Beratungsangebote in Deutschland: eine Übersicht.* e-teaching@university. https://www.e-teaching.org/materialien/didaktik/theorie/hochschuldidaktik/battaglia.pdf

Behrend, B. (2000). Was ist gute Hochschullehre? In A. Helmke, W. Hornstein & E. Terhart (Hrsg.), *Qualität und Qualitätssicherung im Bildungsbereich. Schule, Sozialpädagogik, Hochschule (Heftthema, 15 Beiträge)* (S. 247–260). Beltz. https://www.pedocs.de/frontdoor.php?source_opus=8495

Behrend, B., Fleischmann, A., Schaper, N., Szczyrba, B., Wiemer, M., & Wildt, J. (Hrsg.). (2013). *Neues Handbuch Hochschullehre.* Raabe.

BMBF. (2022). *Qualitätspakt Lehre.* https://www.bmbf.de/bmbf/de/bildung/studium/qualitaetspakt-lehre/qualitaetspakt-lehre.html

Dalgaard, K.A. (1982). Some effects of training on teaching effectiveness of untrained university teaching assistants. *Research in Higher Education, 17*(1), 39–50. https://doi.org/10.1007/BF00973662

Ernst, A.-K., Zupanic, M., Ellrichmann, G., & Biesalski, A.-S. (2022). Germany-wide evaluation of residency in neurological intensive care medicine. *BMC medical education, 22*(1), 364. https://doi.org/10.1186/s12909-022-03441-4

Frank, A., Kröger, A., Krume, J., & Meyer-Guckel, V. (2020). *Private Hochschulen: Entwicklungen im Spannungsfeld von akademischer und gesellschaftlicher Transformation.* Edition Stifterverband. https://www.stifterverband.org/file/9151/download?token=D04E690C

Fumasoli, T., Barbato, G., & Turri, M. (2020). The determinants of university strategic positioning: a reappraisal of the organisation. *Higher Education, 80*(2), 305–334. https://doi.org/10.1007/s10734-019-00481-6

Gibbs, G., & Coffey, M. (2004). The Impact of Training of University Teachers on their Teaching Skills, their Approach to Teaching and the Approach to Learning of their Students. *Active Learning in Higher Education, 5*(1), 87–100. https://doi.org/10.1177/1469787404040463

Griewatz, J., Simon, M., & Lammerding-Koeppel, M. (2017). Competency-based teacher training: A systematic revision of a proven programme in medical didactics. *GMS journal for medical education, 34*(4), Doc44. https://doi.org/10.3205/zma001121

Gritzmann, P., Meijering, C., Echtler, A., Gruber, S., Wolf, R., Kohlenberg-Müller, K., Hees, F., Ehlers, J., Borchert, C., & Löffler, U. (2013). Motivations- und Anreizsysteme. In B. Jorzig (Hrsg.), *Positionen / Stifterverband für die Deutsche Wissenschaft: Bd. 2013. Charta guter Lehre: Grundsätze und Leitlinien für eine bessere Lehrkultur.* Edition Stifterverband.

Hattie, J. (2011). Which Strategies Best Enhance Teaching and Learning in Higher Education? In D.J. Mashek & E.Y. Hammer (Hrsg.), *Empirical Research in Teaching and Learning: Contributions from Social Psychology* (S. 130–142). John Wiley & Sons. https://doi.org/10.1002/9781444395341.ch8

Ho, A., Watkins, D., & Kelly, M. (2001). The conceptual change approach to improving teaching and learning: An evaluation of a Hong Kong staff development programme. *Higher Education, 42*(2), 143–169. https://doi.org/10.1023/A:1017546216800

Jörissen, J. (2020). Wirksamkeit hochschuldidaktischer Basiskurse für neuberufene Fachhochschulprofessorinnen und -professoren. *die Hochschullehre, 6.* https://doi.org/10.3278/HSL2030W

Kirkpatrick, D.L. (1979). Techniques for evaluating training programs. *Training and development journal, 33*(6), 78–92.

Lenhard, W., & Lenhard, A. (2017). *Computation of Effect Sizes.* Psychometrica. https://www.psychometrica.de/effektstaerke.html https://doi.org/10.13140/RG.2.2.17823.92329

Mayring, P., & Fenzl, T. (2019). Qualitative Inhaltsanalyse. In N. Baur (Hrsg.), *Handbuch. Handbuch Methoden der empirischen Sozialforschung* (S. 633–648). Springer VS. https://doi.org/10.1007/978-3-658-21308-4_42

Ödalen, J., Brommesson, D., Erlingsson, G.Ó., Schaffer, J.K., & Fogelgren, M. (2019). Teaching university teachers to become better teachers: the effects of pedagogical training courses at six Swedish universities. *Higher Education Research & Development, 38*(2), 339–353. https://doi.org/10.1080/07294360.2018.1512955

Pinheiro, R., Langa, P.V., & Pausits, A. (2015). One and two equals three? The third mission of higher education institutions. *European Journal of Higher Education, 5*(3), 233–249. https://doi.org/10.1080/21568235.2015.1044552

Pöllinger, M. (2014). „Didaktik? Ja, aber…" Ein Erfahrungsbericht über die Umsetzung einer verpflichtenden hochschuldidaktischen Weiterbildung. In R. Egger, D. Kiendl-Wendner & M. Pöllinger (Hrsg.), *Lernweltforschung. Hochschuldidaktische Weiterbildung an Fachhochschulen: Durchführung – Ergebnisse – Perspektiven* (S. 107–122). Springer VS. https://doi.org/10.1007/978-3-658-01497-1_8

Porst, R. (2014). *Fragebogen: Ein Arbeitsbuch* (4., erweiterte Aufl. 2014. Korr. Nachdruck 2013). Springer Fachmedien Wiesbaden. https://doi.org/10.1007/978-3-658-02118-4

Postareff, L., Lindblom-Ylänne, S., & Nevgi, A. (2007). The effect of pedagogical training on teaching in higher education. *Teaching and Teacher Education, 23*(5), 557–571. https://doi.org/10.1016/j.tate.2006.11.013

Schnell, R., Hill, P.B., & Esser, E. (2023). *Methoden der empirischen Sozialforschung* (12., aktualisierte und erweiterte Auflage). *De Gruyter Studium.* De Gruyter Oldenbourg.

Sonntag, U., Koch, A., Bayer, G., Heintze, C., & Döpfmer, S. (2020). Train the trainer course for general practice trainers in ambulatory care: the Berlin model. *GMS journal for medical education, 37*(3), Doc28. https://doi.org/10.3205/zma001321

Trigwell, K., Caballero Rodriguez, K., & Han, F. (2012). Assessing the impact of a university teaching development programme. *Assessment & Evaluation in Higher Education, 37*(4), 499–511. https://doi.org/10.1080/02602938.2010.547929

Ulrich, I. (2020). *Gute Lehre in der Hochschule: Praxistipps zur Planung und Gestaltung von Lehrveranstaltungen* (2. Auflage). Springer.

Wibbecke, G. (2015). *Evaluation einer hochschuldidaktischen Weiterbildung an der Medizinischen Fakultät Heidelberg* [Dissertation, Ruprecht-Karls-Universität Heidelberg, Heidelberg]. DataCite. http://archiv.ub.uni-heidelberg.de/volltextserver/21408/1/Evaluation%20einer%20hochschuldidaktischen%20Weiterbildung_Gerald%20Wibbecke.pdf

Wildt, J. (2011). *Ein Blick zurück – Fachübergreifende und/oder fachbezogene Hochschuldidaktik: (K)eine Alternative?* Bertelsmann. https://doi.org/10.25656/01:4537

Wildt, J. (2013). Entwicklung und Potenziale der Hochschuldidaktik. In J. Wildt & M. Heiner (Hrsg.), *Blickpunkt Hochschuldidaktik: Bd. 123. Professionalisierung der Lehre: Perspektiven formeller und informeller Entwicklung von Lehrkompetenz im Kontext der Hochschulbildung* (1. Auflage, S. 27–57). W. Bertelsmann Verlag. https://doi.org/10.25656/01:8574

Jasmin Overberg[1] (Bremen), Valerie Hug[2] (Bremen) & Heinke Röbken[3] (Oldenburg)

„Angekommen und glücklich" – Außerakademische Employability von Promovierten und universitärer Support

Zusammenfassung

Obgleich ein Großteil der Promovierten in Deutschland erfolgreich einen Karriereweg außerhalb der Wissenschaft wählt, stößt diese Entscheidung auf ambivalente Reaktionen seitens Universität und Arbeitsmarkt. Für die oftmals kritische Übergangsphase zwischen Promotion und außerakademischer Berufstätigkeit können hochschulische Supportstrukturen eine zentrale Rolle spielen. Die vorliegende Studie liefert – anknüpfend an aktuelle öffentliche Diskussionen – neben Einblicken zur Employability von Promovierten diverse Implikationen für die Identifikation von universitären Unterstützungsbedarfen, die den Abbau von strukturellen und persönlichen Hürden befördern.

Schlüsselwörter

Promovierte, Employability, Unterstützungsstrukturen, Karrierewege, future skills

---

1 Corresp. Author, Universität Bremen; overberg@uni-bremen.de; ORCiD 0000-0002-5863-1652

2 Hochschule Bremen; valerie.hug@hs-bremen.de; ORCiD 0009-0008-0607-4517

3 Universität Oldenburg; heinke.roebken@uni-oldenburg; ORCiD 0000-0001-8491-8799

https://doi.org/10.21240/zfhe/19-2/05

Jasmin Overberg, Valerie Hug & Heinke Röbken

"Arrived and happy" – PhD holders' employability outside academia and university support structures

Abstract

Although a significant proportion of doctoral graduates in Germany successfully choose career paths outside academia, this decision is often met with ambivalent reactions from the university and the labor market. University support structures can play a central role in the transition phase between doctoral studies and non-academic careers. In line with public discussions, the results of the present study provide insights into PhD holders' employability, as well as various implications for indentifying support needs and framework conditions to reduce structural and personal hurdles along plannable career paths for doctoral graduates.

Keywords

doctoral graduates, employability, support structures, career paths, future skills

1 Einleitung und Hintergrund

„The rising number of doctorate holders in the last decade has led to an increase in those who develop their careers outside of academia. Hence, career paths outside of academia [...] are increasingly [...] perceived [...] as the most probable career path of a doctorate holder" (EUA CDE, 2020, S. 4).

Das Thema Employability gilt seit einigen Jahrzehnten neben Wissenschaft und Persönlichkeitsbildung als eine der „drei zentralen Dimensionen akademischer Bildung" (Wissenschaftsrat, 2015) und wird sowohl in Hochschulpolitik als auch in Hochschulforschung stark diskutiert (Tight, 2023). Übersetzt wird Employability auf deutschsprachiger Seite als „Beschäftigungsbefähigung von Hochschulabsolventen" (HRK, o. J.) und definiert als Fähigkeit, „auf Basis wissenschaftlicher Bildung (fachliche und überfachliche Kompetenzen sowie berufsfeldbezogene Qualifikationen) eine qualifizierte Beschäftigung auf[zu]nehmen, diese [zu] halten und sich neue Beschäftigungsfelder [zu] erschließen" (ebd.).

Zur Debatte steht das Thema bislang vorrangig im Kontext der Bachelor- und Masterstudiengänge. Der Arbeitsmarktvorbereitung im Rahmen der Promotion wird bislang wenig Beachtung geschenkt, soll die berufliche Laufbahn nach der Doktorarbeit doch „vorwiegend in der Wissenschaft und weiteren wissenschaftlichen Berufsfeldern" (HQR, 2017) stattfinden. Dies bildet allerdings weder die Realität ab – ein Großteil wählt, wie eingangs angedeutet, einen Berufsweg abseits der Wissenschaft –, noch wird es aktuellen gesellschaftlichen Entwicklungen gerecht: „Eine wissenschaftliche Qualifikation ist [...] nicht nur für den akademischen Arbeitsmarkt wichtig, sie trägt neben den Erwerbsaussichten der Beschäftigten auch wesentlich zur Innovationskraft der Unternehmen in Deutschland bei. Nicht alle dort ausgebildeten Personen können und müssen daher langfristig im Wissenschaftssystem tätig sein" (BMBF, 2021, S. 2).

Der vorliegende Beitrag nähert sich dieser Thematik auf zwei Ebenen:

Einerseits beleuchtet er, wie Promovierte in außerakademischen[4] Feldern ihre eigene Employability einschätzen, sich also als ‚beschäftigungsfähig' beurteilen. Dies wird eng verknüpft mit der Frage nach erworbenen Kompetenzen: „Part of the graduate's task in convincing a potential employer of their employability, therefore, is being able to articulate and exemplify the competencies they have developed" (Tight, 2023, S. 4).

Andererseits nimmt er die Rolle der Hochschulen in den Blick und beantwortet die Frage, inwiefern Promovierte an der Hochschule, an der sie ihren Doktortitel erworben haben, eine diesbezügliche Unterstützung vorfanden oder sich ebenjene (stärker) gewünscht hätten, schließlich wird die Verantwortlichkeit für Employability auch bei der Herkunftshochschule gesehen (Kruss, 2004).

Um diese Fragen zu beantworten, präsentiert der Beitrag Ergebnisse einer qualitativen Studie (N=21), in der im Zuge problemzentrierter Interviews (ausgewertet nach der Qualitativen Inhaltsanalyse) Promovierte in außerakademischen Handlungsfeldern befragt wurden.

Die Ergebnisse der Studie sind auf unterschiedlichen Ebenen relevant und bieten sowohl theoretische als auch praktische Implikationen: Zum einen liefern sie eine Ergänzung zum Konstrukt Employability auf der bislang vernachlässigten Stufe der Promotion. Zum anderen kann eine intensive Betrachtung der Karrierewege und -entwicklungen Promovierter helfen, potenzielle Karrieremöglichkeiten und den Wert der Promotion auf dem Arbeitsmarkt zu identifizieren sowie Unterstützungsbedarfe von und -formate für Promovierende zu konkretisieren. Dies ist nicht nur für die Hochschule als Organisation in Anbetracht steigender Promovierendenzahlen interessant, sondern kann auch für Betreuende von Promovierenden, die häufig ausschließlich wissenschaftlich sozialisiert wurden, wertvolle Erkenntnisse liefern.

---

4 An dieser Stelle wird bewusst von außerakademischen statt außeruniversitären Karrierewegen gesprochen, da darunter neben Tätigkeiten in der Privatwirtschaft, Politik, öffentlichen Verwaltung oder im Non-Profit-Sektor auch bspw. Positionen im Wissenschaftsmanagement fallen, die zwar außerakademisch, aber dennoch nicht außeruniversitär sind.

Ebenso können die Ergebnisse für potenzielle Arbeitgebende ertragreich sein, schließlich illustrieren sie, inwiefern Promovierende jene „Future Skills" (Ehlers, 2020) mitbringen, die notwendig sind, um sich in einem Arbeitsumfeld, das sich stetig und rasant wandelt, einbringen zu können. Somit begradigen sie eventuell bestehende Vorurteile. Die Studie knüpft insgesamt an hochaktuelle Diskussionen um das WissZeitVG an, in deren Rahmen nicht nur die Arbeitsbedingungen in der Wissenschaft, sondern auch der berufliche Verbleib von Promovierten thematisiert und Hochschulen zunehmend als Arbeitgeberinnen begriffen werden, die einerseits Fachkräfte halten und andererseits Personalentwicklung so betreiben müssen, dass auch der außerakademische Weg bedacht wird (Scholz, 2023, o. S.).

2 Forschungsstand

Im Folgenden werden ausgewählte Arbeiten des wissenschaftlichen Diskurses präsentiert, die aus Gründen der Thematik und der Aktualität gewählt wurden. Präsentiert wird somit ein Einblick in aktuelle Studien zu Promovierten in außerakademischen Handlungsfeldern und zur Bedeutung der Übergangsphase.

Wie das einleitende Zitat andeutet, stieg die Anzahl Promovierender in den letzten Jahrzehnten an. Dies gilt auch für deutsche Hochschulen. Während 1998 noch knapp 25.000 Promotionen abgeschlossen wurden, sind es mittlerweile 28.000 pro Jahr (vgl. Statistisches Bundesamt, 2022). Grundsätzlich verspricht eine Promotion gute Beschäftigungsaussichten: Drei Jahre nach der Promotion stehen 90% der Promovierten in Erwerbstätigkeit; lediglich 1–2% sind arbeitsuchend (vgl. BUWIN, 2021; DZHW, 2017; de Vogel, 2020b).

Vorrangig sind diese Personen außerakademisch tätig: Auch wenn die Promotion auf eine wissenschaftliche Laufbahn vorbereiten soll, nimmt der Anteil der Promovierten im Wissenschaftsbetrieb in den Jahren nach Abschluss der Promotion kontinuierlich ab. Zehn Jahre nach der Promotion ist nur noch jede fünfte promovierte Person in der Wissenschaft tätig (vgl. BUWIN, 2021; de Vogel, 2020a) – nicht zuletzt, weil der außerakademische Karriereweg eine attraktive Alternative darstellt: So gelangen Promovierte in außerakademischen Feldern schneller an eine entfristete Stelle und eine Führungsposition als innerhalb der Wissenschaft. Die monetären Erträge der Promotion sind dementsprechend insbesondere im außerakademischen Arbeitsmarkt hoch (vgl. BUWIN, 2021; DZHW, 2017; Flöther, 2017; de Vogel, 2020b; Löchte & von Schmeling, 2018).

Dennoch gilt die Übergangsphase aus der Wissenschaft als kritisch: Häufig ist von einem „mismatch of skills needed in these different settings" (de Grande et al., 2014, S. 538) die Rede, wenn Promovierte die Wissenschaft verlassen und auf den außerakademischen Arbeitsmarkt treffen. Promovierte stoßen auf Vorurteile und gelten als theorielastig, wenig lösungsorientiert und schlecht zu integrieren (vgl. Löchte & von Schmeling, 2018; McAlpine, 2020). Bisherige Studien belegen allerdings einen positiven Einfluss von praxisbezogenen Angebotsstrukturen an Hochschulen auf die Verortung auf dem außerakademischen Arbeitsmarkt (vgl. de Vogel, 2020b):

> „[P]roviding adequate training and career planning could improve [the] preparation for work in non-academic settings. [...] [I]ndividuals not only make better career choices by thinking about what they personally want, but their career choices may also be influenced by the training their organization provides, such as doctoral programmes including (or lacking) transferable skills training: critical skills, project management, language skills, etc." (de Grande et al., 2014, S. 538).

3   Forschungsdesign

Bislang wurden und werden die Karrierewege Promovierter vorrangig quantitativ untersucht (z.B. ProFile (iFQ), „Karrieren Promovierter" (DZHW), die Absolventenpanels von DZHW und INCHER, regional begrenzte Absolventenpanels, WiNbus Online-Access-Panel, Nacaps) (vgl. Wegner & Briedis, 2020; EUA CDE, 2020; Kunz & Briedis, 2022) und die Phase des Ausstiegs sowie die Gründe dafür standen im Mittelpunkt (z.B. Kahlert, 2011; Krempkow et al., 2014; Korff, 2020).

Im Zuge dieses Artikels sollen weniger großflächige Entwicklungen, sondern vielmehr die Wahrnehmungen und Erfahrungen des Einzelfalls nach dem erfolgten Ausstieg und damit im außerakademischen Feld im Mittelpunkt stehen, sodass ein qualitativer Ansatz als passend erachtet wird.

3.1 Forschungsfragen

Wie bereits eingangs illustriert, bezieht sich das Konzept der Employability nicht nur auf das Bachelor- und Masterstudium, sondern kann auch auf die Promotion übertragen werden. Bei der Herausbildung und Feststellung dieser außerakademischen Beschäftigungsfähigkeit spielt zudem die Hochschule eine relevante Rolle.

Entsprechend sollen folgende Forschungsfragen im Mittelpunkt stehen:

- Wie beurteilen Promovierte ihre eigene Beschäftigungsfähigkeit auf dem außerakademischen Arbeitsmarkt?

- Inwiefern erhielten Promovierte an der Hochschule, an der sie ihren Doktortitel erworben haben, Unterstützung bei der Vorbereitung auf außerakademische Tätigkeitsfelder?

3.2 Methode

Um die Erfahrungen des Einzelfalls untersuchen und die bislang vorrangig quantitative Datenlage ergänzen zu können, wurde die Methode des problemzentrierten Interviews nach Witzel (1982) gewählt, da sie auf „eine möglichst unvoreingenommene Erfassung individueller Handlungen sowie subjektiver Wahrnehmungen und Verarbeitungsweisen gesellschaftlicher Realität" (Witzel, 2000, o. S.) zielt. Die Befragung erfolgt bei dieser Methode offen und halbstrukturiert. Die Interviewten können relativ frei erzählen, werden aber – anders als im narrativen Interview – gegebenenfalls immer wieder auf die zentrale Problemstellung (hier: außerakademische Karriereentwicklung nach der Promotion) zurückgeführt (vgl. Kurz et al., 2007).

3.2.1 Stichprobenbeschreibung und Datenerhebung

Der Interviewleitfaden beinhaltete verschiedene inhaltliche Blöcke zum beruflichen Werdegang, der Übergangsphase zwischen Wissenschaft und außerakademischer Arbeitswelt und dortige Kompetenzwahrnehmung, zu persönlichen Rahmenbedingungen sowie hochschulischen Unterstützungsstrukturen und den Reaktionen des akademischen Umfelds.

Für die Rekrutierung der außerakademisch tätigen Promovierten als Befragte wurde zunächst das persönliche Netzwerk der Autorinnen aktiviert und über die Erfragung des Umfelds der Interviewten sukzessive erweitert. Somit wurden die Erstbefragten zu „‚kleine[n]‘ Gatekeeper[n]" (Helfferich, 2011, S. 176). Auf die Sicherstellung einer möglichst „breite[n] Variation" (ebd., S. 174) der Stichprobe wurde im Zuge der Rekrutierung fortlaufend geachtet. Die finale Stichprobe setzt sich entsprechend zusammen aus Promovierten unterschiedlichster wissenschaftlicher Disziplinen.

Tabelle 1 dokumentiert die finale Stichprobe, die sich entsprechend aus kontrastierenden (diverse Tätigkeitsfelder und arbeitssuchende Person; unterschiedliche Altersklassen) und ebenso aus als typisch geltenden Fällen (z. B. Promovierte der Wirtschaftswissenschaften arbeiten in Privatwirtschaft) zusammensetzt. Auch wenn die Interviews nicht in Bezug auf unterschiedliche Promotionsfächer, das Alter oder jetzige Tätigkeit ausgewertet wurden, werden diese Kriterien aus Gründen der Transparenz und Nachvollziehbarkeit – auch in Bezug auf die Ankerzitate – in der Tabelle abgebildet.

Tabelle 1: Stichprobenbeschreibung

Nr.	Promotionsfach	Alter	Tätigkeitsfeld zum Interviewzeitpunkt
1	Biologie	35–44	Wissenschaftsjournalismus
2	Umweltwissenschaften	45–54	Lehrer
3	Biologie	45–54	Öffentlicher Dienst
4	Chemie	45–54	Wissenschaftsmanagement
5	Biologie	>54	Wissenschaftsmanagement
6	Geologie	>54	Wissenschaftsmanagement
7	Wirtschaftswissensch.	25–34	Privatwirtschaft
8	Pädagogik	35–44	Wissenschaftsmanagement
9	Literatur-/Kulturwissenschaft	35–44	Wissenschaftsmanagement
10	Biologie	35–44	Wissenschaftsjournalismus
11	Forstwissenschaft	>54	NGO
12	Biologie	35–44	NGO
13	Wirtschaftsinformatik	35–44	Privatwirtschaft
14	Wirtschaftswissensch.	45–54	Privatwirtschaft
15	Neuropsychologie	35–44	Wissenschaftsjournalismus
16	Ozeanographie	45–54	Stiftung
17	Veterinärmedizin	35–44	Privatwirtschaft
18	Philosophie	35–44	Arbeitsuchend
19	Psychologie	35–44	Öffentlicher Dienst
20	Pädagogik	35–44	Wissenschaftsmanagement
21	Politik	35–44	Wissenschaftsmanagement

3.2.3 Auswertungsstrategie

Da es in der vorliegenden Studie vorrangig um inhaltliche Aspekte geht, erfolgte die Analyse überwiegend reduktiv, d. h., die Komplexität des Materials wurde in den Kernaussagen zusammengefasst. Hierfür wurde auf der Grundlage einer vollständigen Transkription des gesamten Interviewmaterials die qualitative Inhaltsanalyse nach Mayring (2000) eingesetzt, bei der einzelne Interviewpassagen anhand eines Kategoriensystems strukturiert werden. Die Hauptkategorien ergaben sich deduktiv aus dem Leitfaden; die Unterkategorien wurden induktiv ergänzt.

4 Ergebnisse

Im Folgenden wurde eine Beschränkung auf jene Kategorien vorgenommen, die zur Beantwortung der Forschungsfragen beitragen. Vereinzelt werden die Ergebnisse durch prägnante Ankerzitate aus den Interviews ergänzt.

4.1 Employability

Employability	
Subjektive Zufriedenheit mit Passung	**Erworbene Kompetenzen***
	• *Organisationsfähigkeit & Projektmanagement*
Bedeutung des Titels	• *Durchhaltevermögen*
	• *Eigenständiges Arbeiten*
	• *Selbstbewusstsein*
	• *Verfassen von Texten*
	• *Analytisches Vorgehen*
	• *Wissenschaftliches Arbeiten*
	• *Auffassungsgabe*
	• *Zeitmanagement*
	• *Rhetorik*
	• *Kenntnisse über Wissenschaftssystem*
	• *Kommunikation*
	• *Effektives Arbeiten*
	• *Problemlösung*
	• *Soziale Kompetenzen*
	• *Verwaltung/Koordination*
	• *Interkulturelle Kompetenzen*
	• *Innovationsfähigkeit*
	• *Spontanität*
	• *Systemisches Denken*
	• *Netzwerkbildung*
	• *Personalmanagement*
	*nach Häufigkeit der Nennung sortiert

Abb. 1: Eingeschätzte Beschäftigungsbefähigung

Nimmt man zunächst die empfundene Employability der Befragten in den Blick, so wird diese durchweg als stark gegeben beurteilt. Die Befragten weisen zum größten Teil eine sehr hohe Zufriedenheit mit ihrer jetzigen Position auf und illustrieren, dass sie sich dort mit ihrem Wissen aufgehoben fühlen und ihre Kompetenzen gut einbringen können:

„Es gab Fälle, auch in meinem Umkreis, die nach dem Doktortitel sehr schwer Fuß gefasst haben. Und es gab Fälle, die gut Fuß gefasst haben. Und das meine ich gar nicht wertend im Sinne von: Wo sind sie untergekommen? Sondern: Haben sie das Gefühl, wirklich wirksam zu werden, da wo sie gerade sind? Kommt das, was ich die letzten Jahre gemacht habe, gut zur Anwendung? Ich glaube, das würden einige nicht so mit einem Ja beantworten und ich kann's sehr stark mit Ja beantworten." (I7)

„Ich hatte das Gefühl, ich kann irgendwo ankommen. Ich kann irgendwo bleiben, das war so das beherrschende Gefühl. [Es] war zweierlei. Zum einen war es so ‚es passt zu mir'. [...] Und das Zweite ist, dass ich das Gefühl hatte, ich kann dort bleiben und das, was ich gestalte, das bleibt da und ich bleibe auch da." (I8)

„Ich fühle mich angekommen und glücklich." (I1)

In den meisten Interviews wurde die Promotion nicht als unbedingte Voraussetzung für die jetzige Position genannt, in manchen Fällen jedoch als Vorteil und in einem Interview sogar als Nachteil im Bewerbungsprozess interpretiert:

„Einerseits hat's mir, glaube ich, auch geholfen, die Stelle überhaupt zu bekommen. (-) Also, angenommen zu werden, für die neue Position interessant und geeignet zu sein, und dann aber auch in der Tätigkeit tatsächlich." (I17)

„Was mir schon auch aufgefallen ist im Nachhinein, dass vielleicht so ein Doktortitel gar nicht immer nur was Positives ist. [...] Wenn dann der Chef da selber keinen Doktortitel hat, dann ist es, glaube ich, zum Teil eher ein Hemmnis dann jemanden mit Doktortitel einzustellen, als was Positives. Von daher habe ich mir da schon gedacht, ja, hättest du jetzt nicht unbedingt gebraucht wahrscheinlich, diesen Doktortitel." (I12)

Neben der subjektiven Zufriedenheit mit der Passung wird die Employability auch durch die Vielzahl der während der Promotionsphase erworbenen überfachlichen Kompetenzen widergespiegelt, die in der jetzigen Tätigkeit von großer Bedeutung sind: „Ich habe wirklich extrem viele Skills, würde ich sagen" (I1). In erster Linie wurden hier Kompetenzen genannt, die mit der Herausforderung einhergehen, ein mehrjähriges Projekt weitestgehend selbstständig zum Erfolg zu führen: Organisationsfähigkeit, Projektmanagement, Zeitmanagement und eigenständiges sowie effektives Arbeiten. Damit einher geht der Umgang mit Rückschlägen und Herausforderungen, die zu einem hohen Maß an Durchhaltevermögen und Selbstbewusstsein geführt haben.

> „Du hast wirklich [...] bewiesen, dass du an einem Thema bis zur Zerfleischung dranbleiben kannst. Du gehst einfach nicht weg, sondern du bleibst dran und du machst das bis zum Ende, du hast also bewiesen, dass du [...] sehr durchhaltefähig bist, dass du auch leidensfähig bist in diesem ganzen Prozess." (I6)

Als im außerakademischen Bereich wertvoll werden ebenfalls ein analytisches Vorgehen, eine hohe Auffassungsgabe, Spontanität und systemisches Denken beurteilt. Außerdem bedeutsam sind rhetorische Fähigkeiten, Kommunikations- und soziale Kompetenzen. Je nach jetzigem Tätigkeitsfeld sind außerdem Kenntnisse über das Wissenschaftssystem, Verfassen von Texten, Verwaltungserfahrungen, interkulturelle Kompetenzen und Personalmanagement und zu guter Letzt auch wissenschaftliches Arbeiten gefragt.

4.2 Übergangsphase

Übergangsphase	
Unsicherheiten	**Nahtloser Übergang vs. temporäre Arbeitslosigkeit**
Orientierungsprozesse	**Mismatch/Kulturschock**
• *Jobmessen/-portale*	
• *Agentur für Arbeit*	
• *Nebenjobs/Praktika*	
• *Neben-/Weiterqualifizierung*	
• *Netzwerke*	

Abb. 2: Beschreibung der Übergangsphase

Während die jetzige berufliche Passung in allen Fällen als sehr hoch beschrieben wurde, wurde der Weg dorthin als ein unterschiedlich ausgedehnter Orientierungsprozess beschrieben und auch als unterschiedlich schwierig wahrgenommen. Während er bei einigen Interviewten „mit vielen Unsicherheiten behaftet" (I1) war und akzeptiert wurde, dass „man halt einfach ein bisschen Zeit [braucht]" (I12), war bei manchen das schnelle Finden einer neuen Anstellung außerhalb der Wissenschaft aufgrund von Familienpflichten essenziell: „Für mich stand dann tatsächlich im Vordergrund: Ich muss hier Kohle verdienen, das hilft jetzt irgendwie alles nichts" (I6).

Der Orientierungsprozess wurde dabei verschieden stark durch Eigeninitiative geprägt. Einige der Interviewten waren temporär arbeitslos und/oder verschafften sich auf Jobmessen, Jobportalen, durch Netzwerke oder durch die – als mal mehr und mal weniger hilfreich wahrgenommene – Unterstützung der Agentur für Arbeit einen Überblick.

Einige schärften ihr Profil durch Nebenjobs, Praktika oder Weiterbildungen, die mit Zertifikaten enden:

> „Und da ist mir klar geworden, wenn ich jemals außerhalb erfolgreich für mich eine Stelle an Land ziehen will, dann muss ich nachweisen, dass ich die Dinge kann, die ich kann. Da reicht es eben nicht, sie zu können, sondern es muss belegt werden." (I16)

Bei anderen verlief der Übergang insofern nahtlos, als ihnen durch das persönliche Netzwerk ohne Bewerbungsverfahren eine Stelle vermittelt wurde oder die erste außerakademische Bewerbung in einen Erfolg mündete.

> „Eine Stellenausschreibung kam ganz klassisch in der regionalen Zeitung, ich hab gedacht ‚Das isses. Das kann's eigentlich nur sein'. Hab mich beworben und es hat geklappt." (I8)

Beim letztendlichen Übertritt in den außerakademischen Arbeitsmarkt wurde mitunter ein „Kulturschock" (I7) beschrieben, der sich dadurch auszeichnete, dass häufig von „zwei Welten" (I 11; 12; 16) gesprochen wurde. Zum einen wurde die wissenschaftliche Welt aus der heutigen außerakademischen Perspektive als realitätsfern betrachtet:

> „[W]enn ich das so mitkriege, also, die [an der Uni] modellieren sich ja noch zu Tode und draußen in der Wirklichkeit kennen sich immer weniger Leute aus. [...] [Wir] haben jetzt wieder ein <Name einer Förderlinie>-Projekt und (lacht) bei der letzten Videoschalte war es auch so – lieber Gott! Haben die wieder Sachen vorgetragen und was sie wieder alles irgendwie modellieren und machen und tun und mir ist dann irgendwann der Kragen geplatzt." (I11)

Zum anderen wurde die Arbeitskultur im außerakademischen Bereich als konträr zu jener in der Wissenschaft empfunden und in ihren Unterschieden z. T. als vorteilhaft empfunden:

> „An der Uni bist du [...] sehr stark für dein eigenes Vorankommen verantwortlich. Du musst dich selbst disziplinieren. Es hat mir wahnsinnig gelegen, ich habe es sehr geschätzt und für mich war es eine krasse Umstellung, als ich in den außerakademischen Kontext gekommen bin. Richtig ein Teammitglied zu sein." (I7)

> „[Die] Arbeitsbedingungen [erlebe ich] dort als deutlich angenehmer. Unter anderem deshalb, weil es eine Arbeitszeiterfassung gibt, die an der Universität ja nicht üblich ist." (I19)

Die letztendliche Einarbeitung wurde trotz aller kulturellen Unterschiede als „recht leicht" (I17), also als ein gut und schnell zu bewältigender Prozess, beschrieben.

4.3 Unterstützungsstrukturen

Unterstützungsstrukturen

Institutionelle Unterstützung
- *Formate*
- *Unterstützung (noch) nicht relevant*
- *Unterstützung nicht bekannt*
- *Unterstützung nicht vorhanden*
- *Wünschenswerte Formate*

Unterstützung in der Disziplin
- *Betreuer/innen*
- *Rückmeldungen zur außerakademischen Berufswahl*

‚Mit sich selbst ausgemacht'

Zukunftsausblick
- *Rückkehr in/Verbindung zu akademischem Arbeitsfeld*
- *Verbleib in aktueller Position/Aufstieg*
- *Ungewissheit*

Abb. 2: Unterstützungsstrukturen und Zukunftsausblick

Die Unterstützungsstrukturen bezüglich der Karriereentwicklung wurden in den Interviews auf zwei unterschiedlichen Ebenen beschrieben: Zum einen die Unterstützung auf der institutionellen Ebene (z. B. durch zentrale Karriereberatungen oder Graduiertenschulen), zum anderen die Unterstützung auf der Ebene der Wissenschaftsdisziplin, z. B. durch Betreuer:innen und Peers. Auf institutioneller Ebene wurden Formate wie Bewerbungstrainings, Informationsabende, Netzwerkveranstaltungen mit Personen aus der Wirtschaft oder Angebote mit Role Models genannt, die insgesamt als unterschiedlich hilfreich wahrgenommen wurden:

„[Die Graduiertenschule] hat damals schon immer Treffen gemacht, die zum Thema ‚Life after PhD' waren. […] Hier, das habe ich nach meinem Doktor gemacht. […] Einfach, dass man ein bisschen gucken konnte. Okay, es gibt Möglichkeiten außerhalb der Wissenschaft. Das hat schon enorm geholfen, überhaupt mal darüber nachzudenken und da überhaupt auch mal einen Rahmen zu haben, wo man da auch drüber sprechen kann. Das war eine super Unterstützung." (I1)

> „Und die [Bewerbungstrainerin] war dann irgendwie total überrascht darüber,
> dass wir ja eigentlich alle auf prekären Stellen sitzen [und] dass es natürlich
> einen großen Unsicherheitsfaktor für viele Leute bedeutete. […] Und leider
> waren halt auch manche Seminare, von denen ich jetzt irgendwie so grund-
> sätzlich schon sagen würde ‚Ja, es ist wichtig‘ und das Thema ist gut (-) aber
> die waren halt einfach manchmal nicht gut. Das […] Label ist zwar das Rich-
> tige, aber der Inhalt ist nicht so schön, dann ist es halt ein bisschen schade.“
> (I9)

Der Großteil der Befragten gab jedoch an, dass derartige institutionelle Unterstützungsformate entweder gar nicht vorhanden, nicht bekannt oder von ihnen aufgrund
fehlender Zeit oder fehlender Unterstützung von anderer Seite nicht nutzbar waren:
„[W]oraufhin mein Doktorvater gesagt hat: Jetzt brauchst du da auch nicht mehr dran
teilnehmen, sonst hast du so viel aufzuholen, das schaffst du nicht mit der Promotion“ (I3). Hervorgehoben wurde mehrfach, dass derzeit ein Wandel beobachtet und
den Hochschulen die Problematik bewusster werde. Als Formate, die sich die Promovierten auf institutioneller Ebene gewünscht hätten, wurden bspw. Karriereberatungen, Mentoring-Programme, Vernetzungsmöglichkeiten, Formate mit Role Models und Angebote zu ‚transferable skills‘ genannt, um die bereits unter 4.2 themati-
sierten Unsicherheiten zu adressieren:

> „Und das war von der Orientierung sehr schwierig, weil es ja erstmal so keine
> Angebote gibt, wo man Input kriegt, was man eigentlich machen kann mit
> dem, was man gelernt hat in der Wissenschaft.“ (I3)

In Hinblick auf die Unterstützung seitens der Betreuung ergibt sich eine große
Spannbreite. Während in einigen Fällen „hauptsächlich konzentriert natürlich auf
den hochschulischen Bereich“ (I8) unterstützt wurde, wurde in anderen Fällen die
außerakademische Karriere durch externe Netzwerke eingeleitet (z. B. I13). Auch
wenn dies nicht den Regelfall darstellt und eine außerakademische Karriereberatung
von der wissenschaftlichen Betreuung keineswegs erwartet wird, wurde jedoch an
dieser Stelle eine ehrliche Rückmeldung als wünschenswert betont:

> „[Ich] würde mir von […] Professoren wünschen, dass sie ihren Nachwuchs ehrlicher beraten im Hinblick auf ‚du hast das Zeug, es in der Wissenschaft zu versuchen' oder ‚du hast es nicht'. Die wären überfordert, wenn sie die gesamte Palette an Berufsmöglichkeiten ausblättern könnten. Das ist nicht deren Job, das kann man nicht verlangen. Wenn einer da gut drin ist oder Beziehungen in die Industrie oder so hat, dann kann er die Karte ausspielen. Aber das Minimum ist, dass sie ihrem wissenschaftlichen Nachwuchs reinen Wein einschenken, ob jemand die Grundvoraussetzungen für eine wissenschaftliche Karriere […] erfüllt." (I16)

In vielen Fällen war die Karriere nach der Promotion jedoch im Kontext der Betreuung „eigentlich nie ein Thema" (I1) und die Entscheidungsfindung für außerakademische Tätigkeiten wurde „mit [sich] selbst ausgemacht" (z. B. I1; 2; 20). „Das ist so ein Tabuthema. Dieses Aussteigen […], das ist ein Thema, wo man sich nicht traut" (I1).

Die in 4.1 illustrierte generelle Zufriedenheit mit der jetzigen Position spiegelt sich auch darin wider, dass die meisten der Interviewten sich auch in fünf Jahren noch in ihrem jetzigen Arbeitsumfeld sehen. Während einige Befragte betonten, wie froh sie darüber seien, der Wissenschaft den Rücken gekehrt zu haben, wurde vereinzelt auch der ausdrückliche Wunsch nach einer Rückkehr an die Hochschule geäußert.

5   Fazit

Nimmt man nun rückblickend Bezug auf die eingangs erwähnte Definition der HRK (o. J.) zur Employability, so lässt sich feststellen, dass die Promovierten diese voll und ganz in ihren Aussagen widerspiegeln: Promovierende betonen zum Großteil eine hohe Zufriedenheit und Passung mit ihrer jetzigen Position, nehmen also eine „qualifizierte Beschäftigung" (ebd.) ein. Zudem weisen sie nicht nur etliche fachliche und überfachliche Kompetenzen auf, sie sind auch in der Lage, diese zu artikulieren und außerhalb der Wissenschaft einzusetzen (Tight, 2023). Einschränkungen gibt es jedoch in Bezug auf die Übergangsphase – die tatsächliche Beschäftigungsbefähigung scheint sich erst im Orientierungsprozess auszubilden und zu konkretisieren. Hier weisen die Interviews darauf hin, dass sowohl auf institutioneller als auch auf Ebene der Wissenschaftsdisziplin Unterstützungsstrukturen mitunter noch ausbaufähig sind.

Bemerkenswert ist, dass in Bezug auf die während der Promotion erworbenen Kompetenzen in nahezu allen Interviews die Stressresistenz und das Durchhaltevermögen hervorgehoben wurden. Dies lässt den Rückschluss zu, dass die Promotionsphase als sehr herausfordernd erlebt wird, deren Anstrengungen sich im Rückblick durchaus auch im außerakademischen Bereich lohnen und Promovierte von Master- und Bachelorabsolvent:innen unterscheiden. Nichtsdestotrotz muss an dieser Stelle auch erwähnt werden, dass diese Anstrengungen bei manchen Interviewten insofern überhandnahmen, als sie diese Phase in negativer Erinnerung behalten und den Ausstieg aus der Wissenschaft als einzig mögliche Lösung betrachteten.[5] Auch hier könnten Unterstützungsstrukturen hilfreich sein – nicht zuletzt, weil außerakademische Alternativen bereits in der Phase der Promotion entlastend wirken können.

Gleicht man die erworbenen Kompetenzen der Promovierten mit den sogenannten „Future Skills" ab (Ehlers, 2020), so ergeben sich viele Überschneidungen (z. B. Selbstkompetenz, Innovationskompetenz, Kommunikationskompetenz). Dies ist eine Erkenntnis, die insbesondere für Arbeitgebende relevant sein kann: Promovierte sind bestens aufgestellt, um sich in einem wandelnden Arbeitsumfeld behaupten und gesellschaftlichen Entwicklungen entgegentreten zu können.

5.2 Reflexion des Forschungsprozesses

Insbesondere beim Vorgehen zur Rekrutierung der Interviewten über persönliche Kontakte und Gatekeeper bestand trotz des Bestrebens nach Diversität die Gefahr,

---

5 Zu den im Zuge der vorliegenden Studie herausgestellten Gründen des Ausstiegs wurde bereits ein Artikel publiziert (Röbken et al., 2023).

„dass die Rekrutierungskreise möglicherweise zu homogen und eng bleiben" (Helfferich, 2011, S. 176). Da das Forschungsteam selbst jedoch fachlich divers zusammengesetzt war, über Kontakte aus unterschiedlichen Disziplinen verfügte und das Sample sukzessive geprüft und ergänzt wurde, konnte eine Homogenität weitestgehend vermieden werden.

In Bezug auf die Erhebung ist zu beachten, dass die Promovierten ihre Unterstützungs- und Einstiegserfahrungen zum einen retrospektiv beurteilt haben, was zu Verzerrungen führen kann, zum anderen die Aussage, dass es keine Unterstützung gab, nicht gezwungenermaßen einer Tatsache entsprechen muss – möglicherweise war diese schlichtweg nicht bekannt.

Ein ‚blinder Fleck' könnte zudem entstanden sein durch die Tatsache, dass nur diejenigen, die bereits außerakademisch tätig sind, befragt wurden. Interessant wäre auch die Beurteilung der Employability aus der Sicht von Personen, bei denen der Ausstieg bislang gescheitert ist, sowie eine größer angelegte Studie, die eine Auswertung in Bezug auf unterschiedliche Wissenschaftsdisziplinen ermöglicht.

5.3 Ausblick

Die interviewten Personen waren zum Großteil zwischen 35 und 44 Jahren alt und hatten somit noch eine zeitliche Nähe zu ihrer Promotion. Gerade diese Personen haben häufig noch ihre Herkunftsinstitutionen im Blick und stellen fest, dass sich Änderungen im Vergleich zu ihrer eigenen Promotionszeit in Hinblick auf Unterstützungsformate ergeben haben, z. B. durch strukturierte Programme. Durch den weiteren Anstieg derartiger Programme ist zu erwarten, dass auch strukturierte Unterstützungsformate zur Orientierung weiter anwachsen werden.

Zur Diskussion steht jedoch die Frage, in welchem Maße, mit welchem Verantwortungsbewusstsein und in welcher Qualität und Selbstverständlichkeit dies geschehen wird. Die Interviews bestätigen insgesamt den Forschungsstand zum erfolgreichen Verbleib von Promovierten und belegen, dass die Befragten größtenteils eine hohe

Zufriedenheit mit ihrer jetzigen Tätigkeit aufweisen – auch jene, die keine Unterstützungsformate an ihren Promotionseinrichtungen erhalten oder in Anspruch genommen haben. Sehr häufig wurde illustriert, dass die außerakademische Orientierung ‚mit sich selbst' ausgemacht wurde – in der Regel mit Erfolg, auch wenn sich dieser nicht immer unmittelbar nach der Promotion einstellte. Entsprechend stellt sich die Frage, ob derartige Angebote überhaupt vonnöten sind oder die Ressourcen anderweitig eher benötigt werden (z. B. bzgl. wissenschaftlicher Methoden).

Mit den Promovierendenzahlen steigen letztendlich auch die Zahlen der Promovierten auf dem außerakademischen Markt. Damit könnte neben der Anzahl der potenziell verfügbaren Role Models, die im Rahmen der (erwünschten) Unterstützungsformate in den Interviews immer wieder genannt wurden, auch die Selbstverständlichkeit steigen, mit der Arbeitgeber:innen auf Promovierte reagieren. Eine solche Selbstverständlichkeit könnte sich auch seitens der Hochschule einstellen: Eine hochschulische Umgebung, bei der realistisches Feedback und eine ergebnisoffene Kommunikation im Hinblick auf verschiedene Karriereoptionen in der Beziehung zwischen Betreuenden und Promovierenden von Beginn an eine Rolle spielen, könnte Unterstützung auf niedrigschwelligem Level bieten und die berufliche Orientierung somit kein Thema mehr sein, „wo man sich nicht traut" (I1).

6   Literaturverzeichnis

BMBF (2021). *#IchbinHanna – Antwort des BMBF auf die Diskussion in den Sozialen Netzwerken.* Stellungnahme vom 13.06.2021. https://web.archive.org/web/20210613204441/https://www.bmbf.de/de/ichbinhanna---antwort-des-bmbf-auf-die-diskussion-in-den-sozialen-netzwerken-14675.html?s=09

BMBF (o. J.). *Das Föderprogramm.* https://www.fh-personal.de/foerderprogramm

BUWIN (2021). *Bundesbericht Wissenschaftlicher Nachwuchs 2021: Statistische Daten und Forschungsbefunde zu Promovierenden und Promovierten in Deutschland.* Bielefeld: wbv Publikation.

De Grande, H., De Boyser, K., Vandevelde, K. & Van Rossem, R. (2014). From Academia to Industry: Are Doctorate Holders Ready? *Journal of the Knowledge Economy, 5*(3), 538–561.

De Vogel, S. (2020a). Funktionen und Erträge der Promotion. In S. De Vogel (Hrsg.), *Individuelle und strukturierte Formen der Promotion* (S. 77–101). Wiesbaden: Springer VS.

De Vogel, S. (2020b). Schlussbetrachtung. In S. De Vogel (Hrsg.), *Individuelle und strukturierte Formen der Promotion* (S. 323–342). Wiesbaden: Springer VS.

DZHW (2017). *3 Jahre nach der Promotion: Tätigkeiten in und außerhalb von Forschung, Entwicklung oder Lehre.* http://www.promoviertenpanel.de/pdf/ergebnisse_taetigkeitsfelder_w1_bis_w3_promoviertenstudie_2017.pdf

Ehlers, U. D. (2020). *Vier Szenarien für die Hochschule der Zukunft.* Wiesbaden: Springer VS. https://doi.org/10.1007/978-3-658-29297-3_13

EUA CDE (2020). *Tracking the careers of doctorate holders: EUA-CDE Thematic Peer Group Report.* https://eua.eu/component/attachments/attachments.html?id=2988

Flöther, C. (2017). *Promovierte auf dem außeruniversitären Arbeitsmarkt: mehr als ein „Plan B".* WSI-Mitteilungen 5/2017. https://www.wsi.de/data/wsi-mit_2017_05_floether.pdf

Helfferich, C. (2011). *Die Qualität qualitativer Daten. Manual für die Durchführung qualitativer Interviews.* Wiesbaden: VS Verlag.

HQR (2017). Qualifikationsrahmen für deutsche Hochschulabschlüsse. https://www.kmk.org/fileadmin/Dateien/veroeffentlichungen_beschluesse/2017/2017_02_16-Qualifikationsrahmen.pdf

HRK (o. J.). *Beschäftigungsbefähigung.* https://www.hrk-modus.de/ressourcen/glossar/beschaeftigungsbefaehigung-364/

Kahlert, H. (2011). 'Cooling out' und der riskante Weg an die Spitze: Zum Einfluss von Ungleichheitsregimes auf Karriereorientierungen im wissenschaftlichen Nachwuchs. In J. Wergen (Hrsg.), *Von der Forschung zur Förderung: Promovierende im Blick der Hochschulen* (S. 105–123). Münster: Lit.

Krempkow, R., Huber, N. & Winkelhage, J. (2014). Warum verlassen Promovierte die Wissenschaft oder bleiben? Ein Überblick zum (gewünschten) beruflichen Verbleib nach der Promotion. *Qualität in der Wissenschaft, 8*(4), 96–106.

Kruss, G. (2004). Employment and Employability. *Journal of Education Policy, 19*(6), 673–689.

Korff, S. (2020). „Bin ich auf dem richtigen Weg?" Der Ausstieg aus der Wissenschaft als permanente Option im ereignisgestützten Orientierungsprozess der Postdoc-Phase. *die hochschule, 29*(1), 54–65.

Kunz, C. & Briedis, K. (2022). Verbleib in der Wissenschaft von weiblichen Promovierenden – Eine Frage der Betreuung?. *Beiträge zur Hochschulentwicklung, 17*(2), 281–298.

Kurz, A., Stockhammer, C., Fuchs, S. & Meinhard, D. (2007). Das problemzentrierte Interview. In R. Buber & H. H. Holzmüller (Hrsg.), *Qualitative Marktforschung* (S. 463–475). Wiesbaden: Gabler Verlag.

Löchte, A. & Von Schmeling, R. (2018). *Perspektiven nach der Promotion. Berufswege außerhalb der Wissenschaft: Arbeitgeber im Gespräch* (UniWiND Spezial Teil 2). https://www.uniwind.org/fileadmin/user_upload/Publikationen/2UniWiND-Spezial_final_online.pdf

Mayring (2000). Qualitative Inhaltsanalyse. *Forum Qualitative Sozialforschung, 1*(2), Art. 20. http://nbn-resolving.de/urn:nbn:de:0114-fqs0002204

McAlpine, L. (2020). Views on the Usefulness of the PhD Outside Academia: What Do We Know and Need to Know? In S. Cardoso, O. Tavares, C. Sin & T. Carvalho (Hrsg.), *Structural and Institutional Transformations in Doctoral Education. Issues in Higher Education* (S. 241–274). Cham: Palgrave Macmillan.

Röbken, H., Overberg, J., & Hug, V. (2023). "You have to be really fired up about it" – formal and informal factors that influence aspirational cooling out among PhD graduates. *European Journal of Higher Education.* https://doi.org/10.1080/21568235.2023.2204241

Scholz, A.-L. (2023). *Hör auf zu heulen, Hanna.* https://www.zeit.de/campus/2023-06/arbeitsbedingungen-wissenschaft-forschung-ichbinhanna

Statistisches Bundesamt (2022). *Prüfungen an Hochschulen.* https://www.destatis.de/DE/Themen/Gesellschaft-Umwelt/Bildung-Forschung-Kultur/Hochschulen/Publikationen/Downloads-Hochschulen/pruefungen-hochschulen-2110420217004.pdf?__blob=publicationFile

Tight, M. (2023). Employability: a core role of higher education? *Research in Post-Compulsory Education, 28*(4). https://doi.org/10.1080/13596748.2023.2253649

Wissenschaftsrat (2015). *Empfehlungen zum Verhältnis von Hochschulbildung und Arbeitsmarkt.* https://www.wissenschaftsrat.de/download/archiv/4925-15.html

Witzel, A. (1982). *Verfahren der qualitativen Sozialforschung. Überblick und Alternativen.* Frankfurt a. M.: Campus.

Witzel, A. (2000). Das problemzentrierte Interview. *Forum Qualitative Sozialforschung, 1*(1). https://www.qualitative-research.net/index.php/fqs/article/view/1132/2519

Annelies Kreis[1] (Luzern), Piroska Zsindely[2] (Winterthur), Liana Pirovino[3] (Zürich), Jeannette Wick[4] (Zürich), Astrid Braun[5] (Winterthur), Nina Lutz[6] (Zürich) & Jessica Pehlke-Milde[7] (Winterthur)

Transdisziplinäre Entwicklung einer Fortbildung für Praxisausbildner:innen im EdgeLab

Zusammenfassung

Praxissituierte Ausbildungen haben in professionsorientierten Studiengängen Tradition. Zwei Hochschulen für Lehr- resp. Gesundheitsberufe initiierten die gemeinsame Entwicklung einer Fortbildung für Ausbildner:innen der Berufspraxis, die dazu befähigen soll, Studierende bei der Bewältigung komplexer Anforderungen in der Praxis zu unterstützen. Kooperiert wurde in einer transdisziplinären Arbeitsgruppe

---

[1] Corresponding author; Pädagogische Hochschule Luzern; annelies.kreis@phlu.ch; https://www.phlu.ch/annelies-kreis.html; ORCiD 0000-0001-6840-7999

[2] Zürcher Hochschule für Angewandte Wissenschaften; piroska.zsindely@zhaw.ch; https://www.zhaw.ch/de/ueber-uns/person/zsin; ORCiD 0009-0004-4183-2812

[3] Pädagogische Hochschule Zürich; liana.pirovino@phzh.ch; https://phzh.ch/ueber-die-phzh/organisation/personen/mitarbeitendenportraet/?username=liana.pirovino; ORCiD 0000-0002-6899-5062

[4] Pädagogische Hochschule Zürich; jeannette.wick@phzh.ch; https://phzh.ch/de/ueber-die-phzh/organisation/personen/mitarbeitendenportraet/?username=jeannette.wick

[5] Zürcher Hochschule für Angewandte Wissenschaften; astrid.braun@zhaw.ch; https://www.zhaw.ch/de/ueber-uns/person/brar/; ORCiD 0009-0009-0365-7749

[6] Pädagogische Hochschule Zürich; nina.lutz@phzh.ch; https://phzh.ch/de/ueber-die-phzh/organisation/personen/mitarbeitendenportraet/?username=nina.lutz

[7] Zürcher Hochschule für Angewandte Wissenschaften; jessica.pehlke-milde@zhaw.ch; https://www.zhaw.ch/de/ueber-uns/person/pehl/; ORCiD 0000-0001-9549-7723

https://doi.org/10.21240/zfhe/19-2/06

(EdgeLab) mit Mitwirkenden beider Hochschulen und Praxisfelder. Die Methode, die neue Perspektiven eröffnet und nachhaltiges Netzwerklernen und Innovation fördert, wird im Beitrag beschrieben. „EdgeLab" innoviert die Entwicklung hochschuldidaktischer Lernumgebungen in professionsbezogenen Studiengängen.

Schlüsselwörter

Praxisausbildung, Hochschuldidaktik, transdisziplinäre Kooperation, komplexe berufliche Anforderungen

Transdisciplinary development of a training course for internship-related educators in an EdgeLab

Abstract

Internships have a long tradition in profession-oriented study programs. Two universities, one focused on teaching professions, the other on health professions, initiated the joint development of a training course for educators in internships. This course is intended to enable educators to support students in learning how to cope with complex requirements of professional practice. The development took place in a transdisciplinary working group (EdgeLab) with participants from both universities and fields of practice. EdgeLab opens up new perspectives, promotes sustainable network learning, and contributes to the innovative development of higher education learning environments. The EdgeLab framework is described in the article.

Keywords

induction, higher education, transdisciplinary collaboration, complex professional requirements

1 Einleitung

1.1 Ausgangslage

Professionsbezogenen Hochschulstudiengängen für Lehr- und Gesundheitsberufe ist gemeinsam, dass sie direkt auf eine systemrelevante Berufstätigkeit in der jeweiligen Praxis vorbereiten. Neben der akademischen Ausbildung an der Hochschule spielt dabei traditionell praktische Ausbildung im Berufsfeld eine zentrale Rolle. Bei Lehrpersonen beträgt der Praxisanteil rund ein Viertel der Studienzeit (EDK, 2019), für Pflegefachpersonen mindestens die Hälfte[8], für Hebammen werden berufliche Aufgaben, wie z.B. die Leitung einer Geburt[9] definiert (2005/36/EG). Aus hochschuldidaktischer Sicht zentral ist dabei die Frage nach der Relationierung hochschulischer und praxissituierter Ausbildungsmodule mit dem Ziel einer kompetenzfördernden Verbindung von theoretischem und praktischem Wissen (Neuweg, 2022), weil erstens die Tätigkeit in anspruchsvollen Berufsfeldern bereits während Praktika und vor Ausbildungsabschluss Professionswissen erfordert. Zweitens kann der direkte Transfer an der Hochschule erlernter Wissensbestände in kompetente Handlung nicht als selbstverständlich erwartet werden (z.B. Mandl & Gerstenmaier, 2000). Dies gilt vor allem für die Bearbeitung komplexer, unplanbarer und unterdefinierter Praxisherausforderungen, die zudem oft unter Zeitdruck zu bewältigen sind (Arbeitsgruppe EdgeLab, 2022; Pirovino, Kreis & Wick, in Vorbereitung). Drittens birgt eine dual konzipierte Ausbildung das Risiko, dass hochschulische und praxissituierte Module unverbunden nebeneinanderstehen oder gar Abwertungsprozesse zwischen den Akteur:innen der beiden Felder auftreten.

Diesen Herausforderungen wird auf verschiedenen Ebenen begegnet: Curriculare Konzeptionen legen die Abfolge hochschul- und praxisbasierter Module sowie zu bearbeitende Kompetenzbereiche fest. In Praxismodulen tätiges Hochschulpersonal verfügt oft über ein doppeltes Kompetenzprofil, hat sich konsekutiv für die Berufs-

---

[8] Art. 31, Abs. 3, Richtlinie 2005/36/EG über die Anerkennung von Berufsqualifikationen.
[9] Anhang V 5.5.1, Richtlinie 2005/36/EG über die Anerkennung von Berufsqualifikationen.

und die Wissenschaftspraxis qualifiziert und verfügt entsprechend über Praxiserfahrungen. Ausbildner:innen in Praxisphasen werden außerdem für diese spezifische Lehrtätigkeit qualifiziert. Beide Professionsfelder stellten sich diesen Herausforderungen bisher allerdings ohne Versuch einer Nutzung der jeweils anderen Erfahrungen und Wissensbestände. Mit dem von swissuniversities und den beteiligten Hochschulen finanzierten Projekt „Professionelle Entwicklung durch transdisziplinäre Kooperation an Systemschnittstellen der Hochschulen und ihrer Praxisfelder – EdgeLab" (Kreis & Pehlke-Milde, 2020) sollte dies geleistet werden.

Mit dem Projekt wird ein innovativer Weg zur Entwicklung und Durchführung einer Fortbildung für Ausbildner:innen in berufspraktischen Modulen von Studiengängen für Gesundheitsberufe und für Lehrpersonal mit folgendem Hauptziel beschritten: In der Berufspraxis tätige Ausbildner:innen erweitern und vertiefen in einer transdisziplinären, Wissenschaft und Praxis berücksichtigenden Perspektive ihre Kompetenzen, um Studierende wirkungsvoll zur Bewältigung komplexer beruflicher Anforderungssituationen zu befähigen. Erreicht werden sollte dies durch die transdisziplinäre Entwicklung eines Programms mit Teilprojekten, von denen zwei im Beitrag thematisiert werden:

1. Erarbeitung einer Didaktik (Pirovino et al., in Überarbeitung) für die praxissituierte Ausbildung mit Fokus auf die professionelle Bewältigung komplexer beruflicher Anforderungssituationen (Braun et al., in Vorbereitung; Pirovino et al., in Vorbereitung) in Lehr- und Gesundheitsberufen,

2. darauf basierend Entwicklung und Durchführung einer Fortbildung für in der Berufspraxis tätige Ausbildner:innen der Hochschulen und der Praxisfelder (PHZH, 2023; ZHAW, 2023).

Die Ergebnisse dieser Teilprojekte sind nur am Rand Gegenstand dieses Beitrags und werden in separaten Publikationen beschrieben (Pirovino et al., in Überarbeitung; Pirovino et al., in Vorbereitung). In diesem Beitrag werden die Methode und insbesondere die Arbeitsgruppe *EdgeLab* (im Folgenden EdgeLab) beschrieben, in der die Teilprojekte in gleichberechtigt transdisziplinärer Kooperation zwischen hochschul- und praxissituierten Akteur:innen aus beruflichen Kontexten von Gesundheit und Bildung entwickelt und teilweise bereits umgesetzt wurden.

1.2 Transformation von Praktiken durch transdisziplinäre Kooperation

Eine weitverbreitete Herausforderung im Bildungs- und Gesundheitsbereich wie auch in anderen Berufsfeldern besteht in der Kenntnisnahme und Nutzung verfügbarer aktueller Forschungserkenntnisse durch die Berufstätigen der jeweiligen Praxisfelder. Insbesondere anwendungsorientierte Forschungs- und Entwicklungsprojekte, die mit dem Ziel eines Erkenntnisgewinns für die Weiterentwicklung von Praxis durchgeführt werden, müssen diese Herausforderung aktiv angehen. Nicht nur in der beruflichen Praxis, sondern auch im Hinblick auf die Dringlichkeit nachhaltiger Entwicklung ist die epistemologische Frage relevant, wie akademische und praxisbasierte Akteur:innen so kooperieren können, dass Wissen und Erfahrungen für gesellschaftsrelevante Entwicklungen nutzbar werden (Gibbons et al., 1994). Vor diesem Hintergrund wurden in den Sozial- und Umweltwissenschaften neue Methoden entwickelt, die eine *transformative* Erkenntnisgewinnung unterstützen sollen. Beispiele für soziale Arbeitskontexte sind Reallabore in der Städteplanung (Pärli et al., 2022), Design-Based Research in der Schulentwicklung (McKenney & Reeves, 2018) oder partizipative Gesundheitsforschung (Wright, 2021). In entsprechenden Projekten wirken Akteur:innen der Praxis ab Beginn, bereits bei der Definition der Problemstellungen sowie diesbezüglicher Erkenntnisinteressen und Fragestellungen mit (Bergmann et al., 2005; Gibbons et al., 1994; Harris, 2011). Diese Form kooperativer Forschung und Entwicklung wird auch als transdisziplinär bezeichnet. Gegenüber interdisziplinärer Kooperation, in welche verschiedene Fachgebiete einbezogen sind, beinhaltet Transdisziplinarität zusätzlich den Einbezug von Wissenschaft und Praxis (Defila & Di Giulio, 2018). Unter dieser Perspektive treten Wissenschaftler:innen ihren in der Tendenz meist autokratischen Definitionsanspruch in Forschungs- und Entwicklungsprojekten ab. Ausgehend von einem Handlungsbedarf, den alle Beteiligten anerkennen, werden in gleichberechtigter Kooperation zwischen Wissenschaftler:innen sowie Personen, die im betreffenden Handlungsfeld tätig sind, Projektziele, Fragestellungen und Prozesse zu deren Bearbeitung definiert.

1.3 Die Methode EdgeLab

Die Bezeichnung EdgeLab setzt sich aus zwei Begriffen zusammen: *Edge* steht in Anlehnung an ein Konzept aus der Ökologie (Wiens, 1976) metaphorisch für die Kooperation zwischen Teilsystemen zweier Berufsfelder (Lehr- und Gesundheitsberufe). *Lab* steht für Labor im Sinne einer transdisziplinär tätigen Arbeitsgruppe. Durch diese Kooperation und die Auseinandersetzung mit Herausforderungen und Lösungen von Mitwirkenden beider Hochschulen (PH Zürich und ZHAW Departement Gesundheit) und ihrer Praxisfelder sollen neue Perspektiven, Netzwerklernen und Innovation ermöglicht werden. Die gemeinsame Bearbeitung ist zudem der erste Schritt zur Implementierung der innovierten Praktiken in den beteiligten Praxen, was einer Ablehnung „fremder" Ideen entgegenwirken soll.

2 Kooperation im EdgeLab

Die Bearbeitung der Teilprojekte erfolgt in drei Gremien: der *Projektgruppe*, dem *EdgeLab* sowie der *Resonanzgruppe* (Abb. 1). Während das EdgeLab und die Resonanzgruppe transdisziplinär zusammengesetzt sind, d.h. Vertreter:innen aus den Hochschulen und der Praxis beider Berufsfelder mitwirken, sind in der Projektgruppe Wissenschaftler:innen interdisziplinär tätig. Die Gremien setzen sich jeweils zu ungefähr gleichen Anteilen aus Personen der Berufsfelder Bildung und Gesundheit zusammen.

2.1 Gremien, Mitglieder, Rollen

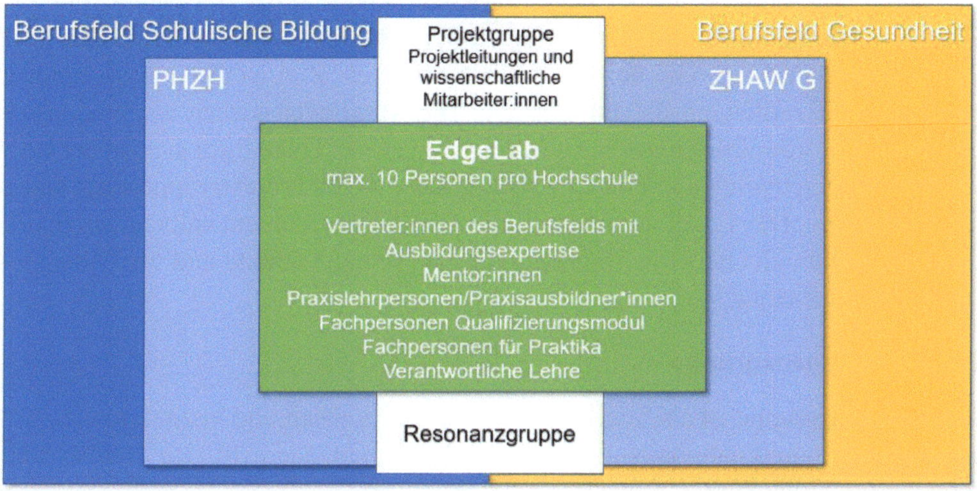

Abb. 1: Gremien im Projekt EdgeLab

2.1.1 Projektgruppe

Die Projektgruppe besteht aus zwei Co-Leiterinnen, die in Leitungspositionen mit Forschungsauftrag je an einer der Partnerinstitutionen angestellt sind, und vier wissenschaftlichen Mitarbeiterinnen (WiMA). Alle Mitglieder sind akademisch qualifiziert und waren ursprünglich in den beteiligten Berufsfeldern als Lehrperson, Hebamme oder Pflegefachfrau tätig. Das Gremium trifft sich zweiwöchentlich zu Arbeitssitzungen.

2.1.2 EdgeLab

Das EdgeLab besteht aus Expert:innen beider Hochschulen und deren Praxisfelder (20 Personen: Vertreter:innen von Berufsverbänden, Praxisausbildner:innen, Hochschuldozierende mit Expertise für die berufspraktische Ausbildung und Digital

Learning, Leitungsverantwortliche). Für die Gesundheitsberufe wirken drei Angehörige der Praxis (Hebammen, Pflegefachperson) und fünf der Hochschule mit. Die Lehrpersonenbildung ist mit je vier Angehörigen der Praxis (Lehr-, Praxislehr- und Schulleitungspersonen) und der Hochschule vertreten. Ziel ist die transdisziplinär-partizipative Bearbeitung der Projektziele. Die Mitglieder wirken als Wissensträger:innen und Vermittler:innen ihrer Bezugssysteme und beteiligen sich an der Konzeption, Weiterentwicklung und Umsetzung der von der Projektgruppe eingebrachten Vorschläge. Das EdgeLab trifft sich vierteljährlich zu einem halbtägigen Workshop mit je individueller Vor-/Nachbereitung im selben Umfang und wird über Projektmittel entschädigt.

2.1.3   Resonanzgruppe

Die Resonanzgruppe ist als Soundingboard mit kantonalen und institutionellen Stakeholder:innen und nationalen Expert:innen konzipiert. Sie trifft sich dreimal während der Projektlaufzeit.

2.2.   Arbeitsweise der Gremien

Die Arbeit der Gremien erfolgt in vier Phasen. Diese können sich überschneiden und spiralförmig wiederholen. Sie strukturieren sowohl die Projektphasen während der gesamten Laufzeit als auch die Arbeitstreffen des EdgeLab.

1.   Phase: „Sichtbar machen und teilen"

2.   Phase: „Entwicklung"

3.   Phase: „Durchführung"

4.   Phase: „Dissemination und Verstetigung"

In der Umsetzung bedeutet dies, dass die Projektgruppe Fragestellungen oder Konzeptentwürfe als Text oder visuelles Modell vorbereitet und dem EdgeLab vorlegt. Die Vorschläge werden sodann in unterschiedlichen Teilgruppen kritisch diskutiert.

Die gewonnenen Einsichten werden dokumentiert und fließen in die Überarbeitung der Dokumente durch die Projektgruppe ein. Je nach Thema erfolgt eine erneute Begutachtung und Diskussion im EdgeLab bis zur konsensuellen Verabschiedung.

Zur Unterstützung der Kooperationskultur in allen Gremien erarbeitete die Projektegruppe unter Mitwirkung des EdgeLab eine Charta (Projektgruppe EdgeLab, 2021; vgl. https://www.doi.org/10.21256/zhaw-2508). Alle Mitwirkenden verpflichteten sich zur Einhaltung. Bei Uneinigkeiten, Herausforderungen in der Kooperation und bei personellen Wechseln zeigt sich die Charta als sehr hilfreich für die Verständigung über die Kultur der transdisziplinären Kooperation. Im ersten Projektjahr wurde zudem eine Visualisierungsmethode zur Verständigung über das Erleben der Kooperation im EdgeLab angewendet, um eine möglichst gleichberechtigte Beteiligung und die diesbezügliche Reflexion zu unterstützen (Storyline, vgl. Kap. 3.2.1).

3 Begleitforschung

Die transdisziplinären Arbeitsphasen und Erreichung der Projektziele werden formativ und summativ evaluiert, dies insbesondere mit dem Ziel der Gewinnung formativer Rückmeldungen und der Dokumentation von Ergebnissen und Prozessen. Datenerhebungen umfassen Expert:inneninterviews, Gruppendiskussionen, die Visualisierungsmethode Storyline und jährliche schriftliche und anonyme Online-Befragungen am Ende eines Projektjahrs.

3.1 Fragestellungen

Es werden auszugsweise Ergebnisse der Befragungen des ersten Jahres zu drei zentralen Fragestellungen berichtet:

1. Arbeiten die Mitwirkenden im EdgeLab gleichberechtigt zusammen? Erleben sie sich als wahrgenommen und wirksam?

2. Was gelingt und welches sind wahrgenommene Mehrwerte der inter- und transdisziplinären Zusammenarbeit?

3. Welche Herausforderungen stellen sich in der inter- und transdisziplinären Zusammenarbeit?

3.2 Methoden und ausgewählte Ergebnisse

3.2.1 Storyline als Seismograf für die transdisziplinäre Zusammenarbeit

In den vier Workshops (WS) des ersten Jahres wurden die EdgeLab-Mitwirkenden jeweils am Ende des Workshops gebeten, ihr Erleben mittels der Methode *Storyline* zu visualisieren (Beijaard, Van Driel & Verloop, 1999). Die Mitwirkenden zeichneten in einer Grafik ein, inwiefern sie a) selbst Themen einbringen konnten und b) eigene Erkenntnisse gewannen. Die Grafik war segmentiert in die Phasen des WS (z.B. Impuls der Projektgruppe, Austausch der Mitwirkenden) und als Powerpoint-Datei verfügbar. Mittels Audiofunktion in Powerpoint konnten ergänzende Rückmeldungen erfasst werden.

Abbildung 2 zeigt exemplarisch die übereinander kopierten Storylines nach dem ersten, pandemiebedingt online durchgeführten WS. Die Storylines der Mitwirkenden aus dem Berufsfeld sind in der oberen Hälfte der Grafik grün dargestellt, jene der Mitwirkenden der Hochschulen unten in Blau. Das Verfahren wurde im ersten Jahr eingesetzt, bis sich das EdgeLab konstituiert und die Kommunikation eingespielt hatte.

Nach dem ersten Workshop relevant war insbesondere die Information, dass zwei Mitglieder während eines interaktiven Blocks keine oder wenige Impulse in die Diskussion einbrachten. Dies wurde in den darauffolgenden WS nochmals angesprochen und auch auf die Charta verwiesen. Im vierten Workshop wurden keine entsprechenden Ungleichheiten mehr dokumentiert.

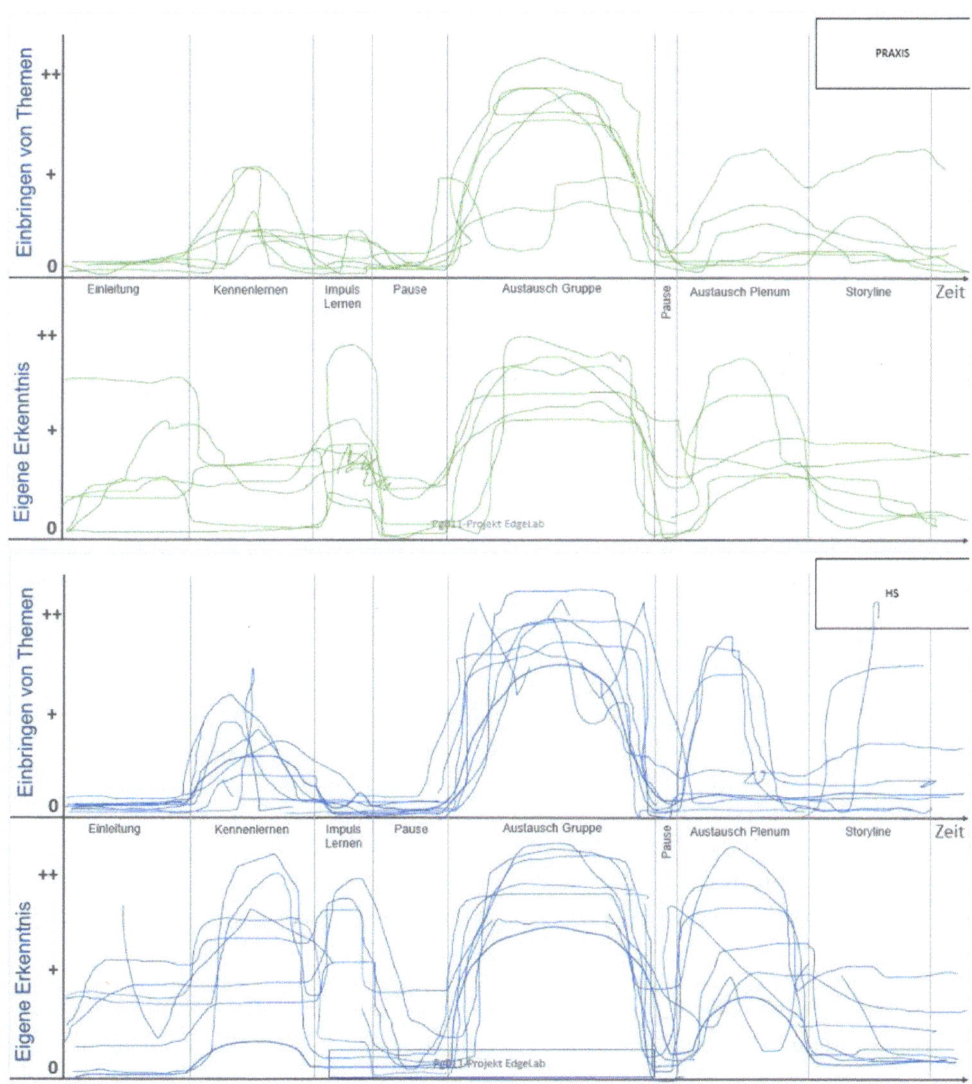

Abb. 2: Storylines aus Workshop 1 zur Visualisierung des Erlebens transdisziplinärer Kooperation

Die offenen Rückmeldungen zeigten, dass die Zeit für Gruppendiskussionen zu knapp bemessen war. Die miteinander noch unbekannten Mitwirkenden fanden rasch in einen Austausch, wünschten sich aber mehr Zeit, für die Aufgabenbearbeitung.

Nach dem zweiten Workshop erfolgte eine positive Entwicklung in Bezug auf das Einbringen von Themen während interaktiver Phasen. Dass die Thematik der Gleichwertigkeit durch die Projektgruppe nochmals aufgenommen und besprochen wurde, zeigte sich als wichtig und fand auch in den schriftlichen Rückmeldungen Erwähnung.

> „Transdisziplinäre Zusammenarbeit, wissenschaftliche und praxisbezogene Perspektive gleichwertig: spannend und wichtig." Rückmeldung TN 8, Workshop 2

Wiederholt genannt wurde die zu knapp bemessene Zeit. Aufgrund der pandemischen Lage wurde zwangsweise auch der zweite Workshop online durchgeführt. Pausenzeiten waren zwar großzügig eingeplant, die Teilnehmenden mochten diese jedoch online nicht nutzen.

> „Pause vor dem Bildschirm war schwierig, habe mich zurückgezogen, brauchte Zeit weg vom Bildschirm." Rückmeldung TN 11, Workshop 2

Der dritte WS schließlich konnte in Präsenz durchgeführt werden, was positiv erlebt wurde. Die Storylines insbesondere der Mitwirkenden mit Praxisbezug zeigten, dass sie eigene Themen in die Diskussionen einbringen konnten. Weitere Rückmeldungen wiesen darauf hin, dass die Gruppendiskussionen als wertvoll und sehr anregend erlebt wurden.

> „Sehr spannendes Brainstorming, kreativer Austausch, tolle Beteiligung aller Anwesenden." Rückmeldung TN 5, Workshop 3

Dass die Diskussionen gehaltvoller waren, wurde der Tatsache zugeschrieben, dass sich die Mitglieder bereits besser kannten und an die Arbeiten aus den vorhergehenden WS anknüpfen konnten.

„Es stellt sich das Gefühl ein, dass wir nun wirklich ins Rollen kommen. […] Aufbereitung und Weiterentwicklung des Erarbeiteten war sehr hilfreich." Rückmeldung TN 7, Workshop 3

Nach dem vierten WS beschreibt ein Mitglied die Innovationspotenziale der Methode folgendermaßen:

„Es wurde für mich zum ersten Mal ‚konkret', was das Outcome unserer Projektgruppe ist bzw. werden könnte, totaler WOW-Effekt." Rückmeldung TN 9, Workshop 4

3.2.2 Schriftliche Befragung zur transdisziplinären Zusammenarbeit

Im vierten WS, am Ende des ersten Projektjahrs, wurden die Mitwirkenden des EdgeLab zur Zusammenarbeit im Gremium und mit der Projektgruppe befragt. Alle 14 Anwesenden nahmen an der anonymen Onlinbefragung teil.

Es wurden Fragen gestellt zu den Themen *Zufriedenheit mit der Zusammenarbeit, Anschlussfähigkeit von Wissens- und Erfahrungsbeständen, Gesprächsqualität* und *fachlicher Nutzen* der Mitarbeit im EdgeLab und anhand einer Likert-Skala von 1 (nie/trifft überhaupt nicht zu) bis 6 (sehr häufig/trifft voll und ganz zu) erfasst. Dafür wurden Skalen von Galle und Kreis (2021) auf die Terminologie der Zielgruppe angepasst. Ausgewiesen werden im Folgenden auch die statistischen Werte pro Skala, deren Reliabilitäten trotz kleiner Stichprobe zufriedenstellend bis gut ausfallen (Cronbachs α = .5 bis .8). In den Diagrammen wurden die Skalenwerte zugunsten der Lesbarkeit in drei Kategorien rekodiert: zustimmend, neutral und ablehnend (negativ formulierte Items sind mit * markiert). Aufgrund der kleinen Teilnehmendenzahl kommt den quantitativen Werten eine beschränkte Aussagekraft zu. Weitere Einblicke ermöglichen Antworten, welche die Mitwirkenden pro Themenfeld ergänzten. Abschließend wurde auch nach besonders ertragreichen Phasen und Elementen der ersten vier WS befragt. Diese Antworten sind in den Ergebnisberichten zu den vier Themenblöcken integriert.

Zufriedenheit mit der Zusammenarbeit

Alle Mitwirkenden beurteilten die Zusammenarbeit im EdgeLab als sehr konstruktiv und zeigten sich mit der Zusammenarbeit zufrieden (Abb. 3). Der Mittelwert der sechsstufigen Skala beträgt hohe 5.60, (SD=0.56, N=14).

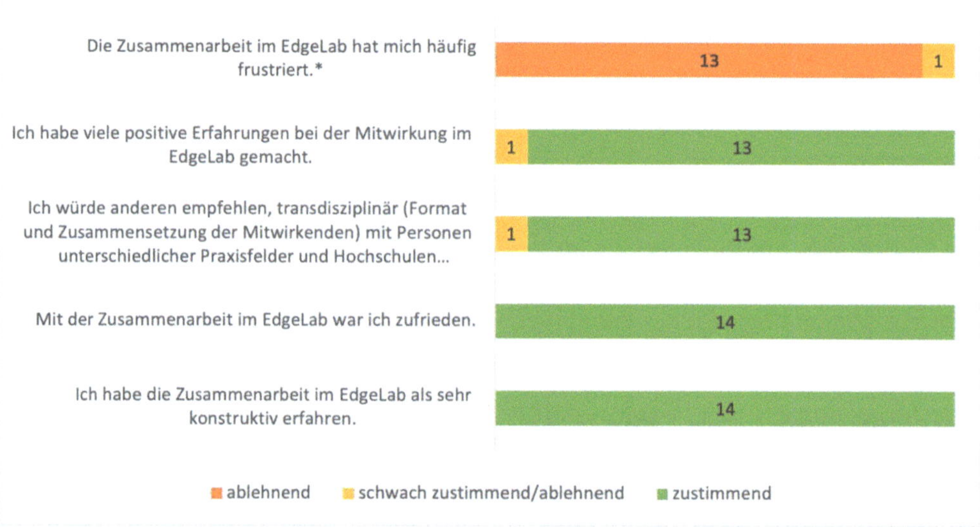

Abb. 3: Zufriedenheit der Zusammenarbeit

Die freien Antworten bestätigten die Ergebnisse aus den Storylines. Das Onlineformat wurde für die **Zusammenarbeit** als hinderlich, die Diskussionen in den folgenden Präsenz-Workshops (3 und 4) wurden als konstruktiver erlebt. Gruppenarbeiten während der WS wurden als gewinnbringend beschrieben, für einige Teilnehmende insbesondere dann, wenn sie in einer gewissen Kontinuität stattgefunden hätten, für andere war gerade der Wechsel der Gruppenzusammensetzungen interessant.

Anschlussfähigkeit von Wissens- und Erfahrungsbeständen

Auch die Fragen zur Anschlussfähigkeit der Wissens- und Erfahrungsbestände (Abb. 4) wurden mit weitgehender Einigkeit beantwortet (sechsstufig, M: 5.38, SD: 0.47). Lediglich die erste Frage beantworteten 2 von 14 Mitwirkenden als eher neutral, während die Mehrheit sich positiv dazu äußerte.

Eine Person ergänzte, dass die Gruppe noch mehr vom Wissen und den Erfahrungen der anderen Mitglieder hätte profitieren können, wenn sie sich mehr ausgetauscht hätten. Als große Bereicherung empfunden wurden der Perspektivenwechsel und die Transdisziplinarität des Gremiums, wie dies auch die Auswertungen der Storylines zeigen.

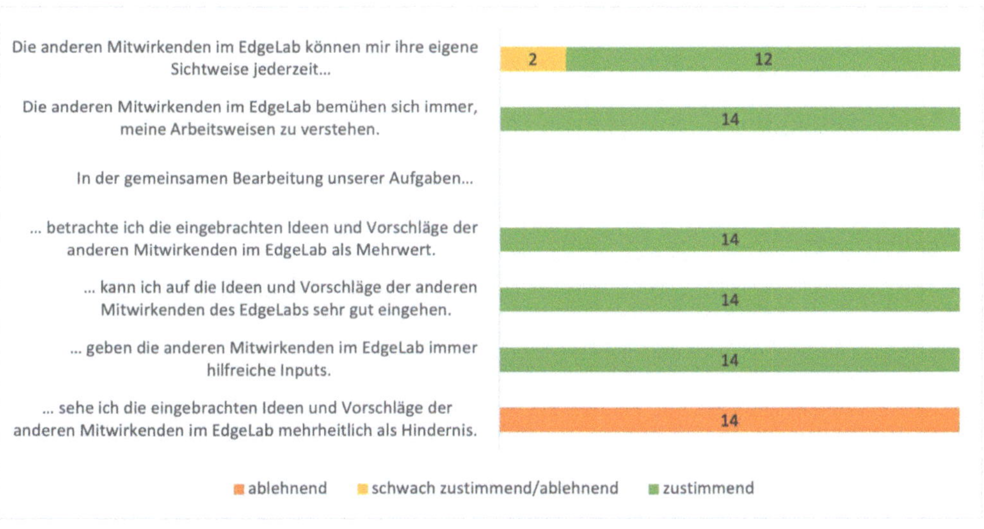

Abb. 4: Anschlussfähigkeit von Wissens- und Erfahrungsbeständen

Gesprächsqualität während der interaktiven Gruppenphasen

Die Gesprächsqualität während der interaktiven Gruppenphasen (Abb. 5) wurde von den Mitwirkenden unterschiedlicher beurteilt (sechsstufig, M: 5.1, SD: 0.87). Insbesondere die Frage zur Mitbestimmung der Inhalte und Themen der Gespräche wurde nicht von allen positiv beurteilt. Drei Personen beurteilten eher neutral, eine Person negativ. Noch kritischer wurde die nachfolgende Frage zum Einbringen der eigenen Sichtweise beurteilt. Sechs Personen äußerten sich dazu neutral.

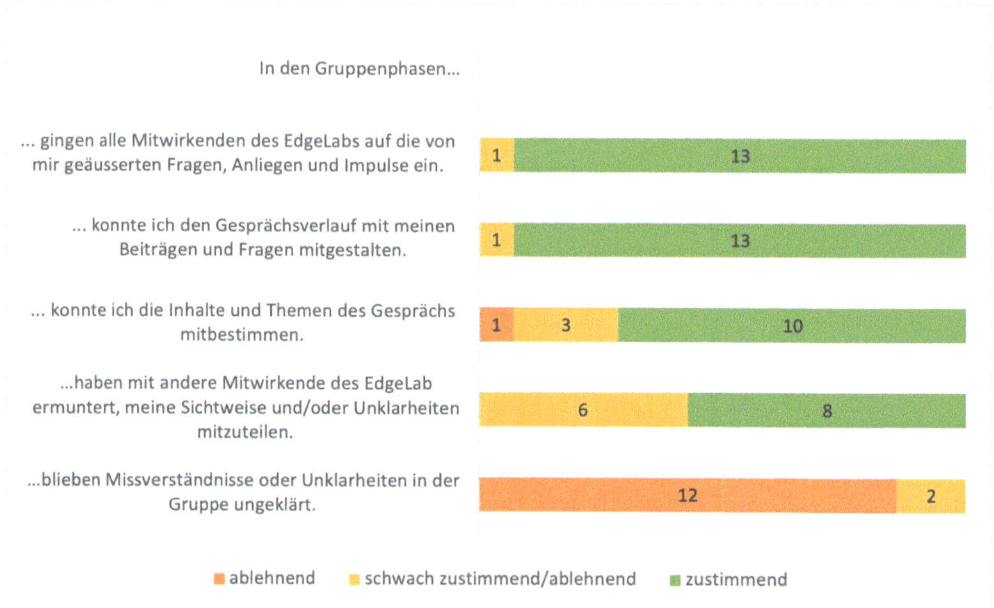

Abb. 5: Gesprächsqualität während der interaktiven Gruppenphasen

Wie schon zu Beginn der Projektarbeit in den Storylines ersichtlich, bestand auch nach einem Jahr Zusammenarbeit der Wunsch nach längeren und vertieften Diskussionszeiten. Es seien auch teilweise Unzufriedenheiten in Diskussionen entstanden, welche nicht unmittelbar thematisiert worden seien. Die Moderation durch eine

Person aus dem Projektteam wurde als hilfreich empfunden, um solche Situationen aufzulösen.

Gewinn für eigene professionelle Entwicklung

Zu diesen Fragen (Abb. 6) zeigten sich die größten Divergenzen (M: 4.5, SD: 1.16). Mehr als die Hälfte der Mitwirkenden äußerten sich neutral zur Aussage, dass sie das Wissen und die Erfahrungen in der Mitarbeit im Gremium EdgeLab für ihre eigene professionelle Entwicklung nutzen können. Genau hälftig lagen die Antworten bei positiv und neutral bzgl. der Frage nach der Bereicherung der eigenen professionellen Entwicklung durch inhaltliche Impulse. Die größte Divergenz zeigte sich in der letzten Frage. Die Hälfte der Personen äußerte sich positiv, neue Denkanstöße für die berufspraktische Ausbildung aus den Workshops mitnehmen zu können, drei Personen äußerten sich neutral, zwei negativ.

Ergänzt wurde auch, dass durch die Mitwirkung im EdgeLab eine Sensibilisierung für die bearbeiteten Themen stattgefunden habe. Die Lernkurve war in der Startphase am steilsten, wobei die Umstellung von den pandemiebedingt online stattfindenden Treffen auf Präsenzveranstaltungen als zusätzlich bereichernd empfunden wurde.

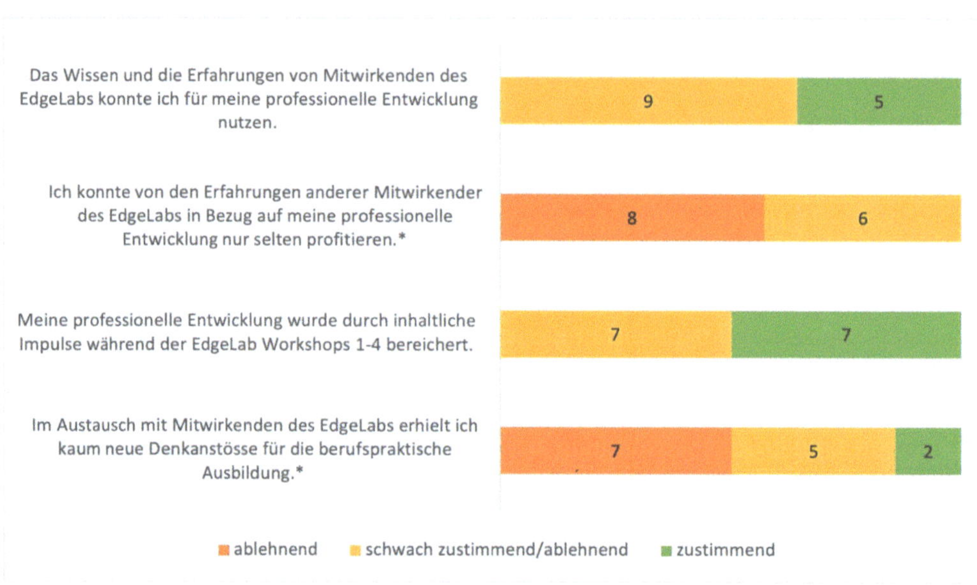

Abb. 6: Gewinn für die eigene professionelle Entwicklung

4 Diskussion und Fazit

Im Beitrag wird die Methode EdgeLab als Weg zur transdisziplinären Entwicklung einer Fortbildung für Praxisausbildende in den Berufsfeldern schulische Bildung und Gesundheit vorgestellt. Das Vorhaben wird mit dem Anspruch durchgeführt, durch transdisziplinäre Zusammenarbeit von wissenschaftlich qualifizierten Personen der Hochschulen und Berufsleuten der Praxisfelder u.a. ein innovatives Fortbildungsangebot für Praxisausbildner:innen der beiden Berufsfelder zu schaffen. Entsprechende Entwicklungen erfolgten bisher in beiden Berufsfeldern gesteuert und konzipiert durch die jeweiligen Hochschulen und damit von wissenschaftlichem Personal. Den Beteiligten aus der Berufspraxis wurde die Rolle als Nutzer:in des fertig konzipierten Fortbildungsangebots zugesprochen. Die transdisziplinäre Zusammenarbeit sowohl zwischen den Professionsfeldern Gesundheit und Bildung als auch zwischen den entsprechenden Hochschulen und substanziell, systematisch gleichberechtigt mitwirkenden Praxispartner:innen in der Entwicklung einer Fortbildung ist in dieser Form und Intensität erstmalig in der Schweiz.

Der Anspruch einer gleichberechtigten transdisziplinären Kooperation ist hoch, da verschiedene Systeme aufeinandertreffen, in denen unterschiedliche Konzepte, Normen und Begriffe verwendet werden. Zentral ist im Projekt EdgeLab deshalb die Frage nach der Qualität der Zusammenarbeit und insbesondere der Gleichrangigkeit der verschiedenen Beteiligten, wenn es darum geht, Ideen einzubringen und diskursiv weiterzuentwickeln. Für das Monitoring dieser Kooperationskultur wird das Projekt durch eine formative Evaluation begleitet. Deren Fokus liegt auf der Kooperation im zentralen Gremium des Projekts, dem transdisziplinär, mit Personen aus Hochschule und Praxis der beiden Berufsfelder zusammengesetzten EdgeLab. Die Ergebnisse verschiedener methodischer Zugänge fließen in die Steuerung der Aktivitäten ein. Im vorliegenden Beitrag werden Ergebnisse präsentiert, die Einblick geben in den Stand nach dem ersten von vier Projektjahren. Die Kommunikation zwischen den Mitwirkenden aus dem Hochschul- und Praxisfeld im Sinn der in einer Charta zur Unterstützung der transdisziplinären Kooperation festgehaltenen Grundsätze erwies sich als nicht selbstverständlich. Die Charta und auch die Visualisierung des Erlebens der Mitwirkenden mit der Methode Storyline waren hilfreiche Instrumente für die Erreichung der Projektziele: Am Ende des ersten Jahres wurde die Kooperationskultur von den Mitwirkenden weitgehend als gleichberechtigt, konstruktiv, spannend und relevant für die Erarbeitung der angestrebten Ergebnisse eingeschätzt. Unterschätzt wurde in der Planung der Workshops, wie viel Interaktionszeit die Etablierung und Umsetzung der Kooperationskultur erfordert. Für die bereits inhaltsbezogenen Gruppenarbeitsphasen sollte mehr Zeit eingeplant werden, damit die Mitwirkenden sich und ihre jeweiligen Erfahrungs- und Wissensbestände kennenlernen, eine gemeinsame Sprache und auch Vertrauen aufbauen können. Erschwerend wirkte es sich am Anfang des ersten Projektjahres aus, dass die Workshops pandemiebedingt online durchgeführt werden mussten. Die Veranstaltungen in Präsenz wurden von den Mitwirkenden als eindeutig intensiver, ertragreicher und lustvoller eingeschätzt. Die Anschlussfähigkeit der Wissens- und Erfahrungsbestände, zum Einbringen und Aufgreifen von Ideen der unterschiedlichen Mitwirkenden in den Workshops wurde positiv beurteilt. Insbesondere der Perspektivenwechsel wurde als wertvoll erlebt, wobei viele Ähnlichkeiten zwischen den beiden Berufsfeldern im Hinblick auf Charakteristika komplexer Anforderungssituationen und die diesbezügliche Ausbildung im Studium erlebt wurden.

Die Einschätzung der Gesprächsqualität in den Gruppenphasen, in welchen die Mitwirkenden interaktiv an von der Projektgruppe vorbereiteten Themen arbeiteten, fällt etwas kritischer aus. Kritisiert wurde insbesondere, dass mehr Zeit für vertiefte Diskussionen erforderlich gewesen wäre, um die unterschiedlichen Perspektiven aufeinander zu beziehen und umfassend zu berücksichtigen. Am kritischsten fällt die Einschätzung des Gewinns für die eigene professionelle Entwicklung aus. Während der Lernzuwachs in der Startphase noch als intensiver erlebt wurde, flachte dieser gegen Ende des ersten Jahres ab. Der Gewinn aus der transdisziplinären Kooperation liegt daher mittelfristig eher in den erarbeiteten Produkten (Fortbildung, didaktisches Modell für die berufspraktische Ausbildung hinsichtlich der Bewältigung komplexer Anforderungssituationen). Weil die Mitarbeit entschädigt wurde, lässt sich dies rechtfertigen. Die Kooperation während des ersten Projektjahres war insofern erfolgreich, als gemäß Plan eine Fortbildung entwickelt werden konnte, die im Januar 2024 startete. Herausfordernd gestaltete sich vorhergehend die Implementierung des Moduls in die Fortbildungsprogramme der beiden Hochschulen und damit die Anschlussfähigkeit des Projekts an die regulären Angebote. Dass entsprechende Verantwortliche von Anfang an im EdgeLab mitarbeiteten, erwies sich als konstruktiv. Allerdings kam es auch zu personellen Wechseln, was als Hauptgrund für die anspruchsvollen Anbindungsprozesse betrachtet wird.

Abschließend stellt sich die Frage nach der Übertragung der Methode EdgeLab auf hochschulbasierte Fortbildungen und andere Felder der Hochschullehre. EdgeLab kann als produktiv betrachtet werden, um wissenschaftsbasierte Lernangebote zu entwickeln, die für berufliche Praxisfelder anschlussfähig sind und bisherige berufsfeldspezifische Angebote erweitern. Dabei ist die Planung von Zeitressourcen der Beteiligten möglichst in personeller Konstanz relevant. Im Rahmen des Projekts standen zusätzliche Mittel zur Verfügung. In einer regulären Arbeitssituation könnte auch ein gestrafftes Verfahren angewendet werden.

Dank

Ein großer Dank gilt den Mitwirkenden des EdgeLabs für ihre Offenheit, ihre Experimentierfreude und ihr Engagement. Frank Crasborn danken wir für seine Anregung zur Storyline-Methode.

5 Literatur

Beijaard, D., Van Driel, J., & Verloop, N. (1999). Evaluation of Story-Line Methodology in Research on Teachers' Practical Knowledge. *Studies in Educational Evaluation, 25*(1), 47–62. ERIC.

Bergmann, M., Brohmann, B., Hoffmann, E., Loibl, M.C., Rehaag, R., Schramm, E. et al. (2005). *Qualitätskriterien transdisziplinärer Forschung: ein Leitfaden für die formative Evaluation von Forschungsprojekten*. Technische Universität Berlin. https://doi.org/10.14279/depositonce-5006

Braun, A., Zsindely, P., Pirovino, L., Lutz, N., Wick, J., & Pehlke-Milde, J. (in Vorbereitung). EdgeLab: Komplexe berufliche Anforderungssituationen – Lernsituationen in der berufspraktischen Ausbildung.

Defila, R., & Di Giulio, A. (Hrsg.). (2018). *Transdisziplinär und transformativ forschen. Eine Methodensammlung*. Springer. https://link.springer.com/content/pdf/10.1007/978-3-658-21530-9.pdf

Arbeitsgruppe Edgelab (2022). *Arbeitsdefinition Komplexe Anforderungssituation*. Unveröffentlichtes Dokument. Pädagogische Hochschule Zürich & Züricher Hochschule für Angewandte Wissenschaften, Departement Gesundheit.

EDK. (2019). *Reglement über die Anerkennung von Lehrdiplomen für den Unterricht auf der Primarstufe, der Sekundarstufe I und an Maturitätsschulen*. https://edudoc.ch/record/202452/files/Regl_Lehrdiplome_d.pdf

Galle, M., & Kreis, A. (2021). *Fragebogenerhebung im Projekt „Praxiszentren": Dokumentation der quantitativen Erhebungsinstrumente der 2. Erhebungswelle*. Pädagogische Hochschule Zürich.

Gibbons, M., Limoges, C., Nowotny, H., Schwartzmann, S., Scott, P., & Trow, M. (1994). *The new production of knowledge: The dynamics of science and research in contemporary societies*. Sage.

Harris, A. (2011). System improvement through collective capacity building. *Journal of Educational Administration, 49*(6), 624–636. Emerald Group Publishing Limited. https://doi.org/10.1108/09578231111174785

Kreis, A., & Pehlke-Milde, J. (2020). *EDGE-LAB – Professionelle Entwicklung durch transdisziplinäre Kooperation an Systemschnittstellen der Hochschulen und ihrer Praxisfelder. Antrag zum Programm PgB11 2021–2024 von swissuniversities*. PHZH und ZHAW.

Mandl, H., & Gerstenmaier, J. (2000). *Die Kluft zwischen Wissen und Handeln: empirische und theoretische Lösungsansätze*. Hogrefe, Verlag für Psychologie.

McKenney, S., & Reeves, T. C. (2018). *Conducting educational design research*. Routledge. https://www.taylorfrancis.com/books/9781351601771

Neuweg, G.H. (2022). *Lehrerbildung. Zwölf Denkfiguren im Spannungsfeld von Wissen und Können*. Münster: Waxmann.

Pärli, R., Stauffacher, M., Seigo, S.L., Probst, M., & Pearce, B. (2022). Designing interventions for sustainable change in a real-world laboratory. *Environment, Development and Sustainability*. https://doi.org/10.1007/s10668-022-02659-y

PHZH. (2023). *Praxisbegleitung in herausfordernden Situationen*. Zugriff am 20.9.2023. https://phzh.ch/Weiterbildung/weiterbildungssuche/Anlassdetail/?idNr=144555478

Pirovino, L., Kreis, A., & Wick, J. (in Vorbereitung). Komplexe Anforderungssituationen als Lerngelegenheiten für Studierende der Lehrer:innenbildung.

Pirovino, L., Lutz, N., Braun, A., Zsindely, P., Wick, J., Pehlke-Milde, J., & Kreis, A. (in Überarbeitung). Didaktisches Modell EdgeLab: Lernen in und aus komplexen Anforderungssituationen.

Projektgruppe EdgeLab. (2021). *Charta für die transdisziplinäre Kooperation im EdgeLab*. PHZH und ZHAW. https://www.doi.org/10.21256/zhaw-2508

Wiens, J.A. (1976). Population Responses to Patchy Environments. *Annual Review of Ecology and Systematics, 7*(1), 81–120. https://doi.org/10.1146/annurev.es.07.110176.000501

Wright, M.T. (2021). Partizipative Gesundheitsforschung: Ursprünge und heutiger Stand. *Bundesgesundheitsblatt – Gesundheitsforschung – Gesundheitsschutz, 64*(2), 140–145. https://doi.org/10.1007/s00103-020-03264-y

ZHAW. (2023). Praxisbegleitung in herausfordernden Situationen Eine neue Dimension von Weiterbildung: Gesundheits- und Lehrberufe im Austausch. *Praxisbegleitung in herausfordernden Situationen.* https://www.zhaw.ch/de/gesundheit/weiterbildung/detail/kurs/praxisbegleitung-in-herausfordernden-situationen/, Stand vom 20.9.2023.

Antje Zoller[1], Manuel Froitzheim[2] & Oliver Hahm[3] (Siegen)

Fokus digitale Lehre: Ein multiperspektivisches Qualifizierungskonzept

Zusammenfassung

Der Kern des Konzepts liegt in der Multiperspektivität, die sich zentral in der kombinierten Beratungsstruktur aus Hochschuldidaktik, technischer Infrastruktur und Werkzeuge, Medientechnik und -produktion, Informationskompetenz sowie E-Assessment ausprägt und dezentral um fakultäts- und fachspezifische Perspektiven erweitert wird. Dies ermöglicht eine Vielzahl an zielgruppenspezifischen Angeboten, die sich neben der inhaltlichen Vielfalt sowohl in differenzierten Einstiegsniveaus als auch in vielfältigen Formaten (Workshops, Sprechstunden, Ticketsystem, Infoveranstaltungen, Tutorial, Informationsportal etc.) und Sozialformen (Einzel- und Gruppenberatung, Vernetzung der Lehrenden) abbildet.

Schlüsselwörter

Digitalität, Lehr-Lern-Kultur, Mediendidaktik, Kollaboration, Kompetenzvielfalt

---

1 Corresponding author; Universität Siegen; antje.zoller@uni-siegen.de; https://dime.uni-siegen.de/ansprechpartnerinnen-zentrale-einrichtungen/; ORCiD 0009-0004-6992-3302

2 Universität Siegen; manuel.froitzheim@uni-siegen.de; https://dime.uni-siegen.de/projektleitung/; ORCiD 0000-0001-7210-3314

3 Universität Siegen; oliver.hahm@uni-siegen.de; https://dime.uni-siegen.de/ansprechpartnerinnen-zentrale-einrichtungen/; ORCiD 0009-0006-0821-1795

https://doi.org/10.21240/zfhe/19-2/07

Antje Zoller, Manuel Froitzheim & Oliver Hahm

Focus on digital teaching: The University of Siegen's multi-perspective qualification concept

Abstract

The core of the University of Siegen's qualification concept is multi-perspectivity, which is central in the combined consulting structure of university didactics, technical infrastructure and tools, media technology and production, information literacy and e-assessment. This structure has been expanded in a decentralised manner to include faculty- and subject-specific perspectives. This enables a variety of target-group-specific offerings, which feature diverse content, as well as various entry levels, formats (workshops, office hours, ticket system, informational events, tutorials, information portal, etc.) and social forms (individual and group consulting, networking of instructors).

Keywords

digitality, teaching and learning culture, media didactics, collaboration, competence diversity

1 Lehren und Lernen in einer Kultur der Digitalität – Herausforderungen und Chancen

„Digitalisierung" wird häufig als Mittel zum Zweck verstanden. Analoge Sachverhalte werden in digitale Sachverhalte überführt, sodass Praktiken, die zuvor mit analogen Medien organisiert oder durchgeführt wurden, nun mit digitalen Medien (schneller, einfacher, besser) organisiert oder durchgeführt werden. So legt die fortschreitende Digitalisierung die Grundsteine einer neuen Infrastruktur aus Technologien sowie dem dazugehörigen Know-how und befördert somit die Entwicklung neuer struktureller Formen von Handlungen, Wahrnehmung und Denken.

„Digitalität" wiederum ist das, was entsteht, wenn der Prozess der Digitalisierung eine gewisse Tiefe und Breite erreicht hat und damit ein neuer Möglichkeitsraum entsteht, der durch digitale Medien geprägt ist. Der Digitalisierungsprozess ist heute so weit vorangeschritten, dass Digitalität in vielen Bereichen, in denen wir uns bewegen, alltäglich geworden ist. Die begleitenden kulturellen Veränderungen werden immer augenscheinlicher (vgl. Weber, 2011, S. 29f.).

Gemäß Felix Stalder (2016) ist Kultur „nicht symbolisches Beiwerk, kein einfacher Überbau, sondern [...] handlungsleitend und gesellschaftsformend", indem Bedeutung hervorbringende Praktiken „in Artefakten, Institutionen und Lebenswelten" verdichtet werden (Stalder, 2016, S. 1). Dies gilt insbesondere auch am Lehr-, Lern- und Arbeitsplatz Hochschule. Hier zeigen sich auf der Makroebene vielfältige neue technologische und didaktische Trends. Vom vermehrten Einsatz von Lernvideos, Podcasts, Moocs oder Open Educational Ressources über eine größere didaktische Methodenvielfalt, die Kommunikation und Interaktion umstrukturiert, bis hin zur Schaffung ganz neuer Lehr-Lernumgebungen durch Virtual und Augmented Reality oder den Einsatz von KI-Systemen (vgl. Downes, 2017). Auf Meso- und Mikroebene finden gemeinsame und individuelle Aushandlungen statt, d.h. Mitarbeiter:innen, Lehrende und Studierende suchen nach Wegen, mit diesen Veränderungen umzugehen und ihre Potenziale zu nutzen. Die gelebte Lehr-Lernkultur verändert sich, da die technologischen und didaktischen Entwicklungen zu einer Vielfalt neuer Gestaltungsmöglichkeiten führen (vgl. Froitzheim, 2022, S. 150). Es entstehen aber auch neue Grundsatzfragen und neue Bedarfe. Handke (2020) stellt fest, „[...] dass wir es heute mit einer studentischen Klientel zu tun haben, die nahezu vollständig ‚digitalisiert' lebt und vermutlich erwartet, dass dieser Verhaltensweise im akademischen Lehr- und Lernprozess Rechnung getragen wird." (Handke, 2020, S. 26)

Wie möchten wir zusammen lernen? In allen Bildungsbereichen wurde seit dem 19. Jahrhundert eine Lehr-Lernkultur gelebt, die stark institutionalisiert, hierarchisiert und abschlussorientiert geprägt war (Gerholz, 2018, S. 41f.). Auch unter sich verändernden Rahmenbedingungen, die sich in einer digitalisierten Welt rasant entwickeln, verändert sich dieses traditionelle Verständnis vielerorts nur sehr langsam. Formelles, abschlussorientiertes Lernen wird in zentralen Curricula gefordert und Lehren als Vermitteln interpretiert. Für die Lernhaltung der Studierenden bedeutet dies vielfach, dass sie sich ausschließlich an den Prüfungsanforderungen ausrichten. „Kontinuierliche Prüfungen und Prüfungsdichte führen eher zu einer oberflächlichen Lernhaltung und einem strategischen Studienverhalten entgegen den formulierten Studienzielen und der formulierten Studienphilosophie [...]." (Ricken, 2011, S. 6)

Der Digitalisierungsprozess sowie die damit verbundenen Herausforderungen und Chancen, die Lehrende, Studierende und Mitarbeiter:innen an Hochschulen erleben, haben aber auch zu einem breiten Hinterfragen und Umdenken geführt, das sich mehr und mehr in der Lehr-Lernkultur niederschlägt (vgl. Lehner, 2018). Es soll sich etwas verändern hin zu

- mehr Selbstorganisation des individuellen Lernprozesses der Studierenden,

- mehr kompetenzorientierten Inhalten der Lehre,

- mehr individuellen Lehr-Lern-Arrangements,

- mehr fachbereichsübergreifenden, lebensnahen Inhalten und Aufgaben,

- mehr informellen Aneignungsprozessen und

- mehr Bereitschaft zu lebenslangem Lernen.

Allen Lernenden wird damit mehr Verantwortung für den eigenen Lernprozess und Mitverantwortung für die Lernprozesse anderer übertragen. Sie gestalten Lernsituationen aktiv mit und üben sich in kollaborativem und kooperativem Lernen. Lehrende werden immer mehr zu „Lernbegleiter:innen", die auf Augenhöhe und mit einer demokratisch-partnerschaftlichen Einstellung mit ihren Lernenden kommunizieren und ihre Bedarfe einbeziehen. Sie sind verantwortlich dafür, geeignete, komplexe Lernumgebungen bereitzustellen. Wichtig ist, dass alle Hochschulakteur:innen die gesamtgesellschaftlichen Entwicklungen und die sich stark verändernden gesellschaftlichen und unternehmerischen Praktiken hinreichend aufgreifen und diese immer wieder kritisch thematisieren und reflektieren.

Lehrende und Lernende sehen sich in diesem umfassenden Transformationsprozess mit vielfältigen Herausforderungen, aber auch Chancen und Entwicklungsmöglichkeiten in ganz verschiedenen Bereichen konfrontiert. Um sie strukturiert bei den vielfältigen Fragen, die sich in diesem Zusammenhang stellen, unterstützen zu können, wurde an der Universität Siegen eine kombinierte Servicestruktur geschaffen, die ebenso breit und tief aufgestellt ist, wie es die Fragen sind, die sich Lehrende und Lernende stellen.

2 Kombinierte Qualifizierungs- und Unterstützungsstrukturen der Universität Siegen

2.1 Das Team Digitale Lehre

Bereits deutlich vor der Corona-Pandemie entstanden in den zentralen Serviceeinrichtungen der Universität Siegen, i.e. dem Zentrum zur Förderung der Hochschullehre (ZFH), dem Zentrum für Informations- und Medientechnologie (ZIMT) sowie der Universitätsbibliothek (UB), grundlegende Konzepte, wie diese Art der kombinierten Schnittstellenarbeit optimiert und zukunftsfähig gemacht werden kann. Der Konzeptentwurf „Präsenz digital gestalten"[4] sowie die Digitalisierungsstrategie der Universität Siegen[5] gaben erste Impulse, um genau diese Schnittstellenarbeit in den Blick zu nehmen und zu stärken.

Aufbauend auf diesen Vorüberlegungen gründete sich im Sommersemester 2020 das Team Digitale Lehre, bestehend aus Mitarbeiter:innen der genannten Serviceeinrichtungen. Es entstand eine komplexe Beratungsstruktur, die Hochschuldidaktik, technische Infrastruktur und Werkzeuge, Medientechnik und Medienproduktion, Informationskompetenz sowie E-Assessment unmittelbar verzahnte. Dies ermöglicht es, aus einer kombinierten Perspektive heraus und mit vereinten Fachkenntnissen in allen relevanten Bereichen zu agieren und zu reagieren.

Ziel des Teams Digitale Lehre war und ist es bis heute, eine zukunftsorientierte und qualitativ hochwertige Lehre in der gesamten Universität Siegen zu fördern und zu unterstützen, die Digitalität selbstverständlich mitdenkt und -nutzt. Dabei steht das Team im direkten Austausch mit den Prorektoraten, Fakultäten und zentralen Einrichtungen wie auch persönlich mit Lehrenden und Studierenden der Universität.

---

4   https://zfh.uni-siegen.de/digitale_lehre/praesenz_digital_gestalten/index.html

5   https://www.uni-siegen.de/start/die_universitaet/ueber_uns/hochschulentwicklung/universitaet-siegen-digitalisierungsstrategie.pdf

Dies ermöglicht, das Angebot sowohl auf grundsätzliche wie auch fachspezifische und individuelle Bedarfe abzustimmen. Dabei werden stets die aktuellen Entwicklungen in der digitalen Bildung berücksichtigt und innovative Ansätze umgesetzt.

Diese effiziente Kooperation findet sich z.B. wieder in der gemeinschaftlichen Aufbereitung und Bereitstellung von Informationen, Vorlagen, Anwendungs- und Good-Practice-Beispielen sowie in der Konzeption und Durchführung von Sprechstunden, Workshops, Info- und Qualifizierungsveranstaltungen sowie persönlichen Beratungsangeboten.

Die Schnittstelle Team Digitale Lehre bietet eine optimale Nutzung der bereits bestehenden Netzwerkaktivitäten der jeweiligen Einrichtungen, sodass Expertisen von außen einen direkten Eingang in die Arbeit finden und umgekehrt. Aus dieser Gesamtperspektive beteiligt sich das Team Digitale Lehre an fachlichen und strategischen Diskursen rund um die Digitalität an Hochschulen, da den damit verbundenen Herausforderungen nur in einem wechselseitigen Miteinander der Stakeholder begegnet werden kann. Auch engagiert sich das Team in zahlreichen landes- und bundesweiten Netzwerken, wie beispielsweise Orca.nrw[6], moodle.nrw[7], HD@DH.nrw[8], Arbeitsgemeinschaft der Medieneinrichtungen an Hochschulen e.V. [9], dem Netzwerk Hochschuldidaktik.nrw[10], dem Kompetenzzentrum Barrierefreiheit NRW[11], der Deutschen Gesellschaft für Hochschuldidaktik[12] oder dem e-Prüfungs-Symposium[13].

---

6   https://www.orca.nrw/
7   https://moodlenrw.de/
8   https://www.dh.nrw/
9   https://amh-ev.de/
10 https://hd-nrw.de/
11 https://barrierefreiheit.dh.nrw/
12 https://www.dghd.de/
13 https://mfl.cls.rwth-aachen.de/cms/cls-mfl/services-und-projekte/~xdtww/e-pruefungs-symposium/

Dies ermöglicht es, Lehrenden und Studierenden keine Insellösungen bieten zu müssen, sondern im Land, im Bund und im eigenen Haus abgestimmte, validierte und anerkannte Handlungsempfehlungen auf direktem Weg in die Beratungs- und Servicestruktur zu integrieren.

2.2   Ad-hoc-Angebote während der Pandemie

Durch die Ad-hoc-Digitalisierung der Lehre in der Corona-Pandemie wurde der Entwicklungsprozess weiter verstärkt und beschleunigt. Um den Bedarfen der Lehrenden entgegenzukommen, wurden durch das Team Digitale Lehre auf mehreren Ebenen Informations-, Beratungs- und Unterstützungsangebote geschaffen (Nieberle & Frey, 2021), beispielsweise ein Online-Ticketsystem, digitale Sprechstunden und Einzelberatungen zu unterschiedlichen Themen der digitalen Lehre etabliert. Parallel dazu fanden permanente Weiterentwicklungen und ein universitätsinterner Austausch mit Fächern, Fakultäten, Justiziariat, Diversity Policies und dem Inklusionsbüro etc. statt. Weiterhin wurden hochschulübergreifende Vernetzungen zu bekannten Akteuren, wie dem Netzwerk Hochschuldidaktik NRW, der Deutschen Gesellschaft für Hochschuldidaktik sowie dem Hochschulforum Digitalisierung ausgebaut und genutzt.

Hervorzuheben sind auch die didaktisch geleiteten Qualifizierungsangebote und Konzeptentwürfe der Hochschuldidaktik (beispielsweise pluspunkt.hd, Präsenz digital gestalten u.a.), die sich mit verstärktem Fokus auf digitale Lehre konzentrierten. Neben den didaktisch-methodischen Zugängen rund um Kernthemen wie Lehren und Lernen, Prüfen, Bewerten, Beraten etc. spiel(t)en Querschnittsthemen wie Digitalisierung, Diversity, Internationalisierung und Bildung für Nachhaltige Entwicklung (BNE) eine erhebliche Rolle in der hochschuldidaktischen Angebotsstruktur.

2.3 Ein „Single Entry Point" für alle und alles – Das Portal Digitale Lehre

Das vom Team Digitale Lehre entwickelte und im Frühjahr 2020 veröffentlichte „Portal Digitale Lehre"[14] beinhaltet umfassende Informationen und Beispiele zu den vielfältigen Ausprägungen von Lehren und Lernen in einer Kultur der Digitalität. Mit diesem „Single Entry Point" stellt das Team Digitale Lehre allen Hochschulangehörigen Hinweise und Anleitungen für den gezielten Einsatz von didaktischen Methoden und Werkzeugen im Internet zur Verfügung. Darunter z.B. Hinweise für die Gestaltung von Lernaktivitäten, kollaborativen Arbeitsweisen und vielfältig Lehr-Lernmaterialien im digitalen Raum. Weiterhin wurden neben eigenen Angeboten auch weitere in- und externe Veranstaltungs- und Qualifizierungsangebote zum Lehren und Lernen mit Digitalitätsbezug gesammelt und multipliziert.

Im Zuge eines umfassenden Relaunchs 2023 hat das Portal ein neues, benutzerfreundliches Design erhalten und bietet allen Hochschulangehörigen eine verbesserte Benutzbarkeit, barrierearme Zugänge sowie erweiterte Inhalte, die kontinuierlich aktualisiert werden. Das wachsende Portal bietet ein breites Spektrum an Informationen und Materialien, z.B. zu didaktischen Lehr-/Lernmethoden und -szenarien, digitalen Werkzeugen oder empfehlenswerter (freier) Software. Weitere Elemente sind Themen zu Prüfungen und Leistungskontrollen sowie Gestaltungsmöglichkeiten barrierefreier Lehre. Darüber hinaus stehen Materialien zur Selbstqualifizierung aus den Bereichen Mediendidaktik und E-Learning und Informationen zu Open Educational Resources zur Verfügung, die rechtssicher in der Lehre, in Präsenz sowie online eingesetzt werden können. Die unter einer offenen Lizenz stehenden Materialien können durch die Nutzer:innen unter den Bedingungen der Creative Common-Lizenz weiterentwickelt und verbreitet werden. Häufig nachgefragte Inhalte, z.B. zum Thema KI in der Hochschullehre, werden in Themenspecials vertieft.

---

14 https://digitale-lehre.uni-siegen.de/

2.4 Das Projekt „Digitalität menschlich gestalten"

Unter dem Titel „Hochschullehre durch Digitalisierung stärken" fördert die Stiftung Innovation in der Hochschule[15] seit dem 1. August 2021 das Projekt „Digitalität menschlich gestalten" (dime:US)[16] an der Universität Siegen. Die Aufgaben und Ziele des Projekts stellen in weiten Teilen eine starke Kongruenz zu den grundsätzlich angedachten mittel- und langfristigen Zielen des Teams Digitale Lehre dar, greifen auf diese zurück oder beziehen sie mit ein. Das dime:US-Projekt legt weitere Grundsteine für eine kollaborativ gesteuerte Gestaltung einer digitalen Lehr-Lernkultur und trägt somit zu einer kontinuierlichen Verbesserung des (digitalen) Lehrens und Lernens unter selbstverständlicher (Mit-)Nutzung von Digitalität in der Breite der gesamten Universität bei. Dies umfasst die Didaktik, Prozesse und Infrastruktur und insbesondere die Einbindung, Vernetzung, Interaktion und Kooperation von Studierenden, Lehrenden, Serviceeinrichtungen und Hochschulverwaltung auf Basis gemeinschaftlich entwickelter Handlungsprinzipien.

Durch das Projekt wird das Team Digitale Lehre strukturell stabilisiert und die Qualifizierungs- und Unterstützungsangebote werden maßgeblich erweitert. Die Projektmitarbeiter:innen setzen sich aus Expert:innen der zentralen Einrichtungen sowie der Fakultäten zusammen. Durch die direkte Zusammenarbeit mit den in den Fakultäten verorteten Projektmitarbeiter:innen wird die Schnittstellenarbeit dezentral erweitert. Sogenannte Kompetenzteams in den Fakultäten, bestehend aus interessierten Lehrenden und Studierendenvertreter:innen sowie den Digital Didactics Experts (Projektmitarbeiter:innen in den Fakultäten), sollen die individuellen Bedarfe der Fächerkulturen noch stärker berücksichtigen. Die gesammelten Bedarfe, Ideen und Vorschläge der fachlichen Kompetenzteams werden an das dime:US-Projekt und das Team Digitale Lehre zurückgespielt, gemeinsam analysiert und von den jeweiligen Fach- bzw. Themenexpert:innen behandelt.

---

15 https://stiftung-hochschullehre.de/
16 https://dime.uni-siegen.de/

Auf zentraler Ebene wurde darüber hinaus ein Innovationsteam unter der Leitung des Prorektorats Bildung etabliert, das die Qualitätsentwicklung innerhalb der Fakultäten begleitet und Innovationen für die gesamte Universität vorantreibt. Ein didaktischer Beirat aus Expert:innen anderer Hochschulen unterstützt den Paradigmenwechsel in der Lehre.

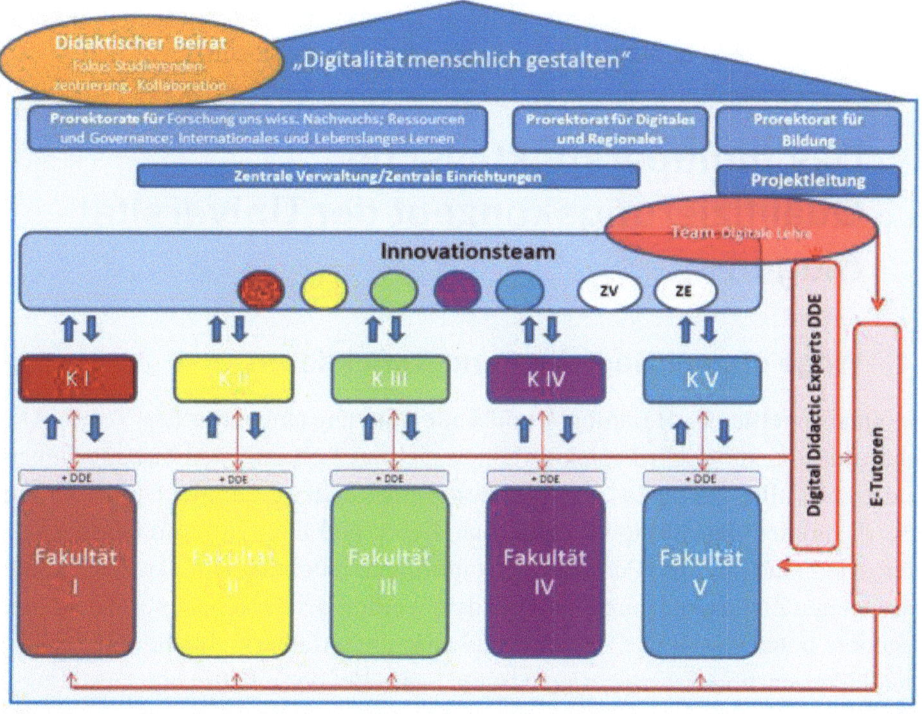

Abb. 1: Ulrike Hietsch Projekt „Digitalität menschlich gestalten" – Struktur und Erläuterungen (Auberger et al., 2021)

Das dime:US-Projekt engagiert sich in enger Kooperation mit dem Team Digitale Lehre aktiv in der Gestaltung von Experimentier- und Befähigungsräumen, die den Austausch und die Zusammenarbeit Lehrender und Lernender über Fach- und Statusgrenzen hinweg ermöglichen. Diese Räume werden sowohl als physische als auch virtuelle Bereiche konzipiert, darunter das technisch-didaktische Experimentierlabor „Digital Didactics Lab" (DDLab)[17], Online-Informationsportale und Austauschplattformen. Begleitet und flankiert werden diese offenen Angebote durch ein komplexes Unterstützungssystem, das eine Vielfalt an Beratungs-, Unterstützungs- und Qualifizierungsangeboten umfasst, die im Folgenden näher beleuchtet werden.

3 Das multiperspektivische Qualifizierungskonzept der Universität Siegen

3.1 Wege ebnen, Begleiten und Reflektieren

Die Qualifizierungs-, Beratungs- und Unterstützungsangebote des Teams Digitale Lehre und des dime:US-Projekts richten sich an Lehrende, Mitarbeiter:innen und Studierende aller Fakultäts- und Fachdisziplinen in der gesamten Breite der Universität, die an der Gestaltung von Hochschullehre und Digitalität im Bildungskontext interessiert sind und ihre Perspektiven einbringen möchten. Um den Bedarfen dieser heterogenen Zielgruppe gerecht zu werden, werden bei der Konzeption der einzelnen Angebote unterschiedliche Ausgangsniveaus sowohl überfachliche wie fachspezifische Interessen und Anforderungen mitgedacht. Bei der inhaltlichen Gestaltung wird ein ganzheitlicher Blick auf die komplexe Bandbreite der digitalen Lehr-Lernkultur geworfen, um sowohl grundlegende als auch individuelle und aktuelle Themen auf-

---

17 https://dime.uni-siegen.de/ddlab/

zugreifen. Durch die offene Konzeption haben Lehrende mit verschiedenen Erfahrungsniveaus im Bereich der digitalen Lehre die Möglichkeit, die für sie relevanten Elemente zur individuellen Unterstützung und Weiterentwicklung ihrer Lehrvorhaben zu nutzen.

Der so geschaffene Befähigungsraum umfasst organisatorische, infrastrukturelle und technische Maßnahmen sowie ein vielschichtiges Unterstützungssystem. Er kann von allen interessierten Lehrenden genutzt werden, um ihre Fragen rund um die digitale Lehre zu adressieren, sich mit anderen Interessierten und beteiligten Hochschulakteur:innen zu vernetzen und ihre eigenen Ideen experimentell zu erproben. Dafür werden physische und virtuelle Lern- und Arbeitsräume, Informationsportale und Austauschplattformen (wie z.B. das Digital Didactics Lab (DDLab), das Portal Digitale Lehre, das Lernmanagementsystem Moodle, der Good Practice Blog „Präsenz Digital Gestalten" u.a. geschaffen bzw. verstetigt, die niedrigschwellig und individuell bereitstehen.

Beim Aufbau der Unterstützungsstrukturen und bei der Gestaltung konkreter Angebote innerhalb des Befähigungsraums werden die folgenden Kategorien zugrunde gelegt:

Sensibilisieren: Entwicklung hochschulweiter und fakultätsspezifischer Konzepte, um Lehrende in den Prozess der Digitalität mit einzubeziehen und für die Poteniale digitaler Lehre zu sensibilisieren

Qualifizieren: Konzeption und Weiterentwicklung von Fortbildungsmodulen, Handreichungen und Empfehlungen

Ausstatten: Erstellung eines Anforderungsrahmens Technik, der die Bedarfe Lehrender und Studierender aufnimmt

Experimentieren: Entwicklung und Erprobung innovativer Lehr-Lernansätze im didaktisch-technisch betreuten Digital Didactics Lab (DDLab)

Begleiten: didaktisch-technisch begleitete Umsetzung entwickelter Formate

Coachen: individuelles Lehrcoaching und kollegiale Fallberatung

Austauschen & Kollaborieren: Aufbau einer Kommunikations- und Interaktionsplattform

Kontrollieren & Reflektieren: Review von und Feedback zu entwickelten digitalen Lehr-Lernansätzen

Evaluieren: Entwicklung eines umfassenden Prüfungskonzepts für elektronische Prüfungen und kompetenzorientierte Prüfungsformate[18]

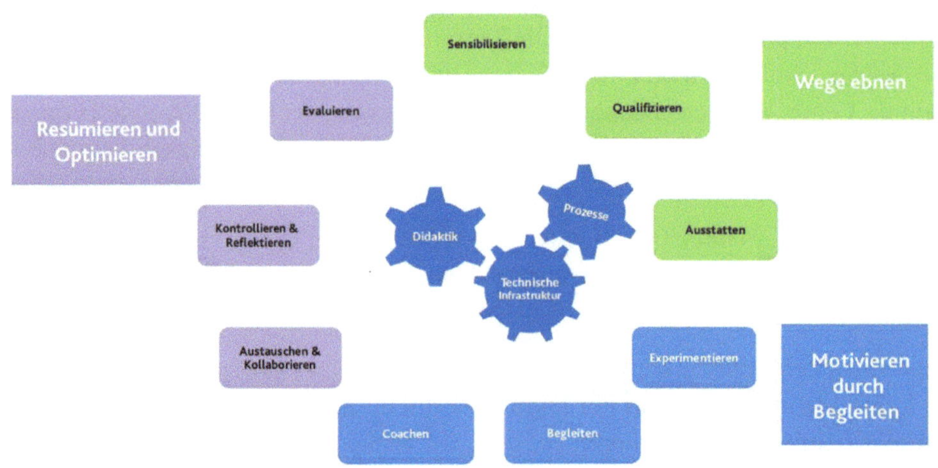

Abb. 2: Grafik der Unterstützungsstruktur des Projekts „Digitalität menschlich gestalten"

Für jeden dieser Kernbereiche werden Infrastrukturen bereitgestellt, Infomaterialien und Weiterbildungsformate erarbeitet und somit Voraussetzungen für die individuelle Erarbeitung digitaler Lehrformate geschaffen (vgl. Auberger et al., 2021, S. 1).

---

18 https://dime.uni-siegen.de/e-assessment/

Viele neu geschaffene Qualifizierungsangebote werden zunächst mit den (Projekt-)Mitarbeiter:innen erprobt. Dieses Vorgehen ermöglicht es, die Angebote in einem kollaborativen Prozess gezielt zu untersuchen und Schlüsse abzuleiten, wie die Qualifizierungsangebote und -Materialien für die Lehrenden noch effektiver gestaltet, bedarfsgerecht zugeschnitten und so ihre Qualität kontinuierlich gesteigert werden kann. Die Ergebnisse werden in verschiedenen Arbeitsgruppen zusammengeführt, Fokusthemen, Verbesserungsvorschläge und weitere Bedarfe abgeleitet und in die kontinuierliche Weiterentwicklung der Angebote überführt. Es handelt sich also um einen kontinuierlichen, selbstüberprüfenden und verbesserten Prozess, der die Entwicklung der digitalen Lehrkultur differenziert fördert (Auberger et al., 2021, S. 1).

Dies wird durch eine hochschulinterne Förder- und Anreizstruktur zur Förderung digitaler Formate ergänzt, um die Umsetzung digital angereicherter Lehre anzuregen und zudem die veränderte Wahrnehmung und Wertschätzung der Lehre zu verdeutlichen. Es werden insbesondere die Lehr-Lern-Projekte unterstützt, die einen positiven Beitrag zu den strategischen Prioritäten der Universität Siegen leisten. Als Beispiel seien hier die Förderlinien „Besser digital!" und „Besser innovativ" genannt[19]. Im Rahmen der Förderlinien vergibt die Kommission zur Qualitätsverbesserung in Studium und Lehre finanzielle Mittel zur Unterstützung von Pilotprojekten zur Entwicklung, Erprobung und Evaluation innovativer Lehr-, Lern- sowie Prüfungsformate, die zu einer Verbesserung der Hochschullehre in einer Kultur der Digitalität beitragen. Die Ergebnisse sollen, wo möglich, als OERs veröffentlicht und so der Fachöffentlichkeit zur Nachnutzung bereitgestellt werden. Durch die im Team Digitale Lehre verorteten OER-Expert:innen wird eine hausinterne Betreuung gewährleistet, die Lehrende bei der Erstellung, Lizenzierung und Distribution offener Lehr-Lernmaterialien unterstützt.

Die Qualifizierungsangebote sind weitestgehend anrechnungsfähig auf das Zertifikatsprogramm „Professionelle Lehrkompetenz für die Hochschule"[20], das sich u.a.

---

19 https://www.uni-siegen.de/start/die_universitaet/ueber_uns/qvm/projekte/digitale_lehre/
20 https://hd-nrw.de/qualifizierungsprogramm/

an den Qualitätsstandards des Netzwerks HD NRW und der Deutschen Gesellschaft für Hochschuldidaktik (dghd) orientiert.

Im Rahmen des Projekts dime:US etablierte das Zentrum zur Förderung der Hochschullehre hier einen zusätzlichen Vertiefungsschwerpunkt zur Digitalität[21]. Die in diesem Schwerpunkt anrechenbaren Veranstaltungen unterstützen Lehrende, ihre didaktischen Konzeptionen und Methoden gezielt auf Anreicherungsmöglichkeiten durch digitale Werkzeuge und Infrastrukturen auszurichten.

3.2 Formate und thematische Schwerpunkte

Die entwickelten Qualifizierungs- und Unterstützungsangebote bestehen aus einer vielfältigen Mischung von Workshops, Vorträgen, Sprechstunden und regelmäßig stattfindenden, moderierten Austausch- und Diskussionsformaten. Alle Angebote werden aus einer didaktisch und technisch kombinierten Perspektive konzipiert und folgen den im dime:US-Projekt formulierten Qualitätszielen der Studierendenzentrierung und Kompetenzorientierung. Für alle Einstiegsniveaus werden passende allgemein-hochschuldidaktische oder fakultäts- und fachspezifische Angebote gemacht und durch die entsprechenden Expert:innen des Teams Digitale Lehre und des dime:US-Projekts betreut und begleitet. Folgende Auswahl zeigt die Vielfalt der Themenschwerpunkte exemplarisch auf.

Erstellung und Distribution vielfältiger Lehr-Lern-Materialien

- Konzeption und Produktion von Videos, Screencasts und Podcasts, z.B. Videoschnitt, Aufnahmetechnik und Softwareauswahl, didaktische Gestaltung und Einsatzmöglichkeiten

- Konzeption und Produktion von Lehr-Lernmaterialien im Lernmanagementsystem Moodle, z.B. interaktive Materialien (H5P), Virtual Tours u.a.

---

21 https://zfh.uni-siegen.de/qualifizierung/qualifizierung/qualifizierung.html

- Umgang mit und didaktisch sinnvoller Einsatz von Whiteboards, z.B. Conceptboard, Taskcards u.a.

Feedback und Kommunikationsstrukturen

- Aufgabenstellungen und Feedback zwischen Lehrenden und Studierenden sowie Studierenden untereinander mit geeigneter Software

Kollaboratives Arbeiten

- Didaktische Konzeption, Organisation und Umsetzung von Aufgabenstellungen und Einsatz geeigneter Software, z.B. Sciebo, Etherpad, Moodle, Whiteboards u.a.

Aktivierende Methoden

- Vielfältige didaktische Methoden und geeignete Software

Lehrveranstaltungsplanung

- Anwendung des Constructive Alignment bei der Formulierung von Lehr-Lernzielen sowie bei der Auswahl von Lehr-Lernmethoden und geeigneten Prüfungsformaten

- Anwendung wesentlicher Planungsdimensionen für synchrone und asynchrone Phasen sowie Lernstandskontrollen und Learning Analytics

Hybride Lehre

- Auswahl und Verwendung geeigneter audio-visueller Medien, die die gleichwertige Teilnahme an allen Lehr-Lerninhalten ermöglichen

- Didaktische Hinweise zur Moderation und Ergebnissicherung

- Umgang mit hybriden Setups mit der vorhandenen Hörsaaltechnik

E-Assessment

- Umgang mit unterschiedlichen E-Prüfungsplattformen für die verschiedenen Fachkulturen

- Gestaltung von kompetenzorientierten E-Prüfungen

- Summative, diagnostische und formative Prüfungsverfahren und Selbsttests

Querschnittthemen

- OER: Gestaltung und Distribution freier Lern- und Lehrmaterialien mit einer offenen Lizenz

- Umgang mit den Herausforderungen und Chancen künstlicher Intelligenz in der Hochschullehre

- Informationskompetenz

- Bildung für nachhaltige Entwicklung

- Internationalisierung

Die selbstverantwortliche Aneignung von Wissen sowie der Transfergedanke stehen im Zentrum des Qualifizierungskonzepts. Die Qualifizierungs- und Unterstützungsmaßnahmen zielen darauf ab, erworbene Fähigkeiten, Kenntnisse und Kompetenzen entlang konkreter Lehrveranstaltungen erproben und umsetzen zu können. Diese Praxisorientierung wird durch verschiedene Methoden, wie praktische Übungen, Fallberatungen oder Projektarbeiten gewährleistet. Diese Ansätze fördern die Bereitschaft, das erworbene Wissen und die erlangten Fähigkeiten sowohl in bereits bekannten Situationen als auch in neuen Kontexten flexibel und situationsgerecht einzusetzen.

Weiterhin fördern systematische Reflexions- und Feedbackprozesse das Verständnis und die Entwicklung einer selbstregulierten Lernkompetenz. Zu diesem Zweck werden neben den Qualifizierungsangeboten auch hochschulinterne Vernetzungs- und Austauschformate organisiert und moderiert.

Dieser multiperspektivische Ansatz führt zu einer ganzheitlichen und vielseitigen Aneignung von Wissen und einem Transfer in die gesamte Breite der Hochschule.

Im Good-Practice-Blog „Präsenz digital gestalten"[22] können erprobte Lehr-Lernkonzepte und angewandte Methoden und Tools vorgestellt werden. Der Blog dient als Ideenpool und befördert ebenfalls den Austausch und die Vernetzung der Lehrenden.

Abschließend soll ein konkretes Beispiel die Multiperspektivität und Flexibilität der Qualifizierungs- und Unterstützungsstruktur verdeutlichen. In den Zeiträumen Februar/März bzw. August/September finden regelmäßige Onboarding-Workshops für neue Lehrkräfte statt. Diese Terminsetzungen ermöglichen es den Teilnehmer:innen, das Gelernte in ihre Lehrplanung und -gestaltung des kommenden Semesters zu integrieren. Der Workshop ist dem Anfänger-Niveau zugeordnet und beinhaltet grundsätzliche Informationen zu konsensuellen didaktischen Qualitätsmerkmalen und Konzepten, wie Studierendenzentrierung, Kompetenzorientierung, Constructive Alignment und der Veranstaltungsplanung. Weiterhin werden Methoden vorgestellt, die diese Qualitätsmerkmale fördern sowie Werkzeuge und technische Infrastrukturen, die eine Umsetzung im digitalen Raum begünstigen. Abschließend werden die Teilnehmer:innen mit der Unterstützungsstruktur und weiteren Angeboten der Universität vertraut gemacht. So entsteht ein individuelles Matching mit thematisch und fachlich versierten Ansprechpartner:innen. Der Onboarding-Workshop kann entweder als Einzelangebot wahrgenommen werden oder gleichzeitig als Auftakt einer Reihe und vertiefender Angebote. Diese Folge-Angebote finden semesterbegleitend statt und widmen sich der individuellen Betreuung der Teilnehmer:innen und geben diesen die Möglichkeit, anhand ihrer laufenden Lehrveranstaltungen Konzepte, Methoden und Lehrmaterialien zu entwickeln und zu optimieren. Konkret legen die Teilnehmer:innen hier für ihre aktuellen Veranstaltungen sowohl die Lernziele fest als auch die entsprechenden Prüfungsaufgaben und -formen, die diese Lernziele sinnvoll abfragen und bewerten sollen. Ebenso werden die Lehr-/Lernaktivitäten festgelegt, die das Wissen und die Kompetenzen schulen, welche in den Prüfungen erwartet werden.

---

22 https://pdg.zfh.uni-siegen.de/

Ein weiterer Schritt widmet sich der Auswahl und Anwendung digitaler Ressourcen zur Unterstützung und Umsetzung der festgelegten Lehr-/Lernaktivitäten. Dieser Qualifizierungsschwerpunkt orientiert sich an den Kompetenzbereichen des europäischen Rahmens für digitale Kompetenz von Lehrenden „DigCompEdu"[23]. Es werden sowohl die Chancen und Herausforderungen für Studierende als auch für die Lehrenden selbst in den Blick genommen. Dies schließt die Usability, den Kompetenzerwerb als auch die technischen und rechtliche Bedingungen, wie Lizenzierung und Datenschutz, ein. Weiterhin betrachtet werden die Umsetzungsbedingungen und Möglichkeiten digitaler Tools und Lernumgebungen sowohl in Präsenz- und Distanzformaten als auch in synchronen und asynchronen Arbeitsphasen. Die semesterbegleitenden Vertiefungsangebote werden durch das zentrale Serviceteam und bedarfsgerecht von entsprechenden fachbezogenen Hochschuldidaktiker*innen betreut.

4 Flexibel, individuell, vernetzt – Freiräume schaffen und Potenziale heben

Das multiperspektivische Konzept der Universität Siegen unterstreicht die Wichtigkeit der Schnittstellenarbeit bei der Ausgestaltung von Qualifizierungs- und Unterstützungsangeboten im Kontext des digitalen Lehrens und Lernens. Die kollaborative Infrastruktur zwischen den zentralen Serviceeinrichtungen einerseits und die dezentrale Erweiterung in die Fakultäten andererseits hat sich funktional bewährt und die geschaffenen Angebote werden verstärkt in Anspruch genommen. Das Ziel für die Zukunft ist die nachhaltige Stabilisierung dieser Strukturen. Dafür sollen beispielsweise „Didaktikpat:innen", d.h. versierte Lehrende und Mitarbeiter:innen in den Fakultäten, zum Einsatz kommen, die die entwickelten Angebote nachhaltig ver-

---

23 https://joint-research-centre.ec.europa.eu/system/files/2018-09/digcompedu_leaflet_de_2018-01.pdf

ankern. Mehrere zentrale Bestandteile der im Projekt dime:US sowie im Team Digitale Lehre entwickelten Strukturen werden verstetigt, darunter beispielsweise Anlaufstellen zum Thema E-Prüfungen, die Weiterführung der technisch-didaktischen Beratungsangebote sowie des DDLabs.

Die entwickelten Angebote zielen darauf ab, dass sich für Hochschulakteure aus allen Bereichen neue Räume für ihre berufliche und persönliche Weiterentwicklung eröffnen. Sie haben die Möglichkeit, ihre didaktischen und medientechnischen Kompetenzen zu erweitern und zukunftsgerichtet anzupassen. Denn wissenschaftliche Weiterbildung im Sinne von lebenslangem Lernen dient der Entwicklung des eigenen Potenzials, der Sicherung des Arbeitsplatzes und der beruflichen Karriere. Vielfältige Lernformen und -formate spielen eine entscheidende Rolle dabei, dass sich individuell passgenaue Lernpfade entwickeln lassen. Die Möglichkeit, anerkannte Zertifikate zu erwerben, stellt für die Teilnehmer:innen und ihre Karriereplanung einen Anreiz dar.

Diese neuen Formen der Weiterbildung sollen künftig zu einem integralen Bestandteil der Hochschulstrategie werden. Sie tragen zur Profilbildung bei, indem sie neben der professionellen Entwicklung des Personals automatisch auch die Anpassungsfähigkeit der Hochschule an sich rasch wandelnde gesellschaftliche und technologische Anforderungen stärken. So kann auf aktuelle Entwicklung wie beispielsweise den vermehrten Einsatz von künstlicher Intelligenz in der Lehr-Lernkultur sinnvoll reagiert und Hochschulakteure können befähigt werden, mit diesen Herausforderungen umzugehen. Die Innovationskraft innerhalb der Hochschule wird bewusst gestärkt, indem neue Lehr-Lernmethoden integriert werden.

Die vielfältigen Impulse, die in den vergangenen Semestern gesetzt wurden, fließen in die systematischen Planungen und beispielsweise auch in die Reakkreditierungsprozesse der Studiengänge ein. Digitale Lehr-Lernformate sowie der Fokus auf digitale Kompetenzen können in bestehende Curricula oder neue Studienmodelle integriert werden, sodass sichergestellt wird, dass diese den aktuellen Anforderungen entsprechen. Durch die Beteiligung an Netzwerken und Kooperationen auf Landes- und Bundesebene sowie an neuen Projekten und Initiativen wird die Hochschule auch weiterhin die wertvollen Synergien nutzen und gemeinsam innovative Lösungen entwerfen.

Ein weiteres Ziel ist außerdem, dass die erfolgreichen Strategien nicht nur innerhalb der Universität nachhaltig wirken, sondern auch in die Region und die Gesellschaft. Qualifizierte Mitarbeitende der Hochschule werden zu Multiplikator:innen in der Gesellschaft. Die regionale Verankerung der Universität und ihre gesellschaftliche Orientierung kann beispielsweise durch eine Intensivierung der Kooperation mit Schulen und anderen Bildungseinrichtungen sowie der Etablierung gemeinsamer Bildungsangebote gestärkt werden. Ebenso können Partnerschaften mit lokalen Unternehmen dazu beitragen, praxisorientierte Lehrinhalte und Forschungsprojekte zu entwickeln, die den Bedürfnissen des regionalen Arbeitsmarktes entsprechen. Durch mehr öffentliche Workshops und Veranstaltungen kann die breite Öffentlichkeit adressiert werden, um das Bewusstsein für digitale Bildung und Innovation zu stärken und die lokale Bevölkerung in die Weiterentwicklung digitaler Projekte einzubeziehen. Hierzu bietet sich der Aufbau regionaler Netzwerke an, die verschiedene Bildungsakteure, Unternehmen und zivilgesellschaftliche Organisationen miteinander verbinden.

Der an der Universität Siegen entwickelte integrative Ansatz kann für andere Hochschulen eine wertvolle Blaupause sein. Der Übergang von der Digitalisierung zur Digitalität betont eine tiefgreifende Veränderung der Lehr-Lernkultur, die den gesamten Bildungsbereich betrifft. Die Einrichtung eines zentralen, breit vernetzten Support Teams (vgl. Teams Digitale Lehre) bildet eine wichtige Grundlage für die strukturelle Stabilisierung dieser Weiterentwicklungen. Andere Hochschulen können von den Erfahrungen und Good Practices der Universität Siegen profitieren und diese für ihren Kontext adaptieren. Die Betonung von selbstorganisiertem, kompetenzorientiertem und interdisziplinärem Lehren und Lernen reflektieren den aktuellen didaktischen Diskurs und kommt den Bedürfnissen und Erwartungen einer modernen Studierendenschaft entgegen.

5 Literaturverzeichnis

Auberger, T., Dreher, R., Hahm, O., Hietsch, U., & Müller, M. (2021). *Digitalität Menschlich Gestalten.* In Stiftung Innovation in der Hochschule. Förderbekanntmachung 2020. Digitalisierung stärken. Nicht veröffentlicht.

Downes, S. (2017). New Models of Open and Distributed Learning. In M. J. Kinshuk & M. Khribi (Hrsg.), *Open Education: from OERs to MOOCs. Lecture Notes in Educational Technology.* Springer. https://doi.org/10.1007/978-3-662-52925-6_1

Froitzheim, M. (2022). *Ein interaktives Schulbuch aus fachdidaktischer Perspektive.* LIT Verlag.

Hahm, O. (2021). Vom Warm-up in den Stillstand, vom Sprint in den Ausdauerlauf. Entwicklung der Digitalen Lehre an der Universität Siegen. In G. Hoch (Hrsg.), *Stillstand* (S. 285–296). V & R unipress.

Harris-Huemmert, S., Pohlenz P., & Mitterauer L. (2018). *Digitalisierung der Hochschullehre – Neue Anforderungen an die Evaluation?* Waxmann Verlag. https://www.waxmann.com/waxmann-buecher/?tx_p2waxmann_pi2%5bbuchnr%5d=3807&tx_p2waxmann_pi2%5baction%5d=show

Gerholz, K.-H. (2018). Digitale Transformation und Hochschullehre. In S. Harris-Hümmert, P. Pohlenz & L. Mitterauer (Hrsg.), *Digitalisierung und Hochschullehre. Neue Anforderungen an die Evaluation?* (S. 41–56). Waxmann.

Handke, J. (2020). *Handbuch Hochschullehre digital: Leitfaden für eine moderne und mediengerechte Lehre.* Tectum Verlag.

Lehner, M. (2018). Lehren und Lernen an der Hochschule der Zukunft. In U. Dittler & C. Kreidl (Hrsg.), *Hochschule der Zukunft* (S. 166–185). Springer VS. https://doi.org/10.1007/978-3-658-20403-7_10

Kerres, M. (2018). *Mediendidaktik: Konzeption und Entwicklung digitaler Lernangebote.* De Gruyter.

Nieberle, KW., & Frey, D. (2021). Innovationen in der Hochschullehre: Wie können Lehrende begeistern und überzeugen?. In D. Frey & M. Uemminghaus (Hrsg.), *Innovative Lehre an der Hochschule* (S. 104–119). Springer. https://doi.org/10.1007/978-3-662-62913-0_6

Pham, H., Uemminghaus, M., Wiesbeck, A., & Frey, D. (2021). Organisationsentwicklung für die universitäre Lehre: Das Multiplikatoren-Programm der Ludwig-Maximilians-Universität. In D. Frey & M. Uemminghaus (Hrsg.), *Innovative Lehre an der Hochschule*. Springer. https://doi.org/10.1007/978-3-662-62913-0_1

Ricken, J. (2011). *Universitäre Lernkultur*. VS Verlag für Sozialwissenschaften. https://doi.org/10.1007/978-3-531-92628-5_3

Stalder, F. (2016). *Kultur der Digitalität*. Suhrkamp.

Weber, T. (2011). Wissensvermittlung in medialer Transformation. In T. Meyer, WH. Tan, C. Schwalbe & R. Appelt (Hrsg.), *Medien & Bildung*. VS Verlag für Sozialwissenschaften. https://doi.org/10.1007/978-3-531-92082-5_2

Anne Jantos[1], Lydia Kilz[2] & Maike Krohn[3] (Dresden)

„Führerschein für Digitalkompetenzen": Vorstellung und Evaluation eines interdisziplinären Virtual Collaborative Learnings

Zusammenfassung

Dieser Entwicklungsbeitrag beschreibt das Konzept, die Durchführung und Evaluation des Kurses „Führerschein für Digitalkompetenzen" an der Technischen Universität Dresden, der Studierende auf die digitalisierte Arbeitswelt vorbereitet. Der Kurs fördert digitale Kompetenzen nach dem EU-DigComp 2.2 sowie interdisziplinäre Teamarbeit durch Virtual Collaborative Learning (VCL), das problembasiertes und lernendenzentriertes Lernen ermöglicht und auf einer speziell entwickelten Fallstudie basiert. Die Evaluationsergebnisse zeigen positive Veränderungen in den allgemeinen und digitalen Kompetenzen der Studierenden und werden im Kontext der Hochschulentwicklung interpretiert.

Schlüsselwörter

Digitalkompetenzen, Virtual Collaborative Learning, Lehrinnovation, problembasiertes Lernen, interdisziplinäre Lernformate

---

1 Corresponding author; TU Dresden; anne.jantos@tu-dresden.de; https://tud.link/7pxc81; ORCiD 0009-0009-9657-8854
2 TU Dresden; lydia.kilz@tu-dresden.de; https://tud.link/7pxc81; ORCiD 0009-0007-9397-2085
3 TU Dresden; maike.krohn@tu-dresden.de; https://tud.link/7pxc81

https://doi.org/10.21240/zfhe/19-2/08

Anne Jantos, Lydia Kilz & Maike Krohn

"Digital Competence License": Presentation and evaluation of an interdisciplinary virtual collaborative learning

Abstract

This paper describes the design, implementation and evaluation of the "Digital Competence License" course at the Dresden University of Technology, which aims to prepare students for the demands of a digitalised working world. The course promotes digital competences in accordance with the EU-DigComp 2.2, as well as interdisciplinary teamwork through Virtual Collaborative Learning (VCL), which enables problem-based and learner-centred learning and is based on a specially developed case study. The evaluation results show positive changes in students' general and digital competences and are interpreted in the context of university development.

Keywords

digital competences, virtual collaborative learning, educational innovation, problem-based learning, interdisciplinary learning formats

1 Motivation

Hochschulabsolvent:innen müssen über digitale Kompetenzen sowie Kompetenzen für interkulturelle und kollaborative Teamarbeit verfügen, um den Anforderungen der globalisierten und digitalisierten Arbeitswelt gerecht zu werden (Drachsler et al., 2021; Raman & Rathakrishnan, 2019; Auer et al., 2023). Diese Anforderungen spiegeln die dynamischen sozialen Transformationsprozesse sowie die vielfältigen gesellschaftlichen Ansprüche wider, die von den Hochschulen nicht nur beobachtet, sondern aktiv gestaltet werden sollten (Pausits, 2015). Allerdings wird an deutschen Hochschulen nach wie vor überwiegend auf die Präsenzlehre gesetzt, was nur eine unzureichende Ausbildung dessen gewährleistet (Kienzler et al., 2023; Hense et al., 2023; Döbler, 2019). Im Rahmen des Projektes virTUos an der Technischen Universität Dresden wurde ein Virtual-Collaborative-Learning-Kurs entwickelt, der unter dem Namen „Führerschein für Digitalkompetenzen" angeboten wird. Dieser wird studiengangsübergreifend als allgemeine Qualifizierungsmaßnahme durchgeführt und adressiert die von dem europäischen Kompetenzframework (DigComp 2.2) definierten Digitalkompetenzbereiche (Vuorikari et al., 2022). Im Rahmen des virTUos-Projekts werden innovative Lehr-Lernszenarien erprobt und teilweise als Qualifizierungsmaßnahmen angeboten. Das Projekt und der darin stattfindende Kurs leisten somit einen Beitrag zur Förderung des lebenslangen Lernens durch hochschuldidaktische Weiterbildung (Kil & Keser Aschenberger, 2017; Keser Aschenberger, Kil & Löffler, 2020).

Der vorliegende Entwicklungsbeitrag erläutert, wie digitale Kompetenzen in der Hochschullehre mithilfe eines Virtual-Collaborative-Learning-Arrangements ausgebaut werden können, um gesellschaftlichen Anforderungen gerecht zu werden. Der „Führerschein für Digitalkompetenzen" sowie die Ergebnisse der umfassenden Evaluation werden dabei im Detail präsentiert. Es wird aufgezeigt, wie der Erwerb von Digitalkompetenzen durch eine speziell entwickelte Fallstudie angeregt und zu verschiedenen Zeitpunkten gemessen wurde. Die Evaluationsergebnisse geben Aufschluss über die Wirksamkeit, Relevanz und Verbesserungspotenziale des Kurses. Die Untersuchung der Auswirkungen auf die Studierenden ermöglicht dabei eine gezielte Iteration des Lernangebots und liefert Hinweise für zukünftige Angebote. Daher werden im Folgenden die theoretischen Grundlagen des Virtual Collaborative Learning und die Kompetenzbereiche des DigComp 2.2 dargestellt. Darauf aufbauend erfolgt eine detaillierte Beschreibung des Kurses sowie die Darstellung der Evaluationsergebnisse.

Dieser Beitrag soll somit aufzeigen, wie hochschuldidaktische Weiterbildung durch innovative Formate wie das Virtual Collaborative Learning nicht nur zur individuellen Kompetenzentwicklung von Studierenden, sondern auch zur umfassenden Hochschulentwicklung beitragen kann.

2 Theoretische Grundlagen

2.1 Virtual Collaborative Learning

Es ist essenziell, aktives, ganzheitliches und speziell problembasiertes Lernen zu fördern, um die notwendigen Kompetenzen für eine selbstorganisierte und sachgemäße Bewältigung beruflicher Anforderungen im digitalen Zeitalter zu entwickeln (Altmann et al., 2024). Das Format des Virtual Collaborative Learnings (VCL) ist eine pädagogische Methode, die auf dem problemorientierten Lernen anhand authentischer Fallstudien basiert und sich damit besonders gut zur Förderung dieser Lernprozesse eignet (Altmann et al., 2024). In diesem Format arbeiten die Studierenden in möglichst heterogenen Gruppen kollaborativ und in einer virtuellen Umgebung zusammen, um Lösungen für die präsentierten Herausforderungen innerhalb der Fallstudie zu entwickeln (Balázs, 2004). Somit erfordert die Gestaltung einer VCL die Berücksichtigung von vier miteinander verknüpften Designdimensionen: realistische Fallstudien, technische Plattform, professionelle pädagogische Unterstützung sowie Learning Analytics (Altmann et al., 2024; Jödicke et al., 2014). VCL-Projekte erstrecken sich in der Regel über einen Zeitraum von drei bis acht Wochen, in denen synchrone und asynchrone Lernphasen integriert werden und dadurch ein hohes Maß an Flexibilität ermöglicht wird (Balázs, 2004; Schoop et al., 2021;

Schoop et al., 2006). Der Erwerb von digitalen Kompetenzen wird durch VCL erleichtert, indem es den Studierenden ermöglicht, interdisziplinäre Fähigkeiten wie Kommunikation und Problemlösung in virtuellen Umgebungen anzuwenden und ihre individuellen Fähigkeiten in einem teamorientierten Kontext zu integrieren und gleichzeitig interkulturelles Bewusstsein zu fördern (Altmann et al., 2024). Abbildung 1 zeigt den Prozess des VCL beispielhaft:

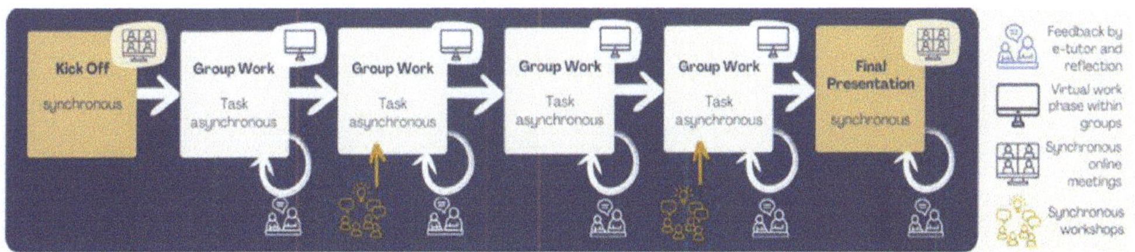

Abb. 1: Exemplarischer Ablauf einer VCL nach Altmann et al., 2024

Dabei beginnt das Format mit einer synchronen Kick-off-Veranstaltung, in der die Grundlagen und Erwartungen an die Studierenden präsentiert und die Gruppen zugeordnet werden. Danach startet direkt die Gruppenarbeit. Dafür erhalten die Gruppen, je nach Kursdauer, in regelmäßigen Abständen eine „Task", die spezifische Herausforderungen und Aspekte innerhalb der Fallstudie adressiert. Nach jeder abgeschlossenen „Task" wird den Studierenden gruppenspezifisches Feedback gegeben. Der VCL-Kurs wird durch die Abgabe der letzten „Task" und der damit einhergehenden Abschlusspräsentation beendet. Im Verlauf dieses Beitrags wird der VCL-Kurs „Führerschein für Digitalkompetenzen" näher beschrieben. Dieser adressiert die Digitalkompetenzbereiche des DigComp 2.2, welche im Folgenden vorgestellt werden.

2.2 EU-Referenzrahmen für digitale Kompetenzen (DigComp 2.2)

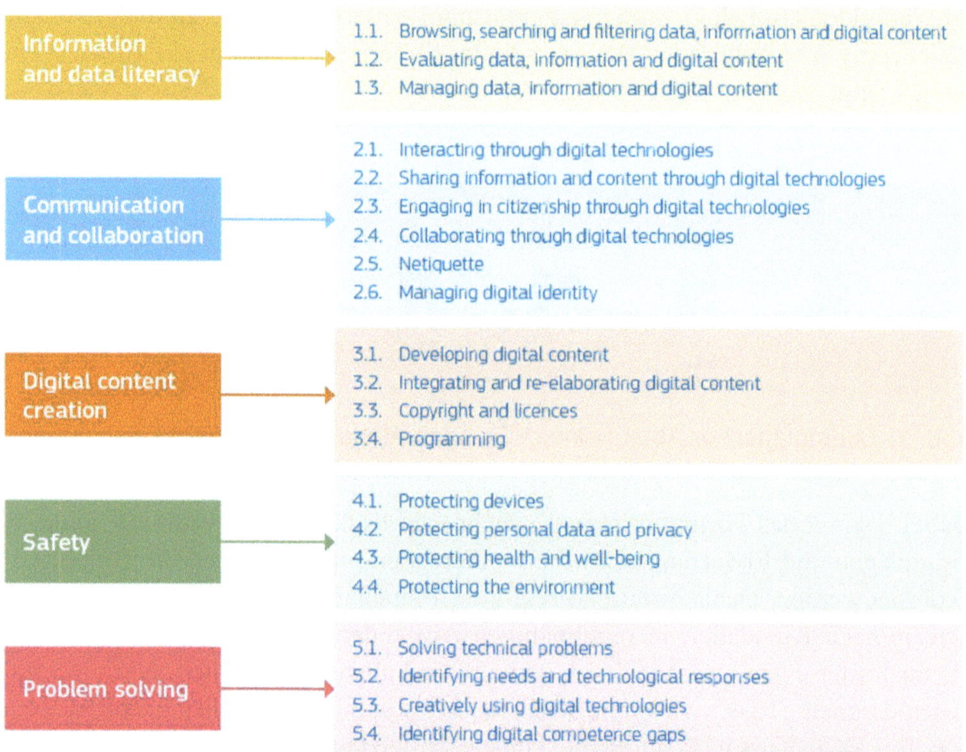

Abb. 2: Kompetenzbereiche des DigComp 2.2 nach Vuorikari et al., 2022

Der DigComp 2.2 wurde als zentrales Instrument konzipiert, um die EU-Ziele in Bezug auf die Qualifizierung der gesamten Bevölkerung im Bereich der digitalen Kompetenzen zu erreichen (Vuorikari et al., 2022). Dabei strukturiert der DigComp 2.2 digitale Kompetenzen in fünf Bereiche (vgl. Abb. 2), die im Folgenden dargestellt werden. Diese Struktur ermöglicht Bildungseinrichtungen und politischen Entscheidungsträgern, gezielte Maßnahmen zur Förderung digitaler Kompetenzen zu entwickeln und umzusetzen (Vuorikari et al., 2022). Die fünf Bereiche des DigComp 2.2 bilden daher einen Rahmen, um den unterschiedlichen Anforderungen der digitalen Gesellschaft gerecht zu werden und auch lebenslanges Lernen zu unterstützen (Vuorikari et al., 2022).

Dabei ist die *Informations- und Datenkompetenz* die Fähigkeit, relevante Informationen zu durchsuchen und kritisch zu bewerten (Vuorikari et al., 2022). Anwender:innen soll ermöglicht werden, verlässliche Quellen zu nutzen und fundierte Entscheidungen zu treffen (Vuorikari et al., 2022). Ein weiterer Kompetenzbereich ist die *Kommunikation und Zusammenarbeit*. Hierbei wird die Fähigkeit ausgebaut, durch digitale Technologien effektiv zu interagieren, Inhalte zu teilen sowie die Vernetzung und den Austausch mit anderen zu unterstützen (Vuorikari et al., 2022). Der Kompetenzbereich *Digitale Erstellung von Inhalten* beschreibt die Entwicklung und Integration von digitalen Inhalten in verschiedenen Formaten, mit denen Anwender:innen ihr Wissen und erarbeitete Erkenntnisse effektiv kommunizieren (Vuorikari et al., 2022). *Sicherheit* meint Informations- und Datensicherheit im digitalen Umfeld als einen zentralen Aspekt für den Schutz von Geräten, persönlichen Daten, Privatsphäre, Gesundheit und Umwelt (Vuorikari et al., 2022). Der fünfte Kompetenzbereich *Problemlösung* umfasst das Finden von technischen Lösungen, die Identifizierung individueller Bedürfnisse und die kreative Anwendung digitaler Technologien (Vuorikari et al., 2022).

Um innerhalb des VCL-Kurses den Erwerb digitaler Kompetenzen basierend auf dem DigComp 2.2 gezielt zu adressieren, wurde eine Fallstudie, basierend auf didaktischen Design-Patterns (Jantos, 2024b) konzipiert. Im Folgenden soll daher das Kurskonzept zum „Führerschein für Digitalkompetenzen" vorgestellt werden. Dieser Kurs stellt eine Qualifizierungsmaßnahme für grundlegende digitale Schlüsselkompetenzen anhand des DigComp 2.2 für Studierende der Technischen Universität Dresden dar.

3 „Führerschein für Digitalkompetenzen"

Das Konzept des Kurses „Führerschein für Digitalkompetenzen", inklusive der Fallstudie, wurde in einem iterativen Design-Prozess mit mehrfachen Feedbackschleifen durch VCL-Expert:innen (Jantos, 2024a; Jantos, 2024b; Altmann et al., 2024) und Studierende mit dem Students-as-Partners-Ansatz zur systematischen Einbeziehung der Studierendenperspektive (Weimann-Sandig, 2023; Jantos et al., 2024; Jantos & Langesee, 2023) entwickelt. Der Kern des Kurses liegt in der Bearbeitung von praxisnahen, unstrukturierten Aufgaben, die auf einer umfassenden Fallstudie basieren. Diese Fallstudie beleuchtet die Digitalisierungsinitiativen der hypothetischen FABE University, einer Bildungseinrichtung, die sich zum Ziel gesetzt hat, mit den aktuellen Entwicklungen in der digitalen Bildung Schritt zu halten. Die Studierenden werden in heterogene Gruppen eingeteilt und erhalten alle zwei Wochen eine neue Aufgabe, die spezifische Herausforderungen und Aspekte der Digitalisierung im Bildungsbereich behandelt. Die Aufgaben sind so konzipiert, dass sie die Studierenden dazu anregen, sich in die Rolle von Entscheidungsträger:innen der FABE University zu versetzen. Dies ermöglicht eine praxisnahe Auseinandersetzung mit realen Herausforderungen, wie der Integration digitaler Lehr- und Lernmittel, der Schaffung einer geeigneten Infrastruktur für virtuelle Zusammenarbeit und der Entwicklung von innovativen Lehrmethoden im digitalen Kontext. Die Aufgaben erfordern nicht nur fachspezifisches Wissen, sondern auch die Zusammenarbeit verschiedener Disziplinen innerhalb der Gruppen. Die interdisziplinäre Struktur jeder Gruppe fördert den Austausch unterschiedlicher Perspektiven und die Integration verschiedener Kompetenzen. Dieser kollaborative Ansatz ermöglicht es den Studierenden, ganzheitliche Lösungsansätze zu entwickeln, die die Komplexität der digitalen Transformation im Bildungsbereich berücksichtigen. Obwohl die Fallstudie im Kontext dieses Kurses spezifisch auf die Hochschullehre sowie die Weiterentwicklung und Implementierung digitaler Formate ausgerichtet ist, bietet sie den Studierenden die Möglichkeit, selbstständig Strukturen zu schaffen und komplexe Probleme zu lösen, was auch in der späteren Berufswelt von großer Bedeutung ist.

3.1 Aufbau und Organisation

Der Kurs „Führerschein für Digitalkompetenzen" ist ein fakultätsübergreifendes Qualifizierungsangebot, das mit 5 ECTS und einem Zertifikat abgeschlossen wird. Studierende aller Fakultäten können sich einschreiben. Alle zwei Wochen erhalten die Gruppen eine „Task", deren Ergebnisse sie durch Artefakte und eine umfassende Reflexion präsentieren. In einem Video oder Text geht die gesamte Gruppe dabei auf den empfundenen Erfolg und Misserfolg ein und schlussfolgert Verhaltensänderungen für die nachfolgenden Aufgaben. Nach jeder Abgabe erhalten die Studierenden konstruktives Feedback von den Lehrenden, das auf Inhalt, Analyse, Innovationsfähigkeit und Reflexion abzielt. Zusätzlich gibt es Peer-Feedback zur Förderung der Teamarbeit und Selbstreflexion, unterstützt durch Rubric-Matrizen, die für die jeweiligen Artefakte kreiert wurden (Andrade, 2010, 2019; Panadero et al., 2018; Jantos, 2024b). Lehrende stehen für individuelle Konsultationen zur Verfügung, um inhaltliche und organisatorische Fragen zu klären. Der Austausch erfolgt über MS Teams, das sowohl für die Aufgabenorganisation als auch für den kontinuierlichen Austausch genutzt wird. Die digitale Plattform ermöglicht eine zeit- und ortsunabhängige Zusammenarbeit, was den Studierenden Flexibilität in ihrer Arbeitsweise bietet. Zusätzlich spielt das Miro-Board eine zentrale Rolle in der Organisation und Darstellung des Kurses. Dieses digitale Whiteboard bietet den Studierenden einen interaktiven Raum, in dem die FABE University und die einzelnen Aufgaben detailliert vorgestellt werden. Das Miro-Board fungiert als zentrale Informationsplattform, auf der die Studierenden die virtuelle Präsenz der FABE University erkunden können.

3.2 Beschreibung der Aufgaben

Der „Führerschein für Digitalkompetenzen" besteht aus sechs verschiedenen Tasks, die jeweils einen anderen Herausforderungsschwerpunkt innerhalb der Fallstudie behandeln. Die erste „Task" ist inhaltlich losgelöst von der Fallstudie. Denn hier geht es darum, dass die einzelnen Gruppen einen *Gruppenvertrag* für ihre Zusammenarbeit erstellen. Dabei definieren sie Regeln, die ihre Gruppenarbeit für den VCL-Prozess strukturieren. Es sollen Rollen, Erwartungen und/oder auch zeitliche Verfügbarkeiten festgelegt werden. Dadurch kann die Effizienz der Gruppenarbeit gesteigert werden. Mit der zweiten „Task" steigen die Gruppen inhaltlich in die Fallstudie ein, indem sie zunächst eine *Stakeholder-Analyse* der FABE University durchführen. Die Gruppen übernehmen die Rolle der E-Learning-Expert:innen, um das Rektorat der FABE University in Bezug auf die neuen Herausforderungen der Digitalisierung zu beraten. Dafür nehmen sie eine systematische Bewertung aller relevanten Interessensgruppen oder AkteurInnen vor, die betroffen sein könnten. Die dritte „Task" schließt mit einer *Opportunity-Analyse* an, bei der die Gruppen einen Blogbeitrag über die Chancen und Herausforderungen durch digitale Technologien sowie Planung von Investitionen, die erforderlich für die FABE University sind, verfassen. Für die vierte „Task" steigen die Studierenden mehr in das Thema der digitalen Transformation ein, indem sie eine *Infografik* erstellen, die die wichtigsten „21st-century skills" im Zeitalter der digitalen Transformation zeigt. Die Infografik soll verdeutlichen, wie diese Fähigkeiten aufeinander aufbauen, interagieren und sich vielleicht auch überschneiden. Im Kontext der Fallstudie integrieren die Studierenden ihre vorherigen Ergebnisse und erstellen diese Infografik zur Verbreitung innerhalb der FABE University. Für die fünfte „Task" wurden die jeweiligen Gruppen in ihrer Rolle als E-Learning-Expert:innen eingeladen, für das Campus-Radio der FABE University in einem *Podcast* über die Vor- und Nachteile von KI in der Hochschullehre zu diskutieren. Die sechste „Task" ist bewusst offen, damit die Studierenden sich ihre eigenen Schwerpunkte innerhalb der Fallstudie setzen und Inhalte bearbeiten können, die für sie noch offengeblieben sind.

4 Evaluation

Der „Führerschein für Digitalkompetenzen" wurde im Wintersemester 2023/2024 als Pilot durchgeführt. Insgesamt nahmen am Pilotkurs 14 Studierende aus den Bereichen Geistes- und Sozialwissenschaften, Wirtschaftswissenschaften und verschiedenen Ingenieursbereichen teil. Diese wurden in vier überwiegend heterogenen Gruppen aufgeteilt. Der Kurs wurde nach Abschluss durch einen sequenziellen Mixed-Methods-Ansatz (Creswell & Plano Clark, 2017) untersucht und evaluiert. Dafür wurde zunächst eine teil-standardisierte Erhebung mittels Online-Fragebogen durchgeführt, um die selbsteingeschätzten Digitalkompetenzen der Teilnehmenden zu erfassen. Der Fragebogen orientierte sich eng an Salas Velasco (2014) und spiegelt diese Perspektive wider, indem der Online-Fragebogen auf den von Salas Velasco (2014) identifizierten Schlüsselkompetenzen für die Jobbereitschaft basierte. Diese Selbsteinschätzung erfolgte zu drei Zeitpunkten des Kurses; zu Beginn, währenddessen und nach Beendigung des Kurses. Dadurch sollte eine Veränderung der selbsteingeschätzten Kompetenzen sichtbar gemacht werden. Zusätzlich wurde nach Abschluss des Kurses die empfundene Wirkung dessen auf die Kompetenzbereiche des DigComp 2.2 (Vuorikari et al., 2022) festgehalten. Nach Beendigung des Kurses wurden Fokusgruppeninterviews durchgeführt. Die Interviews ermöglichten dabei eine tiefgehende Exploration individueller Erfahrungen, Einstellungen und Meinungen der Teilnehmenden und boten einen tieferen Einblick in die Wirksamkeit des Kurses. Da es sich um einen Entwicklungsbeitrag handelt, liegt der Fokus nicht auf wissenschaftlicher Generalisierbarkeit, sondern auf der praxisorientierten Weiterentwicklung des Kurses und möglichen Implementierungsansätzen für die Hochschullehre.

4.1 Kompetenzentwicklung der Studierenden

13 der 14 Teilnehmenden des Kurses nahmen an der Online-Befragung via LimeSurvey teil. Dabei schätzten die Studierenden die aufgezeigten Fähigkeiten auf einer Skala von 1 (sehr niedrig) bis 7 (sehr hoch) selbst ein. Die Daten wurden deskriptiv

ausgewertet. Es zeigt sich eine allgemeine Verbesserung über alle Fähigkeiten hinweg. Abbildung 3 zeigt die Entwicklung als Netzdiagramm:

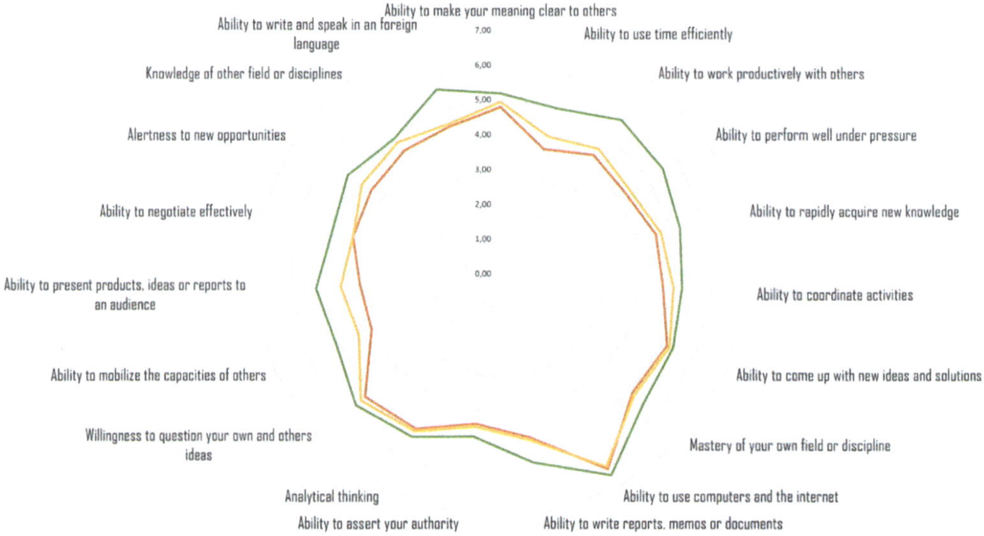

Abb. 3: Entwicklung der Fähigkeiten (rot=davor; gelb=während; grün=danach) (eigene Darstellung; © ⊕ Jantos et al.)

Die Ergebnisse zeigen, dass sich die Fähigkeit, Aktivitäten zu koordinieren (4,6→5,2) sowie die Fähigkeit, mit anderen produktiv zu arbeiten (4,3→5,6), verbessert haben. Die Fähigkeit, die Kapazitäten anderer zu mobilisieren, stieg von 4,0 auf 5,1. Weitere Fähigkeiten zeigten ebenfalls Verbesserungen, beispielsweise die Fähigkeit, unter Druck gut zu performen (4,2→5,5) und die Fähigkeit, schnell neues Wissen zu erwerben (4,5→5,3). Es ist zu beobachten, dass die Fähigkeit, Computer und Internet zu nutzen, nur eine geringe Zunahme von 6,4 auf 6,6 aufweist. Dies könnte darauf hindeuten, dass die Studierenden bereits über ein hohes Fähigkeitsniveau in diesem Bereich verfügten und eine gewisse Sättigung erreicht wurde. Zudem könnten sie ihre Fähigkeiten im Umgang mit digitalen Medien durch die intensivere Beschäftigung während des Kurses kritischer hinterfragt und Wissenslücken erkannt haben. Die Fähigkeit, effektiv zu verhandeln, bleibt mit einem Wert von 4,3 unverändert. Dies lässt den Schluss zu, dass der Kurs in diesem Bereich keinen Einfluss hatte oder dass die Teilnehmenden in dieser Fähigkeit bereits stark waren. Die Daten lassen insgesamt darauf schließen, dass der Kurs positive Auswirkungen auf die Entwicklung der Fähigkeiten der Teilnehmenden hatte.

Darüber hinaus wurde der empfundene Einfluss des Kurses auf die Entwicklung der Kompetenzen des DigComp 2.2 (Vuorikari et al., 2022) eruiert. 12 der 14 Teilnehmenden beantworteten diesen Online-Fragenbogen via LimeSurvey. Hierbei wurden alle Kompetenzbereiche mit ihren Unterkategorien des DigComp 2.2 aufgelistet. Die Studierenden sollten auch hierbei wieder selbst einschätzen, inwiefern (negativ bis positiv) die aufgelisteten Kompetenzen durch den Kurs beeinflusst wurden. Die Ergebnisse zeigen einen überwiegend positiven Einfluss. Vor allem in Informations- und Datenkompetenz sowie Kommunikation und Zusammenarbeit sind positive Effekte zu verzeichnen. Die Abbildungen 4 und 5 zeigen die Wirkung des Kurses auf die Kompetenzen des DigComp 2.2 nach Vuorikari et al. (2022):

Area	Items	negative	more negative than positive	neither	both negative and positive	more positive than negative	positive	can not assess
1. Information and data literacy	To articulate information needs	0%	0%	0%	0%	54%	23%	8%
	To search for information and content in digital environments	0%	0%	15%	8%	15%	46%	0%
	To access them and to navigate between them	0%	0%	8%	0%	31%	38%	8%
	To create and update personal search strategies	0%	0%	8%	15%	62%	0%	0%
	To analyze, compare and critically evaluate the credibility and reliability of sources of data, information and digital content	0%	0%	0%	38%	31%	15%	0%
	To analyze, interpret and critically evaluate the data, information and digital content	0%	0%	0%	8%	69%	8%	0%
	To organize, store and retrieve data, information, and content in digital environments	0%	0%	8%	8%	15%	46%	8%
2. Communication and collaboration	To organize and process them in a structured environment	0%	0%	8%	0%	46%	31%	0%
	To interact through a variety of digital technologies and to understand appropriate digital communication means for a given context	0%	0%	8%	8%	23%	46%	0%
	To share data, information, and digital content with others through appropriate digital technologies	0%	0%	15%	0%	15%	46%	8%
	To know about referencing and attribution practices	0%	0%	23%	15%	31%	8%	8%
	To participate in society through the use of public and private digital services	0%	0%	15%	8%	23%	23%	15%
	To seek opportunities for self-empowerment and for participatory citizenship through appropriate digital technologies	15%	0%	0%	8%	23%	8%	31%
	To use digital tools and technologies for collaborative processes and for co-construction and co-creation of data, resources, and knowledge	0%	0%	15%	0%	31%	38%	0%
	To be aware of behavioral norms and know-how while using digital technologies and interacting in digital environments	0%	0%	23%	0%	15%	31%	15%
	To adapt communication strategies to the specific audience and to be aware of cultural and generational diversity in digital environments	0%	0%	8%	15%	15%	23%	23%
	To create, and manage one or multiple digital identities	0%	0%	15%	0%	23%	15%	31%
	To be able to protect one's own reputation, to deal with the data that one produces through several digital tools, environments and services	0%	0%	15%	8%	8%	31%	23%

Abb. 4: Selbsteinschätzung DigComp 2.2 Kompetenzbereiche (1,2) (eigene Darstellung; © ⊕ Jantos et al.)

3. Digital content creation	To create and edit digital content in different formats, to express oneself through digital means.	0%	0%	23%	0%	8%	54%	0%
	To modify, refine and integrate new information and content into an existing body of knowledge and resources to create new, original and relevant content and knowledge.	0%	0%	15%	0%	38%	31%	0%
	To understand how copyright and licences apply to digital information and content.	0%	0%	15%	15%	38%	8%	8%
	To plan and develop a sequence of understandable instructions for a computing system to solve a given problem or to perform a specific task.	0%	8%	0%	0%	31%	46%	0%
	To protect devices and digital content, and to understand risks and threats in digital environments.	0%	0%	46%	15%	8%	15%	0%
4. Safety	To know about safety and security measures and to have a due regard to reliability and privacy	0%	0%	38%	8%	15%	15%	8%
	To protect personal data and privacy in digital environments.	0%	0%	38%	15%	8%	15%	8%
	To understand how to use and share personally identifiable information while being able to protect oneself and others from damages.	0%	8%	23%	15%	0%	23%	15%
	To understand that digital services use a "Privacy policy" to inform how personal data is used.	0%	8%	38%	8%	0%	23%	8%
	To be able to avoid health risks and threats to physical and psychological well-being while using digital technologies.	0%	8%	23%	15%	31%	0%	8%
	To be able to protect oneself and others from possible dangers in digital environments (e.g. cyber bullying).	0%	0%	15%	23%	15%	8%	23%
	To be aware of digital technologies for social well-being and social inclusion.	0%	0%	31%	8%	31%	8%	8%
	To be aware of the environmental impact of digital technologies and their use.	0%	0%	23%	0%	23%	31%	8%
	To identify technical problems when operating devices and using digital environments, and to solve them (from trouble-shooting to solving more complex problems).	0%	0%	23%	0%	15%	38%	8%
	To assess needs and to identify, evaluate, select and use digital tools and possible technological responses and to solve them.	0%	0%	23%	0%	15%	38%	8%
5. Problem solving	To adjust and customize digital environments to personal needs (e.g. accessibility).	0%	0%	23%	8%	0%	46%	8%
	To use digital tools and technologies to create knowledge and to innovate processes and products.	0%	0%	23%	8%	23%	31%	0%
	To engage individually and collectively in cognitive processing to understand and resolve conceptual problems and problem situations in digital environments.	0%	0%	8%	0%	46%	31%	0%
	To understand where one's own digital competence needs to be improved or updated.	0%	0%	8%	8%	31%	38%	0%
	To be able to support others with their digital competence development. To seek opportunities	0%	0%	0%	8%	38%	31%	8%

Abb. 5: Selbsteinschätzung DigComp 2.2 Kompetenzbereiche (3,4,5) (eigene Darstellung; © ⓕ Jantos et al.)

Die Abbildungen zeigen überwiegend positive Rückmeldungen, insbesondere zur Informations- und Datenkompetenz. Dabei werden die Analyse und Bewertung von Daten mehr positiv als negativ eingeschätzt. Dennoch sehen viele Teilnehmende Verbesserungsbedarf bei der Erstellung und Aktualisierung persönlicher Suchstrategien sowie bei der kritischen Bewertung von Quellen. Im Bereich Kommunikation und Zusammenarbeit fallen die Rückmeldungen gemischt aus. Viele Aspekte werden positiv bewertet, bei einigen gibt es jedoch auch neutrale oder uneindeutige Bewertungen. Dazu gehören die Nutzung digitaler Dienste und die Selbstermächtigung durch Technologie. Die Erstellung und Bearbeitung digitaler Inhalte wird überwiegend positiv bewertet. Im Gegensatz dazu zeigen Bewertungen zum Urheberrecht, zu Lizenzen und zum Schutz von digitalen Inhalten eine breitere Streuung, einschließlich negativer Rückmeldungen. Das Sicherheitsbewusstsein und der Datenschutz in digitalen Umgebungen erhalten viele negative Bewertungen, ebenso wie der Schutz vor Gesundheitsrisiken und Bedrohungen. Die Anpassung digitaler Werkzeuge an persönliche Bedürfnisse sowie die Nutzung zur Wissens- und Innovationsschaffung werden überwiegend positiv bewertet. Auch die Unterstützung bei der Entwicklung digitaler Kompetenzen und die kontinuierliche Selbstentwicklung erhalten positive Rückmeldungen, wenngleich auch einige neutrale Bewertungen zu verzeichnen sind. Zusammenfassend sind die Bewertungen überwiegend positiv, jedoch bestehen in Bereichen wie Sicherheit und digitaler Inhaltskreation Verbesserungspotenziale.

4.2 Fokusgruppeninterviews

Die Fokusgruppeninterviews wurden nach Abschluss der Online-Befragungen durchgeführt und vertieften die individuellen Erfahrungen der Teilnehmenden. Es wurde mit jeder Gruppe ein Interview geführt. Diese vier Interviews wurden transkribiert und per deduktivem, theoriegeleitetem Verfahren inhaltsanalytisch ausgewertet (Mayring, 2010). Die auf den DigComp 2.2 basierenden Hauptkategorien (HK) wurden während der Analyse induktiv mit Unterkategorien (UK) gefüllt.

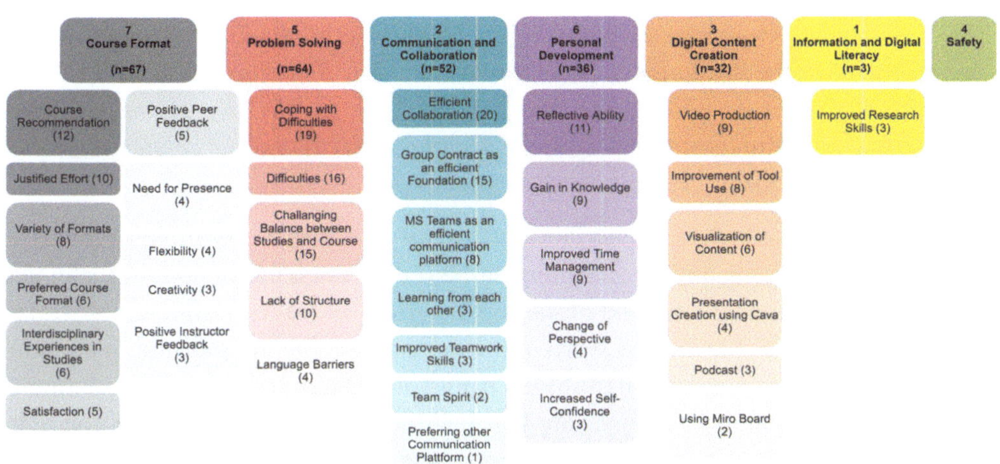

Abb. 6: Kategoriensystem der Fokusgruppeninterviews (eigene Darstellung; © ①
Jantos et al.)

Abbildung 6 zeigt die Verteilung der Nennungen in den Kategorien. *HK1 Information und Datenkompetenz* (3) umfasst Fähigkeiten wie gezielte Informationssuche, Bewertung, Quellenverwendung und Datenorganisation. Die *UK Recherche* betont die Verbesserung dieser Fähigkeiten. *HK2 Kommunikation und Kollaboration* (52) bezieht sich auf die digitale Interaktion und Zusammenarbeit. Die stärkste UK ist *effiziente Zusammenarbeit* (20), die die positive Gruppendynamik und Kommunikation hervorhebt. *Gruppenvertrag als effiziente Grundlage* (15) hebt die Bedeutung klarer Vereinbarungen hervor. *HK3 Gestalten und Erzeugen digitaler Inhalte* (32) konzentriert sich auf die Erstellung und Bearbeitung digitaler Inhalte, wobei *Videoproduktion* (9) am häufigsten genannt wird. *Verbesserung Toolanwendungen* (8) zeigt die gesteigerte Effektivität im Umgang mit digitalen Tools. *HK5 Problemlösung* (64) betrifft die Identifikation und Lösung konzeptueller Probleme mit digitalen Tools. *Fehlende Strukturen* (10) beschreibt Herausforderungen durch unklare Richtlinien, während *Bewältigung* (19) und *Schwierige Vereinbarkeit Studium und Kurs*

(15) zusätzliche Schwierigkeiten aufzeigen. *HK6 Persönliche Entwicklung* (36) fördert die persönliche Weiterentwicklung, wobei die *UK Reflexionsfähigkeit* (11) und *Erkenntniszuwachs* (9) besonders hervorgehoben werden. *HK7 Kursformat* (67) bezieht sich auf die Kursgestaltung, wobei *Formatvielfalt* (8) und *Gerechtfertigter Aufwand* (10) am stärksten genannt werden.

Die Analyse der Teilnehmendenerfahrungen zeigt überwiegend positive Ergebnisse, insbesondere in Bezug auf die Zusammenarbeit, die Erstellung digitaler Inhalte und die persönliche Entwicklung und bestärken die erfolgreiche Ausrichtung des Kurses auf diese Bereiche. Sie liefern wertvolle Erkenntnisse für die gezielte Weiterentwicklung des Kurses sowie zukünftiger Angebote. Dazu gehören die Beseitigung von Schwachstellen, die Verfeinerung von Lehrmethoden und der Ausbau von Stärken. Die Evaluation zeigte, dass der „Führerschein für Digitalkompetenzen" ein vielversprechender Ansatz zur Förderung digitaler Fähigkeiten ist und relevante Impulse für die Hochschullehre liefern kann.

5 Diskussion und abschließende Betrachtungen

Im vorliegenden Beitrag konnte gezeigt werden, wie der auf dem VCL-Format basierende Kurs „Führerschein für Digitalkompetenzen" an der TU Dresden gezielt digitale und interkulturelle Kompetenzen fördern konnte. Durch die Integration von einer realitätsnahen Fallstudie und die Fokussierung auf kollaborative Problemlösung in virtuellen Teams hat der Kurs den Studierenden nicht nur Digitalkompetenzen vermittelt, sondern auch deren Fähigkeiten zur interdisziplinären und interkulturellen Zusammenarbeit gestärkt. Die positive Resonanz der Studierenden auf die digitale Zusammenarbeit und die selbsteingeschätzte Verbesserung ihrer Kompetenzen im Bereich der Informationsverarbeitung, Zusammenarbeit und Problemlösung legen nahe, dass diese Formate einen wertvollen Beitrag zur Hochschulentwicklung leisten könnten. Um einen Transfer solcher Formate auf andere Hochschulen zu ermöglichen, sollten die spezifischen Bedingungen und Bedürfnisse der jeweiligen Institutionen berücksichtigt werden. Die Erkenntnisse heben hervor, wie gezielte Qualifizierungsangebote zur Steigerung der Anpassungsfähigkeit der Studierenden an die Anforderungen der digitalen Arbeitswelt beitragen können. Hochschulen könnten durch die Implementierung solcher Qualifizierungsmaßnahmen gezielt auf die Bedürfnisse des Arbeitsmarktes eingehen und ihren Studierenden praxisnahe, relevante Kompetenzen vermitteln. Trotz der positiven Rückmeldungen und Erfahrungen gibt es dennoch einige Limitationen, die berücksichtigt werden sollten. Die geringe Stichprobengröße von 14 Studierenden ist eine Einschränkung, die die Generalisierbarkeit der Ergebnisse auf eine breitere Zielgruppe limitiert. Die fakultätsübergreifende Durchführung könnte zudem unterschiedliche Anforderungen nicht ausreichend berücksichtigen, was die Übertragbarkeit auf andere Studiengänge oder Hochschulen erschwert. Weiterhin basieren die Ergebnisse auf Selbsteinschätzungen, die subjektiven Wahrnehmungen unterliegen und daher nicht immer objektiv sind, was die Interpretation der Kompetenzentwicklung und deren allgemeine Anwendbarkeit beeinträchtigen könnte. Zusätzlich sind die Ergebnisse stark an den spezifischen Kontext der TU Dresden gebunden, was bedeutet, dass die Übertragbarkeit auf andere Hochschulen mit unterschiedlichen Bedingungen vorsichtig bewertet werden sollte.

Zusammenfassend kann gesagt werden, dass der „Führerschein für Digitalkompetenzen" ein vielversprechendes Beispiel für die Integration moderner Lehrmethoden in die Hochschulbildung darstellt. Die Erfahrungen und Ergebnisse bieten wertvolle Impulse für die Weiterentwicklung der Hochschullehre sowohl innerhalb der TU Dresden als auch für andere Hochschulen. Die Implementierung innovativer Lehrformate wie das VCL und die gezielte Förderung digitaler und interkultureller Kompetenzen können einen wesentlichen Beitrag zur Verbesserung der Studienqualität und der Berufsfähigkeit der Studierenden leisten. Der gezielte Transfer und die Anpassung dieser Ansätze auf andere Hochschulen erfordert eine sorgfältige Planung und Berücksichtigung der spezifischen Bedürfnisse und Kontexte, kann jedoch Vorteile für die Hochschulbildung und die Berufsvorbereitung der Studierenden bringen.

6   Literaturverzeichnis

Altmann, M., Langesee, L.-M., Jantos, A., Cool, S., & Müller, C. (2024). Design Dimensions of Virtual Collaborative Learning – Synthesizing Iterative Research. In Thomas Köhler (Hg.), *Handbuch E-Learning* (S. 68–89). Deutscher Wirtschaftsdienst.

Andrade, H. L. (2010). Students as the Definitive Source of Formative Assessment: Academic Self-Assessment and the Self-Regulation of Learning. In *Northeastern Educational Research Association (NERA) Annual Conference*. https://digitalcommons.lib.uconn.edu/nera_2010/25

Andrade, H. L. (2019). A Critical Review of Research on Student Self-Assessment. *Frontiers in Education, 4*(87). https://doi.org/10.3389/feduc.2019.00087

Auer, M.E., Pachatz, W., & Rüütmann, T. (Hrsg.) (2023). *Learning in the Age of Digital and Green Transition*. Springer International Publishing (Lecture Notes in Networks and Systems).

Balázs, I. E. (2004). *Konzeption von Virtual Collaborative Learning Projekten: Ein Vorgehen zur systematischen Entscheidungsfindung*. Dissertation: Technische Universität Dresden. https://tud.qucosa.de/api/qucosa%3A24468/attachment/ATT-0/

Creswell, J.W., Plano Clark, V.L. (2017). *Designing and Conducting Mixed Methods Research*. SAGE Publications.

Döbler, J. (2019). *Prüfungsregime und Prüfungskulturen. Soziologische Beobachtungen zur internen Organisation von Hochschule*. Springer VS Springer Fachmedien Wiesbaden (Springer VS research).

Drachsler, H., Jansen, J., & Kirschner, P.A. (2021). Adoption of Learning Technologies in Times of Pandamic Crisis. *Journal of Computer Assisted Learning, 37*(6), 1509–1512.

Hense, J., Goertz, L., Friedrich, J.-L., & Budde, J. (2023). *Monitor Digitalisierung 360°. Wo stehen die deutschen Hochschulen?*https://hochschulforumdigitalisierung.de/wp-content/uploads/2023/09/HFD_AP_68_Monitor_Digitalisierung.pdf

Jantos, A., & Langesee, L.-M. (2023). Blended Assessment in Higher Education Collaborative Case Study Work – A Qualitative Study. In *Proceedings of International Conference on Interactive Collaborative Learning* 633 (S. 44–56). https://doi.org/10.1007/978-3-031-26876-2_5

Jantos, A. (2024a). Blended Assessment Strategy for Virtual Collaborative Learning in Higher Education. *Prüfung hoch III*. https://doi.org/10.3278/9783763977055

Jantos, A. (2024b). Didactical Design Pattern – Case Study Design for Virtual Collaborative Learning to Foster teh Acquisition of Digital Competences. In *INTED24 – 18th annual International Technology, Education and Development* (S. 5553–5562). https://doi.org/10.21125/inted.2024.1434

Jantos, A., Klatte, L., Kilz, L., & Krohn, M. (2024). „Students as Partners" as a Form of digital Interprofessional Collaboration – A hard Look on the Day to Day Aspects. In *EDU-LEARN24*. https://doi.org/10.21125/edulearn.2024.0114

Jödicke, C., Bukvova, H., & Schoop, E. (2014). Virtual-Collaborative-Learning-Projekte – Der Transfer des Gruppenlernens in den virtuellen Klassenraum. In *Postgraduale Bildung mit digitalen Medien. Fallbeispiele aus den sächsischen Hochschulen, Medien in der Wissenschaft*. https://doi.org/10.25656/01:10562

Keser Aschenberger, F., Kil, M., & Löffler, R. (2020). Es gibt sie und es geht! Wissenschaftliche Weiterbildung für Menschen im höheren Lebensalter: Weiterbildungsmotivation und Lernbiographien für geänderte berufliche Kontexte. *Die Österreichische Volkshochschule. Magazin für Erwachsenenbildung, 71*(271), 34–43.

Kienzler, M., Jantos, A., & Langesee, L.-M. (2023). 21st Century Skills in Higher Education – A Quantitative Analysis of Current Challenges and Potentials at A University of Excellence. In INTED2023 Proceedings (S. 1542–1553). https://doi.org/10.21125/inted.2023.0438

Kil, M., & Keser Aschenberger, F. (2017). Academic continuing education encourages individual to face career development and changes – VET at its best? In F. Kaiser & S. Krugmann (Hrsg.), *Social Dimension and Participation in Vocational Education and Training*. Proceedings of the 2nd conference "Crossing Boundaries in VET". Rostocker Papers of Vocational Education (S. 252–257). https://www.ibp.uni-rostock.de/storages/uni-rostock/Alle_PHF/IBP/Aktuelles/VET-Conference_2017/Proceeding_onlineversion_final_01.pdf#page=270

Köhler, Th. (Hrsg.) (2024). *Handbuch E-Learning*. Deutscher Wirtschaftsdienst.

Kuckartz, U. (2014). *Mixed Methods. Methodologie, Forschungsdesigns und Analyseverfahren*. Springer VS Wiesbaden.

Mayring, P. (2010). *Qualitative Inhaltsanalyse. Grundlagen und Techniken*. Beltz Verlag.

Panadero, E., Andrade, H., & Brookhart, S. (2018). Fusing self-regulated learning and formative assessment: a roadmap of where we are, how we got here, and where we are going. *Aust. Educ. Res., 45*(1), 13–31. https://doi.org/10.1007/s13384-018-0258-y

Pausits, A. (2015). The Knowledge Society and Diversification of Higher Education: From the Social Contract to the Mission of Universities. In A. Curaj, L. Matei, R. Pricopie, J. Salmi & P. Scott (Hrsg.), *The European Higher Education Area*. Springer. https://doi.org/10.1007/978-3-319-20877-0_18

Raman, A., & Rathakrishnan, M. (2019). *Redesigning Higher Education Initiatives for Industry 4.0*. IGI Global.

Salas Velasco, M. (2014). Do higher education institutions make a difference in competence development? A model of competence production at university. *Higher Education, 68*, 503–523. https://doi.org/10.1007/s10734-014-9725-1

Schoop, E., Lovasz-Bukvova, H., & Gilge, S. (2006). Blended Learning – the Didactical Framework for Integrative Qualification Processes. In *Conference on Integrative Qualification in eGovernment* (S. 142–156). https://www.researchgate.net/profile/Helena-Lovasz-Bukvova/publication/251271292_Blended_Learning_-_the_Didactical_Framework_for_Integrative_Qualification_Processes/links/0c96052a045ddb582f000000/Blended-Learning-the-Didactical-Framework-for-Integrative-Qualification-Processes.pdf

Schoop, E., Sonntag, R., Altmann, M., & Sattler, W. (2021). Stell Dir vor, es ist „Corona" – und keiner hat's gemerkt. *Lessons Learned 2021, 1*(1/2). https://doi.org/10.25369/ll.v1i1/2.33

Vuorikari, R., Kluzer, S., & Punie, Y. (2022). *DigComp 2.2: The Digital Competence Framework for Citizens – With new examples of knowledge, skills and attitudes*. Publications Office of the European Union.

Weimann-Sandig, N. (2023). *Students as partners – ein ganzheitliches Lehr-und Organisationsentwicklungskonzept*. https://slub.qucosa.de/api/qucosa%3A85427/attachment/ATT-0/

Douglas MacKevett[1], Patricia Feubli[2] & Vinzenz Rast[3] (Luzern)

Digitale Leistungsnachweise im Zeitalter von generativer künstlicher Intelligenz

Zusammenfassung

Generative künstliche Intelligenz (GKI) könnte bald fähig sein, Prüfungen auf allen Taxonomiestufen erfolgreich zu meistern. Diese These wird gestützt durch eine empirische Untersuchung, die in der Prüfungspraxis an einer Fachhochschule in den Bereichen Wirtschaft und Informatik durchgeführt wurde. Aktuelle Handlungsempfehlungen werden betrachtet und es wird anhand von drei Beispielen gezeigt, wie Hochschulen mit Prüfungen unter Einsatz von GKI umgehen könnten. Abschließend wird dargelegt, wie eine künftige, KI-unterstützte Ausbildung zu gestalten wäre, um den Herausforderungen und Chancen dieser Technologie gerecht zu werden.

Schlüsselwörter

generative künstliche Intelligenz, Leistungsnachweise, Kompetenzorientierung, Prüfungspraxis, Hochschulentwicklung

---

1   Corresponding author; Hochschule Luzern; douglas.mackevett@hslu.ch; https://www.hslu.ch/de-ch/wirtschaft/ueber-uns/personensuche/person-detail-site/?pid=178; ORCiD 0000-0002-7378-1982
2   Hochschule Luzern; patricia.feubli@hslu.ch; https://www.hslu.ch/de-ch/wirtschaft/ueber-uns/personensuche/person-detail-site/?pid=4645; ORCiD 0000-0002-7522-176X
3   Hochschule Luzern; vinzenz.rast@hslu.ch; https://www.hslu.ch/de-ch/wirtschaft/ueber-uns/personensuche/person-detail-site/?pid=177; ORCiD 0009-0007-7585-4595

https://doi.org/10.21240/zfhe/19-2/09

Douglas MacKevett, Patricia Feubli & Vinzenz Rast

Digital exams in the age of generative artificial intelligence

Abstract

Generative artificial intelligence (generative AI) could soon be capable of successfully mastering all types of examinations at all taxonomy levels. To test this thesis, an empirical study of examination practice at a university of applied sciences in the fields of economics and computer science was conducted. This paper presents current action recommendations and uses three examples to demonstrate how universities could deal with examinations using generative AI. It then describes how a future AI-supported education could be designed to meet the challenges and opportunities of this technology.

Keywords

generative AI, assessment, competence-based assessment, exam practice, higher-education development

1 Künstliche Intelligenz schreibt Klausuren

Die rasante Entwicklung der digitalen Technologien, insbesondere der generativen künstlichen Intelligenz (GKI), stellt die traditionelle Prüfungspraxis an Hochschulen vor erhebliche Herausforderungen. GKI ist ein Bereich der künstlichen Intelligenz, der Algorithmen und Modelle entwickelt, die in der Lage sind, neue und originalgetreue Inhalte wie Texte, Bilder, Musik oder Videos zu erzeugen, die auf bereits vorhandenen Daten basieren. Entsprechend ist GKI auch in der Lage, für eine Vielzahl von bestehenden digitalen Prüfungen Lösungen zu liefern. Dadurch verschärft sich die Frage nach der Validität und Reliabilität bestehender Prüfungsverfahren. Eine kompetenzorientierte Leistungsüberprüfung hingegen könnte GKI zu einem Hilfsmittel bei der Lösungserstellung machen, was aber eine grundlegende Veränderung der Prüfungskultur erfordern würde.

Die Forderung nach kompetenzorientiertem Prüfen an Hochschulen ist nicht neu (Long, Dowsing & Craven, 2003; Mouthaan, Olthuis & Vos, 2003; Ilahi, Belcadhi & Braham, 2014). Solche Leistungsnachweise konzentrieren sich auf die Anwendung von Fähigkeiten und Wissen. Aufgaben werden in einen praktischen Kontext eingebettet, in dem Studierende Probleme lösen, die kritisches Denken und Verantwortung für das Ergebnis erfordern. Kompetenzen sind „die bei Individuen verfügbaren oder durch sie erlernbaren kognitiven Fähigkeiten und Fertigkeiten, um bestimmte Probleme zu lösen, sowie die damit verbundenen motivationalen, volitionalen und sozialen Bereitschaften und Fähigkeiten, um die Problemlösungen in variablen Situationen erfolgreich und verantwortungsvoll nutzen zu können." (Weinert, 2002, S. 27f.).

Noch wird verbreitet an rein wissensbasierten Prüfungsformen festgehalten, um die Reliabilität einfach sicherzustellen (MacKevett & Gutmann, 2023). Mit der Verfügbarkeit der GKI werden aber solche Prüfungsformen insbesondere bei digitalen Prüfungsformaten obsolet. Die aktuelle Prüfungspraxis funktioniert nicht mehr (Buck et al., 2023).

In Anbetracht dieser Entwicklungen steht die Hochschulwelt vor einem entscheidenden Wendepunkt: der Einführung von Kompetenznachweisen, die nicht nur das Wissen, sondern auch die motivationalen, volitionalen und sozialen Fähigkeiten zur verantwortungsvollen und erfolgreichen Problemlösung prüfen. In diesem Entwicklungsbeitrag zeigen wir Möglichkeiten auf, warum diese Wende notwendig ist und wie sie in der Prüfungspraxis zu schaffen sein könnte.

2 GKI in der Hochschulausbildung

Bereits heute liefert GKI gute Ergebnisse bei den Fähigkeiten, die aktuell an den meisten Hochschulen bei der Leistungsüberprüfung im Mittelpunkt stehen: Schreiben, Textanalyse, Kreieren und Problemlösung in einem breiten Spektrum von Disziplinen, von den Naturwissenschaften bis zu den Sozialwissenschaften und der Kunst.

2.1 GKI im Unterricht

GKI-Applikationen erreichen immer mehr Einsatzgebiete in der hochschulischen Praxis. Öffentlich zugängliche Forschungspapiere können nach Schlüsselbegriffen durchsucht, relevante Beiträge herausgefiltert, zusammengefasst und schnell gesichtet werden. Große Datenmengen können aufbereitet, analysiert und visualisiert werden, samt zugehörigem Python-Code für die detaillierte Dokumentation. Software beschreibt Bilder und beantwortet Fragen dazu. Tools erlauben die Nutzung von GKI-Modellen auf dem eigenen Computer, ohne dass sensitive Daten preisgegeben werden müssen. Vortrainierte Large Language Models (LLM) stehen für das Entwickeln fachspezifischer Anwendungen zur Verfügung. Online-Lernplattformen integrieren GKI in ihre Angebote. Zu den bekanntesten Beispielen zählt die Khan Academy „Khanmigo" (Khan, 2023), die ein bekanntes und leistungsfähiges LLM als individuellen Tutor und Teaching Assistant einsetzt, was die Effektivität des Unterrichts erheblich zu steigern vermögen könnte, wie Bloom (1984) ausführt. Chatbots beantworten Fragen und können die Interaktion im Lernprozess verstärken (Dutta, 2017). Sie erhöhen das Engagement und unterstützen rund um die Uhr (Gimpel et al., 2023; Tu et al., 2023; Jungherr, 2023).

2.2   GKI für Leistungsnachweise

ChatGPT heißt das bekannte GKI-Sprachmodell des US-amerikanischen Software-
unternehmens OpenAI. Es kann scheinbar von Menschen verfasste Texte generieren
und in natürlicher Sprache auf Fragen und Anweisungen reagieren. Open AI dokumentiert selbst die Leistung der verschiedenen ChatGPT-Versionen in gängigen be-
rufsorientierten und akademischen Leistungsnachweisen in den USA (vgl. Abbildung 1). ChatGPT 3.5 wurde im November 2022 veröffentlicht, und ChatGPT 4
wurde im März 2023 eingeführt.

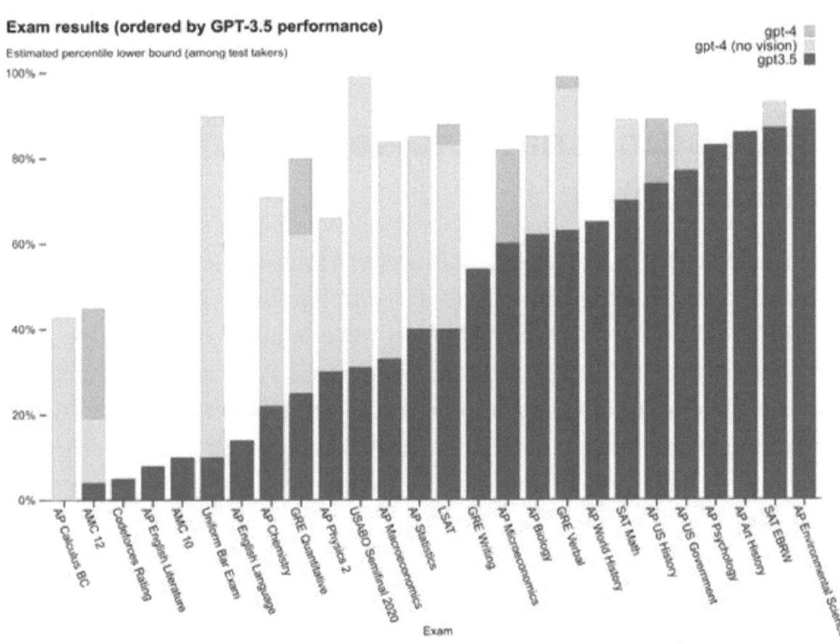

Abb. 1: Prüfungsresultate unter Einsatz von ChatGPT 3.5 und 4.0 (Open AI, 2024)

Die von Open AI getesteten Leistungsnachweise umfassen vor allem Übertrittsprüfungen für High-School-Schüler:innen (z.B. Advanced Placement Test, Scholarly Aptitude Tests usw.) vor Studienstart sowie die Zulassungsprüfung für Jurist:innen (Bar) und Themen wie Mathematik, Statistik, Medizin, Geschichte, Biologie, Chemie, Physik, Umweltwissenschaften, Ökonomie, Literatur und Psychologie.

Aus den Resultaten schließt Open AI: "GPT-4 exhibits human-level performance on the majority of these professional and academic exams. Notably, it passes a simulated version of the Uniform Bar Examination with a score in the top 10% of test takers. […] GPT-4 considerably outperforms existing language models […]." (Open AI, 2024). Neue ChatGPT-Versionen erreichen also mittlerweile mehrheitlich die Prüfungsleistung von Menschen.

3 GKI in Leistungsnachweisen einer Fachhochschule

Um zu verstehen, wie stark die Prüfungspraxis an der Hochschule Luzern betroffen ist, haben wir ein „Exam Busting" mit ChatGPT durchgeführt. Zu diesem Zweck wurden reale Prüfungen aus zwei Departementen jeweils auch von verschiedenen Versionen von ChatGPT gelöst. Im Anschluss wurden die Antworten von den Dozierenden geprüft und benotet oder mit fail/pass bewertet. Die Eingabeaufforderungen oder Fragestellungen, die sogenannten „Prompts", die ChatGPT zur Bearbeitung übergeben worden sind, haben meist den Fragestellungen in den Prüfungen entsprochen.

3.1 Datensatz von 14 Leistungsnachweisen

Das „Exam-Busting" fand zwischen Januar und April 2023 zusammen mit Dozierenden der Departemente Informatik und Wirtschaft der Hochschule Luzern statt. Insgesamt wurden 14 Leistungsnachweise in Modulen von Bachelor- und Masterstudiengängen überprüft. Thematisch reichen die Module von der Unternehmensethik bis zum Natural Language Processing und die Art der Leistungsnachweise von Multiple-Choice-Tests bis zu Fallbearbeitungen (vgl. Tabelle Übersicht „Exam Busting" unter 10.5281/zenodo.13210101).

3.2 Leistung Anfang 2023 zum Teil noch nicht genügend

In unserem „Exam-Busting" kamen ausschließlich ChatGPT 3.5 und 4.0 zum Einsatz. Es gibt jedoch noch zahlreiche weitere GKI-Anwendungen, die in Leistungsnachweisen eine Rolle spielen und die Prüfungspraxis infrage stellen könnten (z.B. Google Gemini, Microsoft Copilot, Claude).

Die Leistungen der verschiedenen ChatGPT-Versionen bis April 2023 reichten in den von uns untersuchten Leistungsnachweisen von „nicht bestanden" bis hin zu „sehr gut". Im Durchschnitt waren die Leistungen jedoch eher mangelhaft. Festzustellen war aber, dass die Art und Weise der Fragestellungen einen massiven Einfluss auf die Leistung von ChatGPT hat. Ergänzen ausgeklügelte Prompts die eigentlichen Prüfungsfragen, um das Verhalten und den Kontext solcher Fragen dem KI-Modell vorzugeben, ist die Leistung erheblich besser. Solche „System Messages" geben Anweisungen vor und definieren die Rahmenbedingungen, wie das Modell auf nachfolgende Prompts reagieren soll.

Aufgrund der raschen Entwicklung der GKI dürften einige Resultate des „Exam Bustings" in der Zwischenzeit bereits überholt sein (OpenAI, 2024). Im Spätherbst 2023 hatte ChatGPT noch Mühe mit der Interpretation eines Bildes und der korrekten Beantwortung der Fragen. Die aktuelle Version von ChatGPT, Version 4o („o" für „omni"), kann Bilder „sehen". Die Leistungen in Prüfungsaufgaben mit Bildern dürften sich also erheblich verbessert haben.

3.3   Mit guten Prompts höhere Taxonomiestufen erreichbar

Im Rahmen eines Leistungsnachweises im Modul „Natural Language Processing" am Departement Informatik wurde zusätzlich geprüft, wie gut ChatGPT 3.5 mit den verschiedenen Taxonomiestufen von Bloom (1973) zurechtkommt. Das Bloom'sche Taxonomiemodell bildet in der didaktischen Ausbildung der Dozierenden an der Hochschule Luzern einen zentralen Orientierungspunkt und wird für die Formulierung der Lernziele und die Erstellung der Leistungsüberprüfung genutzt.

Tabelle 1 zeigt die Leistung von ChatGPT 3.5. Die dritte Spalte nennt die Fehlerquote in Prozentwerten, also wie groß der Anteil von Fehlern pro Taxonomiestufe, geordnet nach Komplexitätsgraden von unten nach oben, ausgefallen ist.

Taxonomiestufe nach Bloom	Beschreibung	Fehler-quote
Create	Teile zu einem neuen Ganzen bilden	24%
Evaluate	Beurteilung des Wertes von Informationen oder Ideen	-
Analyze	Zerlegen von Informationen in ihre Bestandteile	13%
Apply	Anwendung von Fakten, Regeln, Konzepten und Ideen	33%
Understand	Die Bedeutung der Fakten verstehen	10%
Remember	Erkennen und Erinnern von Fakten	0%

Tab. 1: Fehlerquote von ChatGPT nach Bloom'schen Taxonomiestufen (Marfurt, 2023)

In dieser Versuchsanordnung hat ChatGPT beim Einsatz von ausgefeilten Prompts noch einmal wesentlich besser abgeschnitten. Diese erste Untersuchung lässt also vermuten, dass ChatGPT auch mit höheren Taxonomiestufen gut zurechtkommt.

Selbst auf der höchsten Taxonomiestufe „Create" erreicht ChatGPT in der Aufgabe im Modul „Natural Language Processing" in unserem Test 76% der Punkte. Da die Untersuchung jedoch nur auf wenigen Prüfungsfragen beruht, ist eine Verallgemeinerung nicht zulässig.

4 Kompetenzorientiert prüfen – exemplarisch

Das „Exam Busting" dokumentiert, dass sich GKI schon jetzt als leistungsfähiges Hilfsmittel für viele Formen digitaler Leistungsnachweise abzeichnet. Für Studierende ist es daher naheliegend, GKI bei Leistungsnachweisen zu verwenden. Die entsprechenden Lösungen belegen dann aber eher die Fähigkeiten der GKI als die der Studierenden oder – im besseren Fall – deren Fähigkeiten beim Nutzen von GKI.

Die bisherige Praxis der Leistungsnachweise ist somit überholt, auch weil sich GKI nicht mehr sinnvoll von digitalen Leistungsnachweisen ausschließen lässt. Geeignete digitale Leistungsnachweise sind zu entwickeln, die GKI zulassen, möglichst alle Taxonomiestufen abdecken und die Kompetenzen der Studierenden in den Mittelpunkt rücken.

Hanke (2023) schlägt ein Entscheidungsmodell vor, wie GKI bei der Leistungsüberprüfung berücksichtigt werden kann (vgl. Abb. 2).

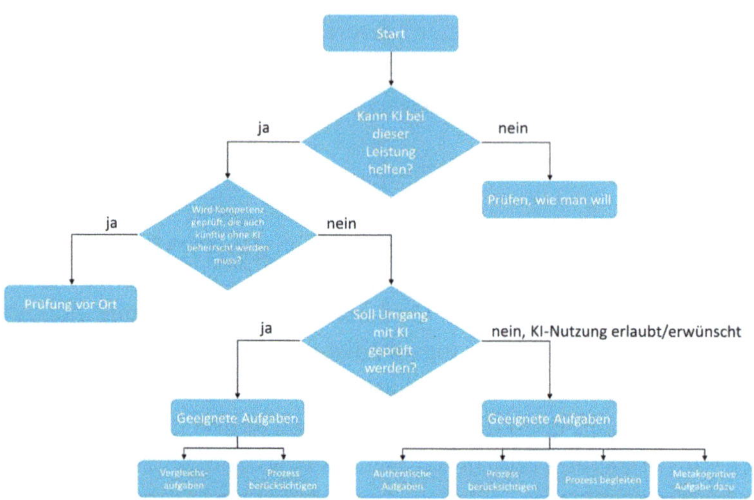

Abb. 2: Entscheidungsmodell für den Einsatz von GKI bei Prüfungen (Hanke, 2023)

Bei digitalen Kompetenznachweisen dürfte insbesondere jenes Szenario häufig eintreten, in dem GKI als Hilfsmittel zugelassen ist, der Nachweis jedoch nicht den Umgang mit GKI prüfen soll. Vielmehr soll er die fachbezogenen Kompetenzen der Studierenden prüfen (rechter, unterer Strang in Abb. 2).

Hierzu hat Hanke (2023) Aufgabentypen zusammengestellt, bei denen der Einsatz von GKI erlaubt oder sogar erwünscht ist: authentische Aufgaben, Prozessdokumentationen, Prozessbegleitung, metakognitive Aufgaben. Diese Aufgabentypen berücksichtigen alle Taxonomiestufen des Bloom'schen Modells mit einem Schwerpunkt auf den Stufen „Apply", „Analyze", „Evaluate" und „Create".

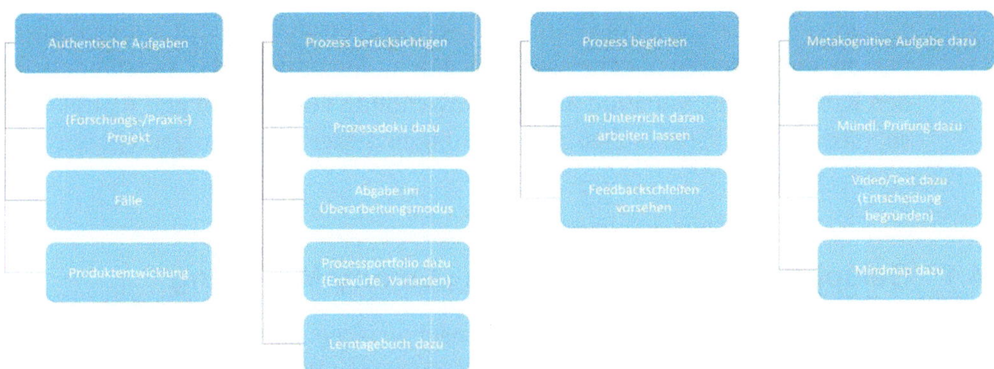

Abb. 3: Aufgabentypen, die auch mit Einsatz von GKI sinnvoll sind (Hanke, 2023)

GKI kann inzwischen Powerpoint-Präsentationen, Videos, Mindmaps usw. generieren. Darum dienen solche Anwendungen allenfalls zur Dokumentation eines Lernprozesses. Ob die Studierenden über eine Kompetenz verfügen, muss nach wie vor durch einen Nachweis in Echtzeit erbracht werden.

Im Folgenden werden nun drei Beispiele der Hochschule Luzern betrachtet, wie digitale Kompetenznachweise umgesetzt werden können. Die drei Beispiele decken die von Weinert (2002), Walzik (2012) und Kaiser (2019) definierten Kompetenzbereiche ab:

1. *Kognitive Kompetenz* ist die Fähigkeit, Informationen zu verarbeiten, zu verstehen und anzuwenden. Sie umfasst mentale Prozesse wie Denken, Wahrnehmen, Erinnern und Problemlösen, um Konzepte zu verstehen, Entscheidungen zu treffen und aus Erfahrungen zu lernen.

2. *Anwendungskompetenz* bezieht sich auf die Fähigkeit, erlerntes Wissen und Fähigkeiten in praktischen oder realen Situationen anzuwenden. Theoretisches Wissen wird in praktischen Handlungen umgesetzt, um spezifische Aufgaben oder Probleme zu lösen.

3. *Situative Kompetenz* ist die Fähigkeit, sich an verschiedene Situationen anzupassen und in diesen angemessen zu handeln. Sie umfasst das Verständnis für den Kontext einer Situation und die Anwendung von Wissen und Fähigkeiten so, dass sie den spezifischen Anforderungen dieser Situation gerecht wird.

4.1 Beispiel 1: Concept-Map zum „Luxury Marketing"

Das Beispiel zeigt einen Midterm-Leistungsnachweis aus dem Wahlmodul „Luxury Marketing and Digital Challenges" (Masterausbildung, Betreuungsverhältnis 1:20), das im Frühjahr 2022 unterrichtet wurde.

Die Studierenden erstellten im Team eine Concept Map auf einem „Miro Board". Beim „Miro Board" handelt es sich um ein digitales Kollaborationstool, das es Teams ermöglicht, in Echtzeit gemeinsam an visuellen Projekten zu arbeiten.

Die während des Kurses präsentierten Themen und Modelle wurden darauf abgebildet und mit persönlichen Erkenntnissen und Reflexionen angereichert. Die Concept Map dokumentierte drei Teilaufträge:

1. auf Theorien und Ideen aus dem Kursmaterial verweisen

2. im Kurs präsentierte Anwendungsfälle analysieren

3. eine mögliche Abschlussarbeit skizzieren

Ziel des Nachweises war, sowohl das Wissen der Studierenden über Luxusmarketing als auch ihr Verständnis für die Herausforderungen der Digitalisierung im Luxusmarkt zu überprüfen. Zudem sollten sie ein mögliches Thema für ihre Abschlussarbeit vorstellen. Da es sich um einen einwöchigen Intensivkurs handelte, erhielten die Studierenden die Aufgabe zu Beginn der Woche. Sie mussten die Concept Map am

Ende der Woche digital einreichen. Die Ergebnisse wurden anschließend live präsentiert. Die Studierenden erhielten sowohl eine summative Note für die Präsentation als auch ein formatives Feedback zu ihrer Abschlussarbeit.

Bei diesem ersten Beispiel geht es vor allem darum, die kognitive Kompetenz zu prüfen. Zwei Aufgabentypen aus der Systematik von Hanke (2023) werden kombiniert: Prozessbegleitung im Unterricht und metakognitive Aufgaben in der Präsentation und Dokumentation der Reflexion auf der Concept Map. Geprüft wird also auf den Taxonomiestufen „Remember", „Understand" und vor allem „Apply" und „Analyze".

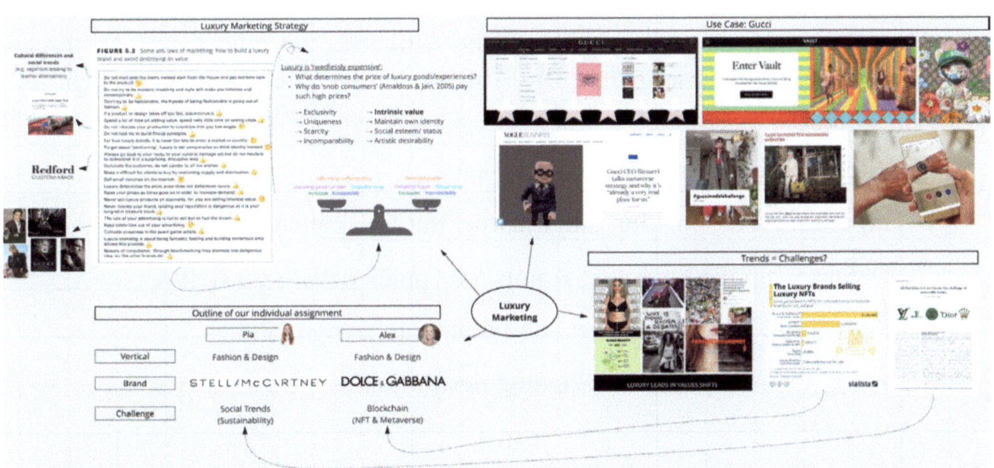

Abb. 4: Beispiel einer Concept Map (mit freundlicher Genehmigung von Alexandra Flimm und Pia Rottkamp, CBS International Business School Cologne, 2022).

4.2   Beispiel 2: Projekt zu „Sustainable Re-Commerce"

Projektbasiertes Lernen kommt an der Hochschule Luzern in verschiedenen Studiengängen zum Einsatz. Studierende arbeiten über längere Zeit an einem Projekt, das auf realen Fragen, Problemen oder Herausforderungen basiert.

Hattie und Yates (2013) zeigen, dass projektbasiertes Lernen eine moderate bis hohe Effektgröße haben kann: Es hat also das Potenzial, das Lernen signifikant zu verbessern. Allerdings hängt der Effekt stark von der Art und Weise ab, wie das projektbasierte Lernen gestaltet und umgesetzt wird.

Im Modul „Online Business Strategy" (Masterausbildung; Betreuungsverhältnis 1:30) werden zum Thema „Sustainable Re-Commerce" während des ganzen Semesters forschungsbasierte und praxistaugliche Aufgaben zusammen mit Auftraggeber:innen aus der Industrie gelöst. Die Aufgabe umfasst fünf teils mündlich, teils schriftlich realisierte Teilaufträge:

1. Pitch zu Idee, Absicht und Vorhaben

2. Proposal zu Disposition und Entwurf mit Beispielen

3. Defense, um die kognitive Kompetenz unter Beweis zu stellen

4. Project mit Dokumentation von Inhalt und Lernprozess

5. Proof of Concept zur Validierung des Projektes mit Empirie

Durch diesen strukturierten Ansatz können die Studierenden nicht nur fachliche Kompetenzen, sondern auch wichtige Soft Skills wie Präsentationsfähigkeiten, kritisches Denken und Problemlösungsfähigkeiten entwickeln. Die Kombination aus formativen und summativen Assessments ermöglicht eine kontinuierliche Reflexion und die Anpassung des Lernprozesses.

Dieses Beispiel rückt die Anwendungskompetenz in den Mittelpunkt der Leistungsüberprüfung und deckt sämtliche Aufgabentypen ab, die Hanke (2023) zur Überprüfung der Kompetenzen mit GKI als zugelassenes Hilfsmittel vorschlägt. Entsprechend werden auch alle Taxonomiestufen nach Bloom berücksichtigt.

4.3　Beispiel 3: Content-Kampagne zu eigenem Thema

Das dritte Beispiel beschreibt einen Leistungsnachweis, der im Modul „Web Literacy" (Masterausbildung: Betreuungsverhältnis 1:55) verlangt wird. Die Studierenden erstellen und verwalten eine Content-Kampagne zu einem Thema ihrer Wahl.
Begleitet werden sie von Expert:innen in Content-Erstellung, datenbasiertem Marketing und Video für soziale Medien. Dokumentiert wird das Ergebnis in einem Port-
folio mit

1.　auf der Website der Hochschule veröffentlichten Kampagnen-Beiträgen
    inkl. Videos

2.　einem Poster mit konzeptuellen Überlegungen sowie Datenauswertungen

3.　einer Sprachaufnahme mit Erläuterungen zu Strategie, Umsetzung und An-
    passungen

In der Mitte des Semesters und somit der Kampagnen-Führung präsentieren die Studierenden den aktuellen Stand der Kampagne und das provisorische Poster. Sie erhalten von den Dozierenden Feedback zu allen Aspekten der Kampagne.

GKI ist als Hilfsmittel für die Konzeption sowie die Inhaltserstellung und -optimie-
rung erlaubt und erwünscht. Drei Anforderungen stellen jedoch sicher, dass die An-
wendungs- und situativen Kompetenzen der Studierenden geprüft werden können.
Zum einen wird mit der Erstellung des Posters der Prozess dokumentiert und berücksichtigt. Zum anderen wird der Prozess begleitet, weil die Studierenden in der Mitte
des Semesters den aktuellen Stand ihrer Kampagne mündlich präsentieren und eine
Feedbackschlaufe durchlaufen. Schließlich bewegen sich die Studierenden mit der

Sprachaufnahme und den darin enthaltenen Erläuterungen und Begründungen auf der metakognitiven Ebene (vgl. Hanke, 2023). Auch hier wird auf allen Taxonomiestufen geprüft.

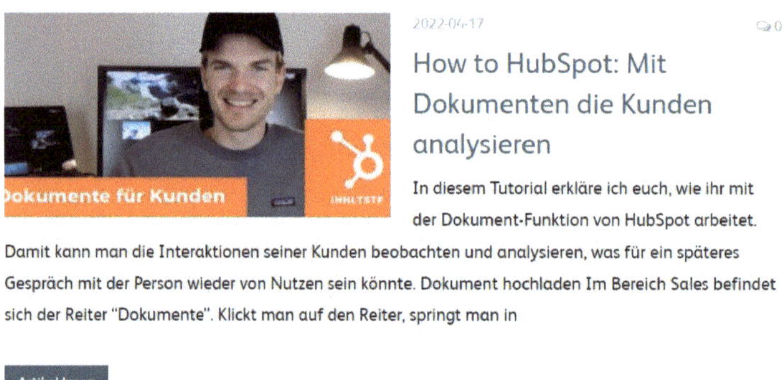

Abb. 5: Beispiel eines Kampagnen-Beitrags (mit freundlicher Genehmigung von Joel Koch, Hochschule Luzern, 2022).

5 Hochschule der Zukunft mit GKI gestalten

Aktuell befinden sich viele Lehrende und Lernende noch in einer Lernumgebung, die stark von Learning-Management-Systemen, Präsentationen sowie Talking-Head-Videomaterial und den entsprechenden Leistungsüberprüfungen geprägt ist. Diese Lehrmethoden sind zwar bewährt, jedoch wenig interaktiv und kaum angepasst an die individuellen Bedürfnisse der Studierenden.

Aus Kapazitätsgründen haben zudem viele Hochschulen seit Jahren ihre Prüfungsformate vereinfacht und automatisiert. Vielerorts werden Multiple-Choice-Prüfungen eingesetzt, die meist nur auf tiefen Taxonomiestufen Leistungen und kaum Kompetenzen überprüfen lassen. Der Ersatz solcher Prüfungsformate durch mündliche Prüfungsformate kommt wegen der knappen Ressourcen kaum infrage.

Problematisch ist die unreflektierte Digitalisierung analoger Prüfungsprozesse. Der Versuch, traditionelle Prüfungen mit Stift und Papier, Aufsicht und Maßnahmen zur Verhinderung von Betrug in digitale Formate zu übertragen, führt zu nicht-validen Prüfungen. Sie spiegeln nicht die realen Anforderungen und Fähigkeiten wider, die in der heutigen Welt benötigt werden, und sie sind eben nicht kompetenzorientiert.

Unsere Erkenntnisse aus dem „Exam Busting" zeigen, dass herkömmliche digitale Leistungsüberprüfungen nicht mehr sinnvoll sind bzw. sein werden, auch weil der Einsatz von GKI kaum verhindert werden kann. Unsere drei Beispiele illustrieren aber, wie eine kompetenzorientierte Leistungsüberprüfung erfolgreich eingesetzt und wie GKI dafür auch genutzt werden könnte. Daraus lassen sich drei Anregungen ableiten, wie GKI in der Hochschule der Zukunft in die Ausbildung integriert werden könnte.

5.1 Anregung 1: GKI im Unterricht, in der Forschung und in Kompetenznachweisen einsetzen

Auch wenn ethische und rechtliche Fragen noch ungeklärt sind, sollte der verantwortungsvolle Einsatz von GKI deswegen nicht verhindert werden. Sie wird integriert in die Lehre: GKI und deren themenspezifische Anwendung werden gezeigt und geübt. Der Einsatz von GKI in der Forschung macht den Prozess nicht nur effizienter, sondern erlaubt den Forschenden, auf dem aktuellen Stand zu bleiben. Neue Bewertungskriterien und Prüfungsformate sind zu entwickeln, die GKI als Hilfsmittel und Gestaltungselement berücksichtigen.

GKI kann auch für die Gestaltung von Leistungsnachweisen eingesetzt werden, die sich exemplarisch durch folgende Ideenskizzen veranschaulichen lassen:

- KI-basierte Simulationen und virtuelle Umgebungen erlauben es, Problemlösungs- und Entscheidungsfähigkeiten der Studierenden in realistischen Szenarien zu beurteilen.

- KI-basierte Beurteilungssysteme lassen es zu, den Schwierigkeitsgrad der Fragen an die Leistung der Studierenden anzupassen und so eine individuellere Bewertung zu ermöglichen.

- KI-gestützte Lernanalysen verfolgen die Fortschritte der Studierenden beim Erreichen bestimmter Lernergebnisse, um rechtzeitig gezielte Unterstützung anbieten zu können.

5.2 Anregung 2: Kompetenznachweise als „Assessment Center" denken

Mit Anregung 2 wird empfohlen, nicht nur Inhalt und Form, sondern auch Zahl und Funktion von Leistungsnachweisen zu überdenken. Die Handlungsempfehlungen der Hochschule RheinMain (Buck et al., 2023) bieten einen groben Überblick, wie eine Prüfungspraxis im Zeitalter von GKI umgebaut werden könnte:

1. Reduktion der Gewichtung von Abschlussarbeiten: ECTS-Punkte werden vom Zeitaufwand entkoppelt.

2. Neue formale und inhaltliche Anforderungen: Textstruktur, sprachliche Korrektheit usw. sind mit GKI gut umsetzbar. Mangelnde Leistungen in diesem Bereich werden nicht geduldet.

3. Ausweitung mündlicher Anteile: Gespräche über konzeptionelle Arbeiten ersetzen schriftliche Korrekturen von Vorstudien.

4. Prozessbegleitung: Der Lernprozess bei Abschlussarbeiten und Leistungsnachweisen tritt in den Fokus. Während der Prozessbegleitung wird die Leistung bewertet.

5. Praktische Prüfungen: Beim projektbasierten Lernen ergänzen sich Studierende, Dozierende und GKI.

Diese hier verkürzt skizzierten Handlungsempfehlungen lassen sich nicht nur in den Disziplinen „Informatik" und „Betriebswirtschaft" anwenden, auch wenn diese im Fokus des vorliegenden Beitrags liegen. Sicher sind aber immer die personellen Kapazitäten im Auge zu behalten.

5.3 Anregung 3: Modulprüfungsorientierung durch Kompetenzorientierung ersetzen

Anregung 3 schließlich geht noch einen Schritt weiter. Mit konsequenter Kompetenzorientierung werden die Curricula neu gedacht und Leistungsüberprüfungen individualisiert.

Anstelle standardisierter Stundenpläne und Modulendprüfungen treten Eintritts-Assessments und individualisierte Entwicklungspläne. Für jeden Studiengang werden Kompetenzen definiert, die bei Abschluss des Studiums zu beherrschen sind (Ausgangskompetenzen). Modulspezifische Leistungsnachweise und Testate finden zu Beginn einer Lerneinheit oder gar des Studiums statt. Sie dienen der Bestimmung der Eingangskompetenzen und dem Erkennen von individuellen Lücken der Studierenden. Die Lerneinheiten dienen dazu, diese Lücken entwicklungsorientiert zu schließen. Besucht werden nur diejenigen Module, die für die Erreichung der Ausgangskompetenzen nötig sind, womit ein standardisierter Stundenplan wegfällt.

Wie ein solcher Studiengang aussehen könnte, zeigt die Technische Hochschule Köln mit dem Bachelor-Studiengang „Product Engineering & Context" (vgl. Abb. 6), in dem rein projektbasiert gelehrt und gelernt wird. Das ganze Semester dient als „Abschlussarbeit" und nicht die einzelnen Module, die nur zu einer Zerstückelung des Lernens führen (Wampfler, 2023).

Es ist an der Zeit, das Augenmerk auf das individuelle Lernen zu verlagern und eine kompetenzorientierte Prüfungskultur zu schaffen. Wir sollten endlich „überprüfen, was wichtig ist, nicht das, was leicht zu überprüfen ist!" (Stern, 2010).

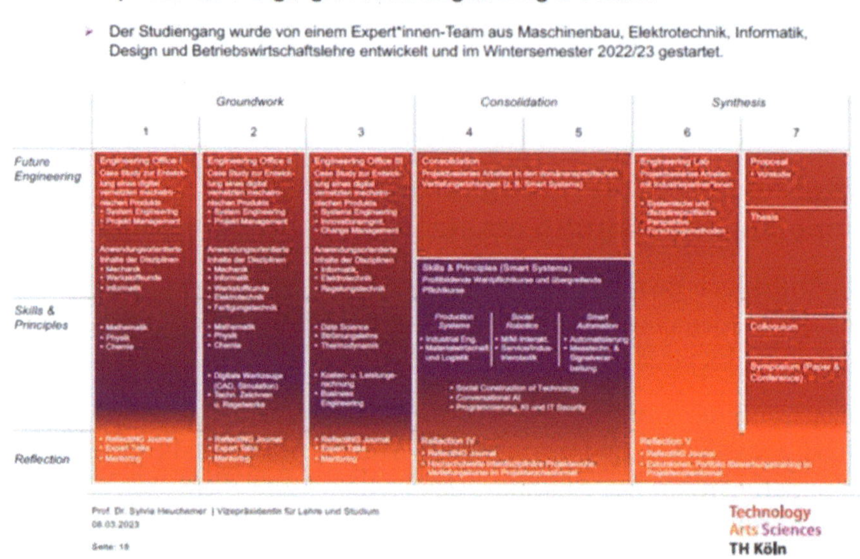

Abb. 6: Modellstudiengang „Product Engineering & Context" an der Technische Hochschule Köln (TH Köln, online)

6   Die Zeit drängt

GKI ist nun Teil der digitalen Welt. Sie zu ignorieren, wird nicht mehr möglich sein, wie wir nachgewiesen haben mit unserem „Exam Busting" unter Einsatz einer GKI-Software, die mittlerweile schon wesentlich leistungsfähiger geworden ist. Wir haben aber gezeigt, dass mit einer Neuausrichtung der Leistungsnachweise auf die Überprüfung von Kompetenzen zeitgemäße Prüfungsformate denkbar sind. Impulse könnten eine konsequente Integration von GKI in die Lehre und Forschung, aber auch ein Wandel der Einstellung bei Dozierenden und Studierenden setzen. Vielleicht sind teils neue Curricula zu entwerfen, die eine Prüfungspraxis zulassen, die begrenzte personelle Kapazitäten berücksichtigt.

Die technologische Entwicklung wird weitergehen. Neue, bessere und entsprechend zuverlässigere Sprachmodelle kommen auf den Markt und werden teils integriert in unsere täglichen Arbeitsabläufe. Aufgabe der Dozierenden, aber auch der strategischen Gremien von Hochschulen wird sein, diese Entwicklungen zu verfolgen, zu verstehen und idealerweise sogar mitzuprägen. Doch die entsprechenden Institutionen wirken im Vergleich zu privaten Unternehmen, die schnell neue Produkte entwickeln und den Ausbildungsmarkt verändern, eher träge. So konstatiert ein Bericht von der Learntec 2024 in Karlsruhe, der nach eigenen Angaben größten Veranstaltung für digitale Bildung in Europa, dass „sich die Hochschulen im deutschsprachigen Raum auf die Hinterbeine stellen müssen, wenn sie den digitalen Anschluss nicht verpassen möchten." (Jörissen, 2024). Verfasst wurde der Bericht von einem Delegierten der Hochschule Luzern.

7 Literaturverzeichnis

Bloom, B.S. (Hrsg.) (1973). *Taxonomie von Lernzielen im kognitiven Bereich* (3. Aufl.). Beltz.

Bloom, B.S. (1984). The 2 Sigma Problem: The Search for Methods of Group Instruction as Effective as One-to-One Tutoring. *Educational researcher, 13*(6), 4–16. https://facultycenter.ischool.syr.edu/wp-content/uploads/2012/02/2-sigma.pdf

Buck, I., Jost, C., Kreis-Hoyer, P., & Limburg, A. (2023). *KI-induzierte Transformation an Hochschulen.* Hochschulforum Digitalisierung. https://hochschulforumdigitalisierung.de/wp-content/uploads/2023/11/HSRM-Diskussionspapier-Nr.-26-KI-induzierte-Transformation-an-Hochschulen-1.pdf

Dutta, D. (2017). *Developing an Intelligent Chat-bot Tool to Assist High School Students for Learning General Knowledge Subjects.* Georgia Institute of Technology, repository.gatech.edu. http://hdl.handle.net/1853/59088

Gimpel, H., Hall, K., Decker, S., Eymann, T., Lämmermann, L., Mädche, A. et al. (2023). Unlocking the power of generative AI models and systems such as GPT-4 and ChatGPT for higher education: A guide for students and lecturers. *Hohenheim Discussion Papers in Business, Economics and Social Sciences, 2023*(02). https://hdl.handle.net/10419/270970

Hanke, U. (2023). Selbstlernkurs „Prüfen in einer Welt mit generativen KI-Tools wie Chat-GPT". https://hochschuldidaktik-akademie.de/31-2/ki-und-pruefen-kurs-kaufen/

Hattie, J., & Yates, G.C. (2013). *Visible learning and the science of how we learn.* Routledge.

Ilahi, M., Belcadhi, L.C., & Braham, R. (2014). Semantic models for competence-based assessment. *International Journal of Human Capital and Information Technology Professionals, 5*(3), 33–46. http://dx.doi.org/10.4018/ijhcitp.2014070103

Jörissen, St. (2024, 27. Juni). *Wo die Musik spielt – Eindrücke von der Learntec-Messe für digitale Bildung.* ZLLFblog. Zentrum für Lernen, Lehren und Forschen. https://blog.hslu.ch/blog/2024/06/27/wo-die-musik-spielt-eindruecke-von-der-learntec-messe-fuer-digitale-bildung/

Jungherr, A. (2023). *Using ChatGPT and Other Large Language Model (LLM) Applications for Academic Paper Assignments.* Otto-Friedrich-Universität. https://nbn-resolving.org/urn:nbn:de:bvb:473-irb-589507

Kaiser, H. (2019). *Situationsdidaktik konkret. Unterrichtsrezepte, Beispiele, Grundlagen.* Hep Verlag.

Khan, S. (2023, 14. März). *Harnessing GPT-4 so that all students benefit. A nonprofit approach for equal access Khan Academy.* https://blog.khanacademy.org/harnessing-ai-so-that-all-students-benefit-a-nonprofit-approach-for-equal-access/

Long, S., Dowsing, R., & Craven, P. (2003). Knowledge-Based Systems for Marking Professional IT Skills Examinations. In A. Macintosh, R. Ellis & F. Coenen (Hrsg.), *Applications and Innovations in Intelligent Systems X.* Springer. https://doi.org/10.1007/978-1-4471-0649-4_1

MacKevett, D., & Gutmann, M. (2023). High-Stakes Online Exams. Faculty Perceptions on Forced Digitization of Assessment During Corona at a Swiss Business School. *International Journal of Emerging Technologies in Learning, 18*(13), 193–208. https://doi.org/10.3991/ijet.v18i13.38379

Marfurt, A. (2023). *Prüfen mit ChatGPT.* Unveröffentlichte Präsentation an der Hochschule Luzern vom 04.05.2023.

Mouthaan, T.J., Olthuis, W., & Vos, H. (2003). Competence-based EE-learning: (how) can we implement it? Paper presented at *IEEE International Conference on Microelectronic Systems Education* (S. 33–34). https://research.utwente.nl/files/6151228/01205242.pdf

Open AI (2024). *GPT-4 Technical Report Version 6.* arXiv. https://doi.org/10.48550/arXiv.2303.08774

Stern, Th. (2010). *Förderliche Leistungsbewertung.* Österreichisches Zentrum für Persönlichkeitsbildung und soziales Lernen. https://www.oezeps.at/wp-content/uploads/2011/07/Leistungsbewertung_Onlineversion_Neu.pdf

TH Köln (online). *Studienverlaufsplan zur Prüfungsordnung.* https://www.th-koeln.de/studium/maschinenbau--product-engineering-and-context-bachelor--ordnungen-und-formulare_92178.php. Stand vom 10.07.2024

Tu, X., Zou, J., Su, W., & Zhang, L. (2023). *What Should Data Science Education Do with Large Language Models?* arXiv. https://doi.org/10.48550/arXiv.2307.02792

Walzik, S. (2012). *Kompetenzorientiert prüfen. Leistungsbewertung an der Hochschule in Theorie und Praxis.* Verlag Barbara Budrich.

Wampfler, P. (2023). *Das Fächerproblem.* https://schulesocialmedia.com/2022/02/09/das-facherproblem-nicht-nur-am-gymnasium/

Weinert, F.E. (2002). Vergleichende Leistungsmessung in Schulen – eine umstrittene Selbstverständlichkeit. In: F.E. Weinert (Hrsg.), *Leistungsmessungen in Schulen* (2. Aufl.) (S. 17–31). Beltz.

Nora Merz[1], Oliver Rack[2] & Monika Schlatter[3] (Olten)

Erhöhung sozialer Eingebundenheit in digitalen Lernsettings – Reicht die Einführung einer digitalen Lernplattform aus?

Zusammenfassung

Die digitale Transformation führt an Hochschulen zum vermehrten Einsatz digital unterstützter Lernsettings. Dadurch stellt sich die praxisrelevante Frage, wie sich die Einführung einer digitalen Lernplattform auf die soziale Eingebundenheit von Studierenden auswirkt. Durch Interviews (N=10) und eine Fragebogenerhebung (N=35) wurde untersucht, welchen Einfluss technische Features einer digitalen Lernplattform auf die soziale Eingebundenheit in einem Studiengang besitzen. Die Ergebnisse zeigen, dass nicht die technischen Features allein, sondern die Rahmenbedingungen einer digitalen Lernplattform sowie Kontaktangebote von Bedeutung für die soziale Eingebundenheit von Studierenden sind. Ergebnisse und Handlungsempfehlungen werden diskutiert.

Schlüsselwörter

Soziale Eingebundenheit, digitale Lernplattformen, Hochschullehre

---

1   Corresponding author; Fachhochschule Nordwestschweiz; nora.merz@fhnw.ch; ORCiD 0009-0005-3880-640X

2   Fachhochschule Nordwestschweiz; oliver.rack@fhnw.ch; ORCiD 0000-0002-5292-8324

3   Fachhochschule Nordwestschweiz; monika.schlatter@fhnw.ch

https://doi.org/10.21240/zfhe/19-2/10

Nora Merz, Oliver Rack & Monika Schlatter

Increasing social belonging in digital and self-directed learning settings – is the introduction of a digital learning platform sufficient?

Abstract

Digital transformation is leading to an increased use of digitally supported learning settings in higher education. This raises the practical question of how this affects students' sense of social belonging. The present study investigated the influence of a digital learning platform's technical features on university students' social belonging by means of interviews (N=10) and a questionnaire survey (N= 35). The results showed that not only technical features, but also the digital learning platform's conditions and the way contact opportunities are offered are important for students' sense of belonging. The results are discussed here, and practical implications are derived.

Keywords

social belonging, digital learning platforms, university teaching

1   Einleitung

Die Digitalisierung und die sich dadurch rasch wandelnden gesellschaftlichen Rahmenbedingungen erfordern auch von den Hochschulen, dass sie sich den Veränderungen durch die digitale Transformation stellen (Mrohs et al., 2023). Studierende brauchen neue Kompetenzen und entsprechend neue Lernformen. Dazu gehört die digitale Lehre in Form von orts- und zeitunabhängigen Lernsettings mittels digitalen Lehr-Lern-Plattformen.

Die vermehrte Fokussierung auf digitale bzw. orts- und zeitunabhängige Lehre im Hochschulkontext – im Gegensatz zu traditionellen Klassenverbänden – verlangt nicht nur mehr Selbststeuerung der Studierenden, sondern hat auch negative Auswirkungen auf ihre soziale Eingebundenheit (Hülshoff et al., 2021; Traus et al., 2020). Die soziale Eingebundenheit ist das Ausmaß an wahrgenommener Akzeptanz, Respekt, Inklusion und Unterstützung von Studierenden und ein wichtiger Förderer studentischer Motivation (Deci & Ryan, 1985; Goodenow, 1993). Durch mehr digitale bzw. orts- und zeitunabhängige Lehre fallen immer mehr Möglichkeiten zur sozialen Interaktionen weg, wodurch die soziale Eingebundenheit von Studierenden zu ihrem Studiengang sinkt, was potenziell einen negativen Effekt auf Motivation und Studienerfolg hat (Hascher & Brandenberger, 2018). Es ist daher von großer Relevanz zu untersuchen, inwiefern Einfluss auf die soziale Eingebundenheit in digitalen Lehrsettings genommen werden kann.

Eine digitale bzw. orts- und zeitunabhängige Lehre wird durch entsprechende Lehr-Lern-Plattformen unterstützt. Diese Plattformen ermöglichen nicht nur digitale Informationszugänge (digital verfügbare Dokumente und Videos, E-Learnings, Lernkontrollen über Lehr-Lern-Plattformen), sondern können anhand von unterschiedlichen technischen Funktionen auch Interaktionen zwischen den Studierenden sowie das Bilden von Gemeinschaften zulassen (Rosenberg, 2001). Dies führt zur Möglichkeit, dass spezifische Funktionen einer digitalen Lehr-Lern-Plattform einen Einfluss auf die soziale Eingebundenheit von Studierenden in einem mehrheitlich digitalen Lehrsetting haben können.

Im folgenden Beitrag dient der Bachelorstudiengang Data Science der Fachhochschule Nordwestschweiz (FHNW) und seine digitale Lehr-Lern-Plattform *Spaces* als Untersuchungsgegenstand. Das Konzept dieses Studiengangs ermöglicht durch sein freies Curriculum und durch die Wahl aus verschiedenen Lernwegen den Studierenden viel Autonomie und damit einen selbstgesteuerten und individuellen Kompetenzaufbau. Da im Studiengang kaum Pflicht- und Präsenztermine bestehen, ist der Aufbau von sozialer Eingebundenheit eine größere Herausforderung als in traditionellen Studiengängen. Demzufolge wird folgende Fragestellung untersucht:

Welche Features einer digitalen Lernplattform erhöhen die soziale Eingebundenheit von Studierenden?

2   Theoretischer Hintergrund

Goodenow (1993) definierte soziale Eingebundenheit in Lerninstitutionen als das Ausmaß an wahrgenommener Akzeptanz, Respekt, Inklusion und Unterstützung von Studierenden. Zusätzlich gehört die Überzeugung dazu, selbst etwas an der eigenen sozialen Eingebundenheit zum Positiven verändern zu können (Marksteiner & Hettler, 2021). Das Ausmaß an sozialer Eingebundenheit in einem Studiengang ist davon geprägt, inwiefern die Studierenden in positivem Kontakt zueinander stehen (Hascher & Brandenberger, 2018). Einerseits kann ein Studiengang durch Exklusivität („ich gehöre zu diesem einen Studiengang") ein Gemeinschaftsgefühl auslösen, welches positiv im Zusammenhang mit der sozialen Eingebundenheit steht (Davis et al., 2019). Andererseits kann ein Studiengang anhand von Austauschplattformen und (formellen und informellen) Veranstaltungen Gelegenheiten für den Aufbau und Erhalt von sozialen Kontakten bieten, wodurch die soziale Eingebundenheit der Studierenden gestärkt werden kann (Hascher & Brandenberger, 2018). Aus diesen Ausführungen bleibt zu konstatieren, dass die soziale Eingebundenheit von Studierenden veränderbar ist. Somit besteht ein Handlungsspielraum für Hochschulen, die Lernmotivation ihrer Studierenden und somit auch deren Lernerfolg positiv zu beeinflussen.

2.1 Soziale Eingebundenheit und Digitalisierung

Durch die digitale Transformation und die Verlagerung von Lehrveranstaltungen in Online-Formate wird die soziale Eingebundenheit im Hochschulkontext noch relevanter. Die COVID-19-Pandemie hat gezeigt, dass durch eine Verlagerung von Lehrveranstaltungen in den Online-Kontext die soziale Eingebundenheit von Studierenden sinkt (Hülshoff et al., 2021; Traus et al., 2020). Der digitale Austausch ist aufgrund der geringeren Reichhaltigkeit an sozialen Hinweisreizen im Vergleich zu Face-to-face-Kommunikation restriktiver (Nerdinger et al., 2014; Rosen et al., 2007). Durch den teilweisen Wegfall von visuellen und auditiven Reizen kann ein Verlust von Emotionalität und Authentizität bei der Kommunikation erfolgen (Janneck, 2008). Digitale Angebote erzeugen im Vergleich zu Angeboten vor Ort eine Kanalreduktion, dies bedeutet, sie übertragen weniger Information (Trevino et al., 1987). Weiter entfallen durch digitale Lehrveranstaltungen ortsgebundene informelle Treffen von Studierenden, welche die soziale Eingebundenheit unterstützen (Hascher & Brandenberger, 2018; Hülshoff et al., 2021; Traus et al., 2020). Einzig das Nutzen von Breakout-Räumen wurde als mögliche positive Einflussvariable für die soziale Eingebundenheit in digitalen Lehrveranstaltungen identifiziert (Hülshoff et al., 2021). Wenn die Strukturen des Lernalltages der Studierenden aufgrund ihres Aufbaues oder digitalen Ausführung keine regelmäßige Plattform für formelle und informelle Kommunikationsaustausche bieten, müssen Maßnahmen getroffen werden, solche zu etablieren (Hinze & Blakowski, 2003).

2.2 Soziale Eingebundenheit und digitale Lehr-Lern-Plattformen

Ein Gestaltungsgegenstand für Hochschulen zur Steigerung der sozialen Eingebundenheit von Studierenden, welche das digitale Lernen nicht einschränkt, besteht im Design ihrer Lehr-Lern-Plattformen (Eiben et al., 2018). Neben dem Zurverfügungstellen von Informationen bieten Lehr-Lern-Plattformen unterschiedliche Möglichkeiten der computervermittelten Kommunikation (Mangold et al., 2004). Beispiele sind Chats, Gruppenchats, Videotelefonie oder die Möglichkeit, mit Text oder auch

Emojis auf Beiträge zu reagieren. Dadurch kann die digitale Kommunikation zwischen Studierenden und zu den Dozierenden gefördert werden. Neben dieser digitalen Kommunikation können gewisse Funktionen zeigen, dass andere Nutzende präsent sind (Awareness), so die Wahrnehmung anderer fördern (soziale Präsenz) und damit soziale Interaktionen begünstigen. Dazu gehört beispielsweise eine Anzeige, wer gerade online ist (Hinze & Blakowski, 2003; Katzlinger, 2007) und die Erstellung von Benutzerprofilen (Katzlinger, 2007). Durch solche Funktionen wird das Verhalten anderer Nutzender sowie deren Präsenz auf der Plattform sichtbarer.

Auf Basis dieser technischen Möglichkeiten wurden in dieser Studie mögliche Szenarien (scenario-based Evaluation) wie die Funktionen „Chat und Gruppenchat" sowie die Funktionen „wer ist online?" (Visualisierung der digitalen Präsenz – allgemein), „Personenprofile" (Visualisierung der digitalen Präsenz – individuell) und „Emojis" (niederschwellige Kommunikationsmöglichkeit) näher untersucht. Der erste Teil dieser Studie untersuchte, inwiefern eine zusätzliche Kommunikationsfunktion der digitalen Lehr-Lern-Plattform *Spaces* einen positiven Einfluss auf die soziale Eingebundenheit im Studiengang Data Science hat. Der zweite Teil dieser Studie untersuchte die soziale Eingebundenheit der Studierenden des Studienganges *Spaces* und inwiefern diese mit vorhandenen Online- und Präsenzangeboten zum sozialen Austausch und mit spezifischen Funktionen der Lehr-Lern-Plattform *Spaces* in Zusammenhang steht. Abschließend wurden bestehende Angebote zum sozialen Austausch der Studierenden untersucht.

3 Methodisches Vorgehen

Anhand einer Kombination von Methoden (Interviews und Fragebogen) konnte eine umfassende Sicht auf die soziale Eingebundenheit im Studiengang Data Science der FHNW ermöglicht werden. Der Studiengang umfasste zum Zeitpunkt der Datenerhebung 90 Studierende, wobei 79% männlich waren und 57% Vollzeit studierten. Die Studienteilnehmenden hatten jederzeit die Möglichkeit ohne Angabe von Gründen die Teilnahme abzubrechen. Alle erhobenen Daten wurden anonymisiert. Aufgrund der Methodik sowie der Thematik der Erhebungen konnte somit ethische Unbedenklichkeit angenommen werden.

3.1 Studie 1

In der ersten Studie wurde in zehn Interviews der Einfluss der Funktionen Chat und Gruppenchat auf die soziale Eingebundenheit anhand der scenario-based Evaluation nach van den Anker (2003) untersucht. Die befragten Studierenden waren zu 60% männlich, 20% waren im ersten Semester, 50% im dritten Semester, 30% im fünften Semester, wobei 60% Teilzeit studierten. Der Interviewleitfaden umfasste Fragen zu sozialer Eingebundenheit und Zugehörigkeitsgefühl zum Studiengang anhand von Selbstauskünften nach Marksteiner und Hettler (2021) sowie Peterson et al. (2008).

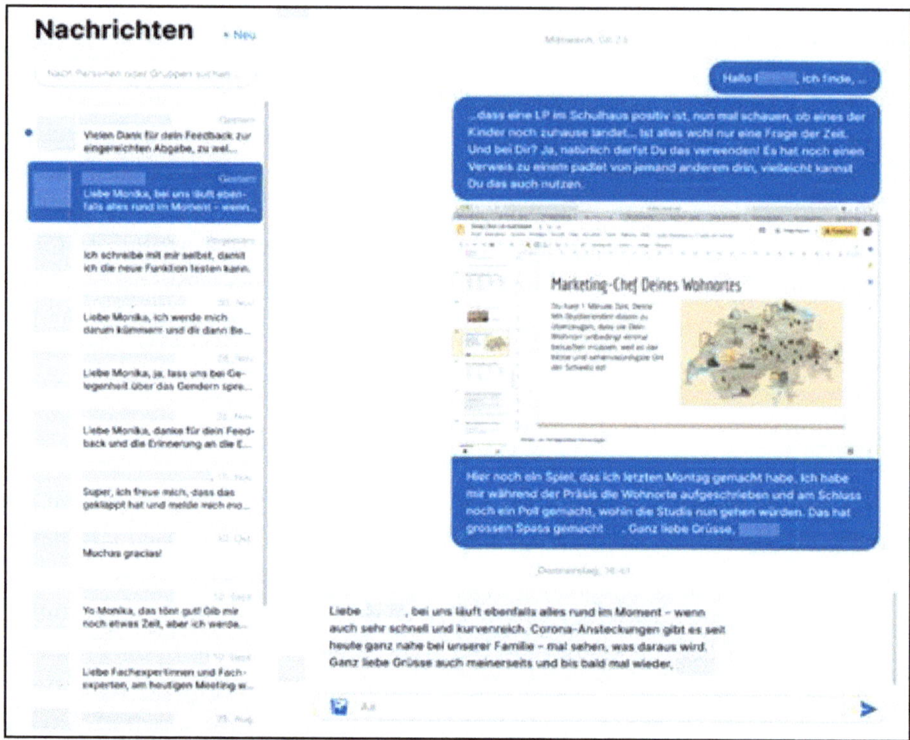

Abb. 1: Interview Szenario 1

Bei der Methode der Scenario-based-Evaluation werden mögliche Szenarien entwickelt (hier: Bild einer Chat- und Gruppenchat-Funktion), um deren potenzielle Wirkung zu testen, bevor sie tatsächlich umgesetzt werden. Für die Auskünfte über die Chat- und Gruppenchat-Funktion in *Spaces* wurden drei Szenarien entwickelt, anhand welcher die Interviewten bezüglich sozialer Eingebundenheit und Rahmenbedingungen befragt wurden.

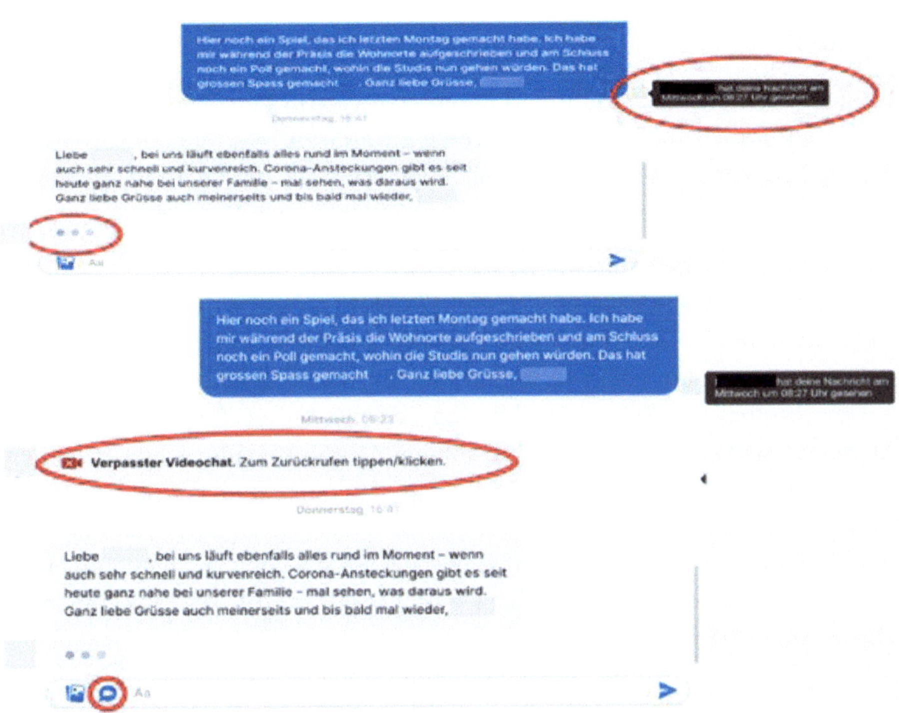

Abb. 2: Interview Szenario 2 (oben) und 3 (unten)

Das erste Szenario beinhaltete eine Chat- und Gruppenchat-Funktion, dadurch können Chats mit einer oder mehreren Personen über *Spaces* stattfinden (Abbildung 1). Diese Funktion wurde im zweiten Szenario durch Aktivitätsanzeigen (schreibt gerade, wurde gelesen) ergänzt (Abbildung 2). Im dritten Szenario wurde weiter eine Videotelefonie-Funktion hinzugefügt (Abbildung 2). Die durch ein Online-Interview erhobenen qualitativen Daten wurden anhand von Kriterien der Inhaltsanalyse nach Mayring (2015) analysiert. Es wurden zusammenfassende Skripte anhand der Tonaufnahmen erstellt. Zur Kategorisierung dienten die deduktiv erarbeiteten Kategorien des Interviewleitfadens, woraus folgend Häufigkeiten der Anzahl der Nennungen analysiert wurden.

3.2 Studie 2

In der zweiten Studie wurde ein Online-Fragebogen von 35 Personen (28% der Studierenden) ausgefüllt. Die befragten Studierenden waren zu 74% männlich, 55% waren im zweiten Semester, 34% im vierten Semester, 11% im sechsten Semester, wobei 51% Vollzeit studierten.

Die soziale Eingebundenheit zum Studiengang wurde anhand einer angepassten und verkürzten Skala von Marksteiner und Hettler (2021) erhoben, welche sieben Stufen umfasste (1 = nicht bis 7 = voll und ganz) (Cronbach's Alpha .91). Ein Beispielsitem ist „Wenn man möchte, kann man seine Zugehörigkeit zum Studiengang selbst verändern.". Der Einfluss der *Spaces*-Funktionen „wer ist online?" (Anzeige, welche ersichtlich macht, wie viele Personen zum jetzigen Zeitpunkt online sind), Personenprofile (Auflistungen von besuchten Lehrveranstaltungen und Gruppenmitgliedschaften pro Person, welche für andere ersichtlich sind) und Emojis (unterschiedliche visuelle Reaktionsmöglichkeiten auf Beiträge) auf die soziale Eingebundenheit wurde anhand einer siebenstufigen Skala (1 = nicht bis 7 = voll und ganz) in Anlehnung an Domahidi (2016) erfasst (Abbildung 3). Ein Beispielsitem ist „Die Anzeige „wer ist online?" gibt den Studierenden ein Gefühl von Gemeinschaft.".

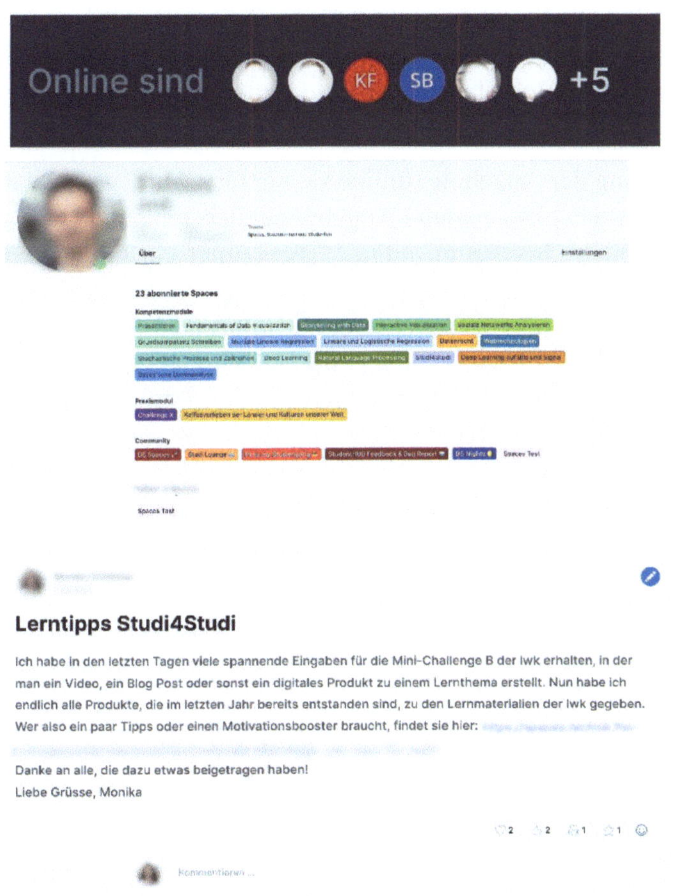

Abb. 3: *Spaces*-Funktionen „wer ist online" (oben), Personenprofile (Mitte) und Emojis (unten)

Die Nutzung der bestehenden Angebote für das Finden und Pflegen sozialer Kontakte des Studienganges wurde anhand von zwei Fragen mit sieben Stufen (1 = nicht bis 7 = voll und ganz) in Anlehnung an Domahidi (2016) erfasst (eine Aufzählung und Beschreibung der Angebote ist in Tabelle 1 zu finden). Die Fragen waren „Bitte gib an, welche der folgenden Angebote deiner Ansicht nach von deinen Mitstudierenden benutzt werden" und „Bitte gib an, inwiefern du die untenstehenden Angebote nutzt.".

Die bevorzugte Art der Nutzung der Angebote (online vs. vor Ort) wurde anhand der Frage „Bitte gib an, wie du das jeweils genannte Angebot am liebsten nutzt" erfragt, wobei die Antwortmöglichkeiten „bevorzugt online", „bevorzugt vor Ort", „flexibel/keine Präferenz" und „keine Aussage möglich" waren. Die bestehenden Angebote für das Finden und Pflegen sozialer Kontakte wurden aufgrund ihres Zwecks in die Kategorien „Sozialer Austausch / Räumlichkeit" und „Informations- und Lernangebot" eingeteilt. Die Daten wurden mit dem Statistikprogramm SPSS aufbereitet und analysiert. Es wurden neben deskriptiven Auswertungen Pearson-Korrelationen berechnet.

Tab. 1: Auflistung und Beschreibung bestehender Angebote für das Finden und Pflegen sozialer Kontakte (Kategorie 1: „Sozialer Austausch / Räumlichkeit"; Kategorie 2: „Informations- und Lernangebot")

Angebot	Beschreibung	Kategorie
Town Hall	Jährliches Studiengangtreffen	1
Lernwerkstatt	Erstsemestermodul „Lernen in Peer Groups"	2
E-Mail-Austausch	Interaktionsmöglichkeit	2
Handshake Meeting	Wöchentliches Kaffeetreffen	1

Beiträge auf Spaces	Interaktionsmöglichkeit	2
Grillplausch	Jährliches Grillfest	1
Meet&Greet	Semesterstart-Veranstaltung	1
Deep Dive	Modulbasierte, vertiefende Workshops	2
Learning Labs	Flexibel eingerichtete Räume zum Lernen/Austauschen	1
Data Science Night	Halbjährliche Veranstaltung mit Industriebeispiel und Pizzaessen	1
Co-Working-Zone	Arbeitszonen im Co-Working-Stil	1

4 Ergebnisse

4.1 Studie 1

Die Ergebnisse der Interviews zeigen auf, dass sich die Mehrheit der Befragten sozial eingebunden fühlt (Antworten ja oder eher ja), aber dass sie aufgrund der strukturellen Art des Studienganges viel Eigeninitiative aufwenden müssen, um Mitstudierende kennenzulernen. Die Aussagen der Befragten weisen weiter darauf hin, dass die Studienplattform *Spaces* keinen Einfluss auf die soziale Eingebundenheit im Studiengang hat. Einzig durch das Erzeugen einer gewissen Exklusivität führt *Spaces* durchschnittlich eher zu einem Gemeinschaftsgefühl.

In Bezug auf die Einschätzung der Nützlichkeit der drei ausgewählten Szenarien bezüglich einer Erhöhung der sozialen Eingebundenheit zum Studiengang wurde die

Funktion Chat und Gruppenchat mit Videotelefonie von allen Befragten als am nützlichsten eingeschätzt. Ergänzend erwähnen die Befragten, dass für die Einführung von neuen Funktionen entscheidend ist, dass diese bestimmte Rahmenbedingungen erfüllen. Aufgrund der Interviewaussagen konnten vier Kategorien von Rahmenbedingungen identifiziert werden, die in Tabelle 2 aufgelistet sind.

Tab. 2: Rahmenbedingungen für die Chat- und Gruppenchat-Funktion

Kategorie	Beschreibung
Klare Regeln	Es bestehen Guidelines und Nutzungsempfehlungen über die Art der Kommunikation
Einheitlicher Kommunikationskanal	Die gesamte studiumsbezogene Kommunikation (inkl. zu den Lehrenden) wird auf diese eine Plattform übertragen.
Technik	Die Implementierung der Kommunikationsfunktion ist technisch einwandfrei (inkl. Datenschutz)
Vergleichbarkeit	Die Funktion ist vergleichbar zu bestehenden Funktionen anderer Anbietenden

4.2 Studie 2

Die Ergebnisse der quantitativen Studie zeigen, dass sich die Studierenden durchschnittlich eher sozial eingebunden im Studiengang fühlen (1 = nicht bis 7 = voll und ganz; M=5.31, SD=.66; Abbildung 4).

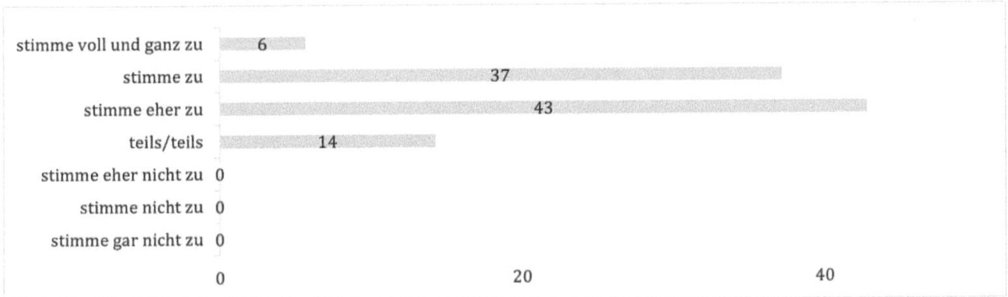

Abb. 4: Durchschnittliche soziale Eingebundenheit im Studiengang % (*n*=35)

Der Einfluss der *Spaces*-Funktionen „Personenprofil" (*M* = 3.51, *SD* = 1.66) und „Emojis" (*M* = 4.21, *SD* = 1.66) auf das Gefühl von Gemeinschaft wurde mittelstark eingeschätzt. Die *Spaces*-Funktion „wer ist online?" trug hingegen nicht wesentlich zu einem Gefühl von Gemeinschaft bei (*m*=2.51, *sd*=1.63). Die Ergebnisse zeigen zudem, dass die durchschnittliche soziale Eingebundenheit im Studiengang positiv mit der Annahme korreliert, dass Personenprofile auf *Spaces* den Studierenden ein Gefühl von Gemeinschaft geben (*r*=.358, *p*=.035). Je mehr sich Studierende sozial eingebunden fühlen, desto eher stimmten sie der Aussage zu, dass die Funktion Personenprofile nützlich für den sozialen Austausch ist. Dabei handelt es sich nach Cohen (1992) um einen mittelstarken Effekt.

Die Nutzung der bestehenden Angebote für das Finden und Pflegen sozialer Kontakte des Studienganges wurde mit den Werten 3.2 (3 = „Das Angebot wird wenig genutzt") bis 5.6 (6 = „Das Angebot wird oft genutzt") bewertet. Diese sind in Abbildung 5 aufgelistet.

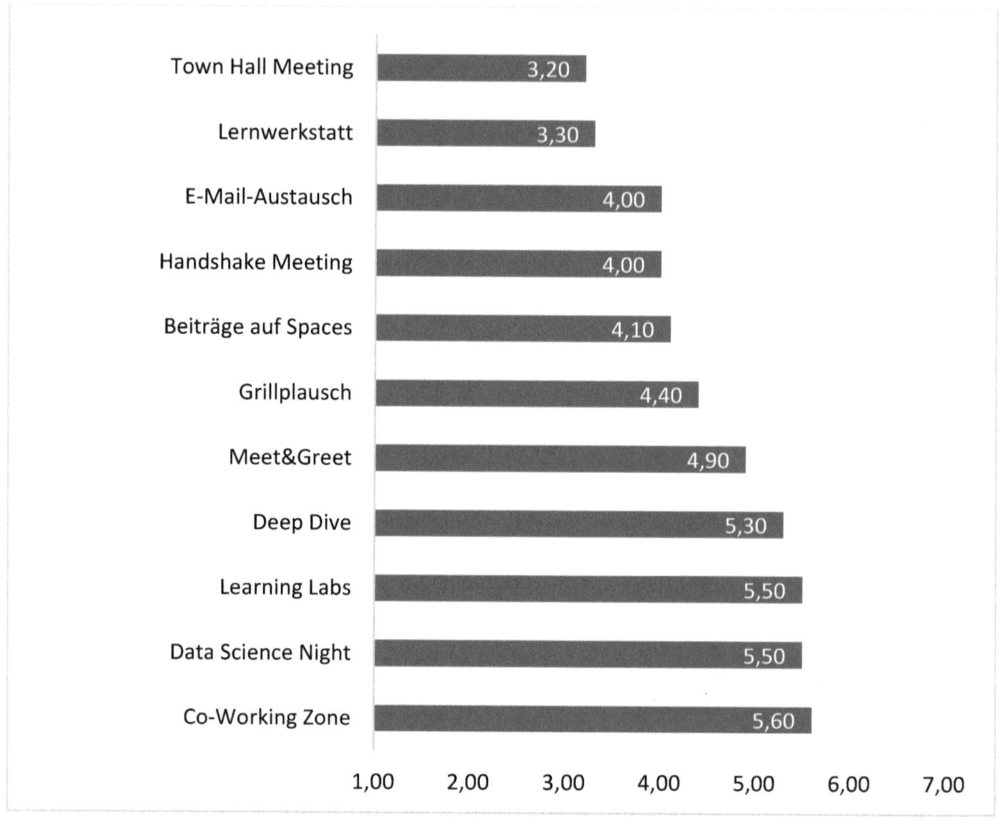

Abb. 5: Durchschnittliche Benutzung der Angebote. (1 = nicht genutzt, 2 = eher nicht genutzt, 3 = wenig genutzt, 4 = teils/teils genutzt, 5 = eher oft genutzt, 6 = oft genutzt, 7 = sehr oft genutzt, n=35)

Durchschnittlich wurde die Nutzung der Angebote der Kategorie „Sozialer Austausch / Räumlichkeit" eher oft genutzt (M = 5.04, SD = 1.59) und die Kategorie „Informations- und Lernangebot" teils/teils genutzt (M = 4.11, SD = 1.55) (Abbildung 6).

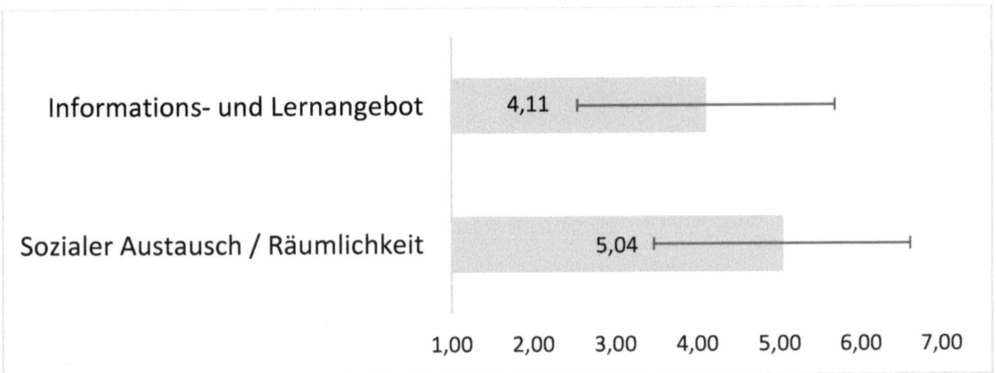

Abb. 6: Durchschnittliche Benutzung der Angebote pro Kategorie (1 = nicht genutzt, 2 = eher nicht genutzt, 3 = wenig genutzt, 4 = teils/teils genutzt, 5 = eher oft genutzt, 6 = oft genutzt, 7 = sehr oft genutzt, *n*=35).

In der Analyse der bevorzugten Art der Nutzung der Angebote (online vs. vor Ort) zeigt sich, dass Angebote der Kategorie „Sozialer Austausch / Räumlichkeit" bevorzugt vor Ort genutzt werden (72%) im Vergleich zu der Kategorie „Informations- und Lernangebot", bei welcher nur 30% der Befragten diese vor Ort bevorzugen (Abbildung 7).

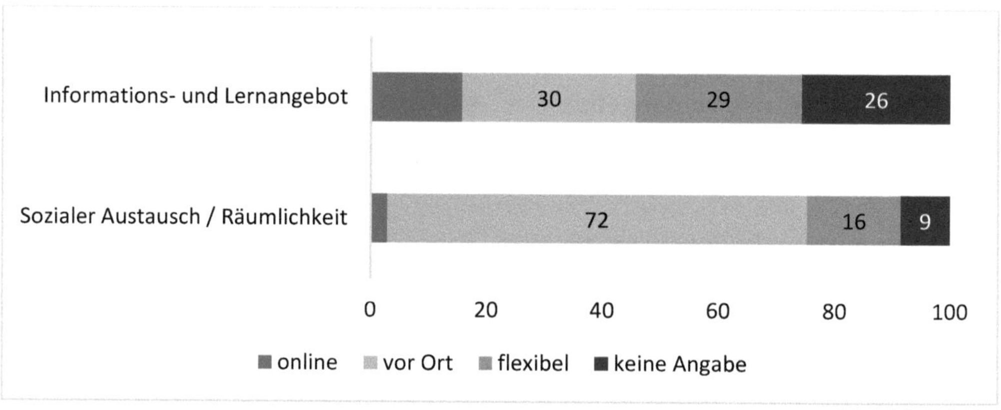

Abb. 7: Bevorzugte Art der Nutzung der Angebots-Kategorien in % (*n*=35)

Über alle deskriptiven und statistischen Analysen hinweg konnten anhand von gruppengetrennten Auswertungen keine signifikanten Gruppenunterschiede bezüglich Geschlecht, Semesterzugehörigkeit oder Voll- und Teilzeitstudierenden identifiziert werden.

5 Diskussion

Die vorliegende Studie untersuchte den Einfluss unterschiedlicher Funktionen der digitalen Lernplattform *Spaces* auf die soziale Eingebundenheit von Studierenden. Die Ergebnisse zeigten, dass sich die Studierenden des Studienganges sozial eingebunden fühlen, wobei bezüglich der Lehr-Lern-Plattform *Spaces* kein subjektiv wahrgenommener Effekt auf die soziale Eingebundenheit identifiziert werden konnte. Diese Resultate lassen vermuten, dass nicht die Verwendung einer gemeinsamen Lehr-Lern-Plattform, sondern andere Elemente des Studiengangs ein Gefühl der sozialen Eingebundenheit auslösen und eine Förderung dieser Elemente notwendig sein könnte, um soziale Eingebundenheit in einem flexiblen Studiengang zu unterstützen. Da die Studierenden bereits über eine hohe Ausprägung an sozialer Eingebundenheit berichteten, könnte es sich auch um einen Deckeneffekt handeln.

Die qualitative Befragung zu möglichen Chat- und Gruppenchat-Features zeigt, dass die Funktion inklusive Videotelefonie von den drei Szenarien als am nützlichsten angesehen wird. Dies entspricht den bestehenden Annahmen, da die Videooption im Vergleich zu rein schriftlicher Kommunikation zusätzlich soziale Hinweisreize übermittelt, was mehr Emotionalität und Authentizität erlaubt (Janneck, 2008; Nerdinger et al., 2014; Rosen et al., 2007; Trevino et al., 1987). Weiter konnten Rahmenbedingungen für die Kommunikationsfunktionen identifiziert werden. Diese umfassen klare Regeln für die Nutzung der Funktion, eine einheitliche Nutzung der Funktion für studiumsbezogene Kommunikation, eine technisch einwandfreie Implementierung in die Lernplattform sowie die Vergleichbarkeit mit anderen Kommunikationskanälen bezüglich zur Verfügung stehender Funktionen und Möglichkeiten. Der Faktor einer exklusiven Chat- und Gruppenchatfunktion auf der Lehr-Lern-Plattform erzeugt nur einen zusätzlichen Wert für die Studierenden, wenn diese hohe Anforderungen erfüllt und somit für studiumsbezogene Kommunikation eine Ablösung von momentan genutzten Funktionen darstellt. Diese Ergebnisse sind im Einklang mit Befunden von Eiben et al. (2018), wonach digitale Tools in Hochschulen möglichst mit aktuellen technischen Standards integriert werden sollen.

Die Resultate der untersuchten Features in der quantitativen Studie zeigten, dass diese Funktionen keinen (Funktion „wer ist online?") oder nur einen sehr kleinen Effekt (Funktionen „Personenprofile", „Emojis") auf das Gemeinschaftsgefühl der Studierenden haben. Dies steht in Diskrepanz zu Hinze und Blakowski (2003) und Katzlinger (2007), die einen positiven Effekt vermuteten. Ein mittelstarker positiver Effekt auf das Gefühl der sozialen Eingebundenheit wurde durch die neu eingeführten Personenprofile festgestellt. Möglicherweise sind für Personen, die Personenprofile und/oder Emojis als nützlich empfinden, soziale Interaktionen im Online-Raum ganz allgemein wichtig. Um dies zu analysieren, müssten weitere Untersuchungen gemacht und die digitale Architektur von Lehr-Lern-Plattformen näher betrachtet werden. Zudem wäre ein weiterer Schritt, Aspekte des Datenschutzes zu untersuchen, und zwar hinsichtlich dessen Einflusses auf die soziale Eingebundenheit auf Lehr-Lern-Plattformen.

Um zu analysieren, welche anderen Aspekte des Studiengangs zu einer Erhöhung des Gefühls der sozialen Eingebundenheit führen könnten, wurde die Nutzung von Angeboten untersucht, die es den Studierenden erleichtern sollten, Mitstudierende kennenzulernen und mit ihnen in Kontakt zu bleiben. Es zeigte sich, dass die bestehenden Angebote durchschnittlich teils/teils genutzt wurden. Dabei unterschieden sich jedoch Angebote der Kategorien „Sozialer Austausch / Räumlichkeit" und „Informations- und Lernangebot" merklich. Erstere Kategorie wird von den Studierenden mehr genutzt, was in Verbindung mit dem Wunsch nach sozialer Eingebundenheit stehen könnte. Auch geben diese Angebote Gelegenheit, die soziale Eingebundenheit durch Kontaktaufnahmen aktiv zu beeinflussen (Marksteiner & Hettler, 2021). Die erhöhte Nutzung solcher Angebote steht mit dem Resultat aus der quantitativen Befragung im Einklang, dass das Erleben von sozialer Eingebundenheit viel Eigeninitiative erfordert. Entsprechend diesem Ergebnis zeigte sich weiter eine klare Präferenz der Studierenden, die Angebote der Kategorie „Sozialer Austausch / Räumlichkeit" bevorzugt vor Ort zu nutzen. Räumlichkeiten scheinen damit eine wichtige und gern genutzte Ressource zu sein, um in Kontakt mit Mitstudierenden zu treten. Dies könnte an der Präferenz der höheren Reichhaltigkeit des Face-to-face-Kommunikationskanals liegen (Nerdinger et al., 2014; Rosen et al., 2007). Das Schaffen von Räumlichkeiten und Angeboten, die viel soziale Interaktion ermöglichen, kann somit als Handlungsspielraum genutzt werden, um die soziale Eingebundenheit von Studierenden positiv zu beeinflussen. Dagegen zeigen die Ergebnisse zu den Angeboten in der Kategorie „Informations- und Lernangebot" keine klare Präferenz bei den Studierenden bezüglich der Modalität. In Bezug auf inhaltliche Themen scheint eine Reduktion der sozialen Hinweisreize weniger einschränkend zu sein, die zeitliche und örtliche Flexibilität hat aber einen hohen Stellenwert. Studierende scheinen die Flexibilität zu schätzen, wann sie wo welche Informationen und Lerninhalte erhalten und verarbeiten können. Dies weist darauf hin, dass für diese Angebote eine hybride Form (digital und vor Ort) ideal sein könnte.

Bei der Betrachtung der Ergebnisse sollte berücksichtigt werden, dass die soziale Eingebundenheit der Studierenden auch in einem Studiengang mit freiem Curriculum in Zusammenhang mit dem jeweiligen Semester stehen kann, auch wenn dies in dieser quantitativen Studie nicht gefunden wurde. Je mehr Veranstaltungen besucht wurden, desto mehr hatten die Studierenden Gelegenheiten, mit anderen in Kontakt zu treten. Die vorgestellten Studien sind in ihrer Generalisierung limitiert, da der untersuchte Studiengang einzigartig ist und keine generelle Vergleichbarkeit mit anderen Studiengängen besteht. Dabei ist durch die Teilnahme von 28% der Studierenden bei der quantitativen Studie die Aussage auch nur bedingt repräsentativ für diesen Studiengang. Zudem ist auch die Lehr-Lern-Plattform *Spaces* einzigartig und kann nur bedingt mit anderen Plattformen verglichen werden. Anhand der erhobenen querschnittlichen Daten können zudem keine Aussagen über zeitliche Veränderungen getroffen werden, sondern diese zeigen eine Momentaufnahme. Weiter wurde in dieser Studie der Einfluss von Dozierenden und deren Handlungsspielraum bezüglich der sozialen Eingebundenheit von Studierenden nicht näher betrachtet, da der hohe Grad der Selbstorganisation in den einzelnen Modulen des Studiengangs den Dozierenden weniger hochschuldidaktische Steuerungsmöglichkeiten gibt wie z. B. die bewusste Gestaltung von kooperativen Anteilen innerhalb einer Lehrveranstaltung im Vergleich zu traditionellen Studiengängen.

5.1 Handlungsempfehlungen

Im Hinblick auf die Digitalisierung von Lehrangeboten gewinnt eine nähere Betrachtung der Faktoren, die soziale Eingebundenheit von Studierenden beeinflussen, zunehmend an Wichtigkeit. Aufgrund der Ergebnisse der vorliegenden Studien lassen sich folgende Handlungsempfehlungen ableiten:

- Um die soziale Eingebundenheit in flexiblen Studiengängen zu fördern, empfiehlt es sich, den Studierenden Räumlichkeiten mit einem Co-Working-Charakter zur Verfügung zu stellen und gezielt den sozialen (und auch) informellen Austausch mit entsprechenden Gelegenheiten vor Ort zu fördern.

- Kommunikationsfunktionen sollten nur in Lehr-Lern-Plattformen integriert werden, wenn diese den gängigen Standards vergleichbarer Kommunikationssoftware entsprechen und klare Nutzungs-Guidelines vereinbart werden.

- Nachfolgende Studien sollten genauer untersuchen, inwiefern hybride Formen von Informations- und Lernveranstaltungen gewinnbringend für Studierende und Dozierende umgesetzt werden können.

6 Literaturverzeichnis

Brandstätter, V., Schüler, J., Puca, R. M., & Lozo, L. (2018). *Motivation und Emotion.* Springer Berlin.

Cohen, J. (1992). Quantitative methods in psychology. *Psychological bulletin, 112*(1),155–159.

Davis, G. M., Hanzsek-Brill, M. B., Petzold, M. C., & Robinson, D. H. (2019). Students' sense of belonging: The development of a predictive retention model. *Journal of the Scholarship of Teaching and Learning, 19*(1), 117–127.

Deci, E. L., & Ryan, R. M. (1985). Conceptualizations of intrinsic motivation and self-determination. In E. L. Deci & R. M. Ryan (Hrsg.), *Intrinsic motivation and self-determination in human behavior* (S. 11–40). Springer US.

Domahidi, E. (2016). *Online-Mediennutzung und wahrgenommene soziale Ressourcen.* Springer Fachmedien.

Eiben, A., Mazzola, R., & Hasseler, M. (2018). Digitalisierung in der wissenschaftlichen Weiterbildung im Bereich Gesundheit und Pflege. *Zeitschrift Hochschule und Weiterbildung (ZHWB)*, 31–37.

Goodenow, C. (1993). The psychological sense of school membership among adolescents: Scale development and educational correlates. *Psychology in the Schools, 30*(1), 79–90.

Görich, K. (2019). *Fit fürs Klassenzimmer: Konzeption und Evaluation eines Resilienzförderungsprogramms für Lehramtsstudierende.* Verlag Julius Klinkhardt.

Harring, M., Böhm-Kasper, O., Palentien, C., & Rohlfs, C. (2010). *Freundschaften, Cliquen und Jugendkulturen.* VS Verlag für Sozialwissenschaften.

Hascher, T., & Brandenberger, C. C. (2018). Emotionen und Lernen im Unterricht. In M. Huber & S. Krause (Hrsg.), *Bildung und Emotion* (S. 289–310). Springer VS. https://doi.org/10.1007/978-3-658-18589-3_16

Hinze, U., & Blakowski, G. (2003). Soziale Eingebundenheit als Schlüsselfaktor im E-Learning – Blended Learning und CSCL im didaktischen Konzept der VFH. *Tagungsband der 1. e-Learning Fachtagung Informatik* (S. 16–18). Gesellschaft für Informatik e.V.

Hülshoff, A., Kunze, I., Nonte, S., Reintjes, C., & Veber, M. (2021). Förderung sozialer Eingebundenheit von Studierenden in der digitalisierten Lehrer*innenbildung im Kontext von Emergency Remote Teaching. *k:ON – Kölner Online Journal für Lehrer*innenbildung 4*, 24–47.

Janneck, M. (2008). Das Fünf-Ebenen-Modell der computervermittelten Kommunikation. In Workshop *Gemeinschaften in Neuen Medien (GeNeMe).* https://dl.gi.de/bitstream/handle/20.500.12116/35241/geneme2008-13.pdf?sequence=1&isAllowed=y

Katzlinger, E. (2007). Die Beziehung zwischen sozialer Präsenz und Privatsphäre in Lernplattformen. In M. Merkt, K. Mayrberger, R. Schulmeister, A. Sommer & I. van den Berk (Hrsg.), *Studieren neu erfinden – Hochschule neu denken* (S. 191–201). Waxmann.

Kopp, B., & Mandl, H. (2012). Selbstgesteuertes Lernen. *Enzyklopädie Erziehungswissenschaft Online*, 1–33. https://doi.org/10.3262/EEO09110162

Mangold, R., Vorderer, P., & Bente, G. (Hrsg.) (2004). *Lehrbuch der Medienpsychologie.* Hogrefe, Verlag für Psychologie.

Marksteiner, T., & Hettler, I. S. (2021). Soziale Eingebundenheit von Lehramtsstudierenden: Die Rolle impliziter Theorien bei der Veränderung des Erlebens sozialer Eingebundenheit von Erstsemestern. *Unterrichtswissenschaft, 49*(4), 585–602.

Mayring, P. (2015). *Qualitative Inhaltsanalyse.* Beltz Verlagsgruppe.

Mrohs, L. C., Hess, M., Lindner, K., Schlüter, J., & Overhage, S. (Hrsg.) (2023). *Digitalisierung in der Hochschullehre – Perspektiven und Gestaltungsoptionen* (Bd. 11). University of Bamberg Press.

Nerdinger, F. W., Blickle, G., & Schaper, N. (2014). *Arbeits- und Organisationspsychologie.* Springer Berlin.

Peterson, N. A., Speer, P. W., & McMillan, D. W. (2008). Validation of a brief sense of community scale: Confirmation of the principal theory of sense of community. *Journal of Community Psychology, 36*(1), 61–73.

Rosen, B., Furst, S., & Blackburn, R. (2007). Overcoming barriers to knowledge sharing in virtual teams. *Organizational Dynamics, 36*(3), 259–273.

Rosenberg, M. J. (2001). *E-learning: Strategies for delivering knowledge in the digital age.* McGraw-Hill.

Traus, A., Höffken, K., Thomas, S., Mangold, K., & Schröer, W. (2020). *Stu.diCo. – Studieren digital in Zeiten von Corona.* https://nbn-resolving.org/urn:nbn:de:gbv:hil2-opus4-11578

Trevino, L. K., Lengel, R. H., & Daft, R. L. (1987). Media symbolism, media richness, and media choice in organizations: A symbolic interactionist perspective. *Communication Research, 14*(5), 553–574.

Van den Anker, F. W. G. (2003). *Scenarios work: Developing and evaluating scenarios related to cooperative work mediated by mobile multimedia communications.* Ponsen & Looijen.

Walton, G. M., & Cohen, G. L. (2011). A brief social-belonging intervention improves academic and health outcomes of minority students. *Science, 331,* 1447–1451.